Vida en la
TRINIDAD

Una introducción a la teología
con la ayuda de los Padres de la Iglesia

Colección Raíces

Donald Fairbairn

Editorial CLIE
www.clie.es

EDITORIAL CLIE
C/ Ferrocarril, 8
08232 VILADECAVALLS
(Barcelona) ESPAÑA
E-mail: clie@clie.es
http://www.clie.es

Publicado originalmente en inglés bajo el título *Life in the Trinity* . © 2009 por Donald Fairbairn
Traducido y publicado con permiso de InterVarsity Press, P.O. Box 1400, Downers Grove, IL 60515, USA.

Todas las citas bíblicas son tomadas de la Santa Biblia, Nueva Versión Internacional®. NVI®, a no ser que especifique lo contrario. Derechos de autor© 1973, 1978, 1984 por International Bible Society. Utilizado con permiso de Zondervan Publishing House. Todos los derechos reservados.

«Cualquier forma de reproducción, distribución, comunicación pública o transformación de esta obra solo puede ser realizada con la autorización de sus titulares, salvo excepción prevista por la ley. Diríjase a CEDRO (Centro Español de Derechos Reprográficos) si necesita fotocopiar o escanear algún fragmento de esta obra (www.conlicencia.com; 917 021 970 / 932 720 447)».

Traducción al español: Diana C. Vargas, 2022.
Edición: Andrés Messmer, 2022.

© 2023 por Editorial CLIE. Todos los derechos reservados.

VIDA EN LA TRINIDAD
Una introducción a la teología con la ayuda de los Padres de la iglesia
ISBN: 978-84-17131-80-7
Depósito Legal: B 19000-2023
Teología cristiana - Historia
REL067080

Para mi amada Jennifer
Juan 15:9

Índice

Prólogo a la versión española

¿Por qué traducir un libro al español? Esta es una pregunta válida, realizada hoy por muchos pastores y teólogos dentro del denominado "mundo mayoritario" (antes llamado "tercer mundo"). Por supuesto, es virtualmente imposible pretender responder a tan amplia pregunta de manera universal; sin embargo, es posible defender la validez e importancia de poner a disposición del mundo hispano una obra del calibre de *Vida en la Trinidad* del Dr. Donald Fairbairn. Es esto lo que trataré de hacer en este breve prólogo a la versión española del libro.

Empecemos por un poco de contexto. Como pastor y teólogo, explicar la Trinidad ha sido siempre uno de mis mayores desafíos al presentar los fundamentos de la fe cristiana. Por un lado, la mayor parte de teologías sistemáticas o libros académicos que se refieren al tema, están tan ocupados en resolver los tecnicismos de esta compleja doctrina que por lo general terminan presentando una especie de *análisis insípido de la naturaleza de Dios*, olvidando por completo que dicho análisis es virtualmente imposible para la limitación humana, y perdiendo de vista la parte más fundamental de esta empresa: invitar al creyente a tener una relación íntima con el Dios vivo. Por otro lado, la mayoría de los materiales populares que pretenden explicar la Trinidad terminan por pecar de simplistas y, muchas veces, tienen el efecto indeseado de dejar al lector con un concepto absolutamente errado de esta profunda doctrina.

Es aquí donde *Vida en la Trinidad* ingresa a la conversación. Mi primera interacción con este hermoso libro, en su versión original en inglés, fue durante mis estudios en el Seminario Teológico Gordon Conwell, en Charlotte, Carolina del Norte. Allí tuve también el privilegio de conocer al autor, el Dr. Fairbairn, quien, además de ser un historiador y teólogo sin par, es una persona de gran calidad humana. Cualidades que se reflejan en este libro. *Vida en la Trinidad* hace lo que muchos otros materiales no han logrado; sirviéndose de la erudición del autor en temas patrísticos, el libro se remonta a los albores de la fe cristiana y explica de manera profunda y a la vez accesible la compleja e importante doctrina de la Trinidad. Pero el libro no se limita a exponer esta doctrina, sino que nos invita a descubrir por medio de ella la profundidad de la relación a la cual Dios nos llamó. Fairbairn explica que "de alguna manera somos llamados a hacer algo más que simplemente imitar el amor de Dios. Somos llamados a permanecer en y llevar al mundo el mismo amor con el cual el Padre ha amado a su Hijo desde toda la eternidad". ¡He aquí el corazón de este libro! Y el por qué vale la pena su traducción y lectura en español. En las páginas de *Vida en la Trinidad*, el lector encontrará una invitación a descubrir el profundo amor de Dios, y la propuesta divina de participar de la profunda relación que existe entre el Padre y el Hijo, por medio del Espíritu Santo.

Entonces, *Vida en la Trinidad* es un libro que puede ser usado en la academia, en los estudios trinitarios y teológicos. Es además un libro de muchísimo valor en estudios de patrística. Pero, es también un libro que puede ser utilizado en las iglesias y la pastoral. En resumen, disponer de este recurso en español es una añadidura invaluable para la iglesia hispana en el trabajo de guiar al creyente hacia un conocimiento adecuado de Dios y hacia una relación profunda con Él.

Jonathan Asbun
Misionero. Pastor de la Iglesia Génesis en Cochabamba, Bolivia

Agradecimientos

Al presentar este libro, queremos agradecer a quienes formaron parte del arduo trabajo que significó su traducción.

Primeramente, al Dr. Donald Fairbairn, cuya generosidad y desprendimiento permitieron llevar a cabo esta labor. Además, al Dr. Andrés Messmer, quien realizó una impecable labor como editor de la versión española y se dedicó a promover la impresión de este material. A Diana Vargas, cuyo magnífico trabajo de traducción ha permitido la producción de una versión española que es tanto fiel al original inglés, como idiomáticamente accesible para la gran diversidad dentro del mundo hispano. A la Iglesia Génesis, de Cochabamba, Bolivia, por brindar los recursos económicos para llevar a cabo el proceso de traducción del libro. A la editorial Clie, por acceder a la producción y promoción de este material. Y, sobre todo, al Dios Trino, porque en su absoluta providencia permitió que personas de diversos puntos cardinales del planeta se unieran en esta labor con el objetivo de hacer accesible este material para la iglesia de habla hispana.

Prefacio ·

Este libro busca integrar las diversas verdades del cristianismo en torno a un mismo tema que ha sido muy bien articulado por algunos de los más grandes teólogos de la iglesia primitiva, pero que a menudo ha sido poco enfatizado en los libros de teología occidentales modernos. Este tema es la relación entre Dios el Padre y Dios el Hijo, una relación que pueden compartir los creyentes al ser unidos a Dios por medio del Espíritu Santo. La convicción de muchos de los Padres de la iglesia[1] era que toda la vida cristiana debía ser no solo un reflejo de esa relación central entre el Padre y el Hijo, sino también una participación en ella.

Esta obra está diseñada para ser un libro de texto para cursos de teología cristiana, y puedo imaginar cuatro escenarios principales en los cuales podría ser de mayor beneficio. Primero, a un nivel introductorio y de cursos de primer semestre de teología, este libro podrá utilizarse como texto base único, o tal vez como el libro de estudio principal acompañado de algunos otros recursos (antiguos y modernos) asignados para una lectura complementaria. Segundo, puede ser útil para pastores, lectores cristianos en general y pequeños grupos de estudio. Tercero, en el caso de cursos de teología más avanzados y de varios semestres, este libro puede servir como complemento de libros de teología más extensos y amplios, así como también ofrecer una perspectiva de la que estos libros puedan carecer. Y cuarto, para cursos de teología histórica, este libro puede ofrecer un marco de trabajo general que ayude a que los principales recursos sobre la iglesia primitiva sean más fáciles de comprender. Para lograr que este libro sea útil

---

[1] La frase "Padres de la iglesia" se refiere a los cristianos que, durante los primeros siglos después del final del Nuevo Testamento, moldearon profundamente la interpretación de la iglesia en relación a las Escrituras y la comprensión de su vida teológica y espiritual. El periodo de los Padres de la iglesia se llama "iglesia primitiva" o "periodo patrístico" (de la palabra latina para "padre"), y muchas veces se considera que duró desde el año 100 hasta el 800.

para estas audiencias, lo he preparado con tres niveles de materiales, los cuales me gustaría explicar brevemente.

Para el beneficio de pastores, lectores en general y estudiantes que tengan muy poca formación en teología formal, he procurado mantener el argumento general del libro libre de aglomeraciones de citas no bíblicas, referencias a debates teológicos modernos y otros materiales técnicos similares. A lo largo del libro, mi argumento se basa en mi análisis de pasajes bíblicos clave, especialmente del Evangelio de Juan, el cual ocupa un lugar crucial en el Nuevo Testamento, pero que tal vez ha sido poco utilizado en estudios teológicos protestantes debido al profundo enfoque del protestantismo en los escritos de Pablo. Leeremos el Evangelio de Juan y el resto de las Escrituras de la misma manera en la que aprendí a leerlos en los Padres de la iglesia, prestando atención a los pasajes a los cuales ellos dirigieron mi atención. Pero, en cuanto al texto del libro en sí, prestaremos atención principalmente a los escritores bíblicos, no a los teólogos posteriores que comentaron sobre las Escrituras.

Además del texto, el libro contiene recuadros con breves citas de los mismos Padres de la iglesia. Hay bastante variedad en los escritos de la iglesia primitiva, pero entre toda esa variedad hay una línea de pensamiento que considero ser particularmente bíblica y fructífera. De los Padres de la iglesia que ejemplifican esta línea de pensamiento, hay cuatro en quienes me enfocaré principalmente. Estos son Ireneo de Lyon (un hablante griego del segundo siglo que vivió en lo que ahora es el sur de Francia), Atanasio de Alejandría (un ministro egipcio del cuarto siglo que ministró en griego y copto), Agustín de Hipona (un hablante latín que vivió en el norte de África en los siglos cuarto y quinto) y Cirilo de Alejandría (un hablante griego que siguió los pasos de Atanasio en Egipto durante los inicios del siglo quinto). Por lo tanto, cito mucho a estos teólogos, y a otros no tan frecuentemente, en los recuadros para mostrar al lector la manera en la que los escritores patrísticos expresaban sus ideas. También hay un apéndice para guiar a aquellos que deseen leer más de los escritos de estos cuatro Padres de la iglesia.

Para mantener su naturaleza no técnica, este libro contiene pocas notas al pie, y las notas al pie que sí están incluidas ofrecen más citas bíblicas relacionadas con las ideas del texto o explican los tratamientos patrísticos de esas ideas. Las notas al pie no comparan las ideas de los Padres de la iglesia con los debates teológicos modernos o con interpretaciones actuales de los pasajes que estoy citando. Comentarios y libros de teología modernos son fáciles de conseguir y son, en general, fáciles de leer, así que los estudiantes y otros lectores que deseen comparar las interpretaciones patrísticas con las modernas podrán encontrar tratamientos modernos acerca de esos temas sin la necesidad de mi guía. Aunque las notas no dirigen a los lectores a esos recursos modernos, la comparación de las ideas patrísticas y las modernas puede ser muy fructífera para el estudio teológico. Es probable que maestros deseen utilizar este libro y sus notas como un punto de partida, pidiendo a los estudiantes que comparen lo que los Padres de la iglesia primitiva escribieron acerca de temas específicos con la manera en la que los académicos modernos articulan las mismas ideas, o cómo los comentaristas patrísticos y los modernos interpretan los mismos pasajes bíblicos.

La presentación del material en tres niveles —texto, recuadros y notas al pie— está diseñada para mantener el libro lo menos aglomerado posible y permitir que sus ideas sean de fácil acceso para todos, a la vez que ofrece a los estudiantes y lectores interesados material adicional para considerar. Las personas que no tengan conocimientos previos sobre la iglesia primitiva deberían poder entender y seguir el argumento de este libro utilizando solo el texto y la Biblia para buscar los pasajes de los cuales se habla en el texto. Espero que esta simplicidad relativa impulse el uso de este libro en clases de introducción a la teología e incluso estudios laicos.

Sin embargo, la misma simplicidad y brevedad que hacen que un libro como este sea útil para teólogos principiantes podrá hacerlo parecer superfluo para estudiantes más avanzados. Después de todo, si los estudiantes van a leer un libro grueso como *Teología cristiana* de Millard Erickson, *Teología sistemática* de Wayne Grudem o *Teología cristiana: Una introducción* de Alister McGrath (o incluso una colección de múltiples volúmenes como *Teología sistemática* de Thomas Oden o los *Fundamentos Cristianos* de Donald Bloesch), podría parecer que un corto libro como este tenga poco o nada nuevo que ofrecer. Sin embargo, creo que este libro puede complementar libros de texto de teología más extensos de tres maneras importantes y así ser de beneficio para estudiantes más avanzados y los profesores que los enseñan.

En primer lugar, este libro permite al lector ver el bosque completo y no solamente una secuencia de árboles individuales. Mientras más extenso y detallado sea un libro de texto, más difícil será para los lectores ver cómo los diferentes detalles encajan juntos. A pesar de las intenciones del autor, un lector de este tipo de libro más extenso puede quedar bajo la impresión de que la teología es un conjunto de hechos cuya conexión entre sí y con la vida cristiana cotidiana es indescifrable.

Un libro demasiado extenso puede llevar a estudiantes a pensar solo en términos de doctrinas (enseñanzas individuales de la fe), cuando en realidad uno debería reconocer la doctrina (en singular), la enseñanza unificada del cristianismo. Debido a este obstáculo relacionado con libros de teología sistemática más amplios, hay también necesidad de libros de extensión más modesta que, al no entrar en tanto detalle, sean capaces de ofrecer a los lectores una imagen más clara de la doctrina cristiana en conjunto. Este libro está diseñado para ser uno de esos libros y, como tal, puede ser de valor incluso para estudiantes que ya están leyendo libros de teología más extensos.

Una segunda manera en la que este libro puede complementar libros de teología sistemática occidentales más amplios es que presta atención a un grupo distinto de voces al cual ese tipo de libros normalmente no atiende. Este libro interactuará con las Escrituras y con las formas en las que la iglesia primitiva las entendía sin mucha referencia a cómo los teólogos cristianos más modernos las han entendido.[2] Esta falta de interacción con debates contemporáneos es, de alguna manera, una debilidad, pero también puede ser una fortaleza. Omitir referencias directas a debates actuales nos puede permitir acceder a voces de la iglesia primitiva. Necesitamos oír esas voces precisamente porque son distintas a las nuestras: no simplemente refuerzan lo que ya pensamos que la Biblia significa, sino que también nos enfrentan con una manera distinta de entenderla y nos invitan a descubrir un concepto distinto de cuál es su mensaje central, lo que está en el corazón de la fe cristiana. No pienso que estas nuevas voces contradigan nuestra propia articulación de la fe, sino que más bien complementan nuestro entendimiento de las Escrituras y lo hacen más completo.

Una tercera forma en la que este libro puede complementar un libro de teología más extenso es que utiliza un conjunto distinto de temas interrogativos que un libro de teología occidental típico. Si el simple número de temas teológicos de los que se habla en un libro extenso puede hacer que le sea difícil al lector ver el bosque y no los árboles, entonces es obviamente importante que cualquier libro ayude al lector a ver el bosque al articular un número pequeño de temas alrededor de los cuales organizar el resto de los temas. Luego, estos temas se convierten en el hilo conductor que nos permite navegar a través del

[2] Soy, por formación académica, un teólogo histórico, y en particular un especialista en los siglos cuarto al sexto. Mis investigaciones no suelen involucrar interacciones con debates teológicos contemporáneos. En cambio, me dirijo a esos debates contemporáneos desde el punto de vista de la iglesia primitiva.

laberinto de la teología cristiana y sostener juntas las diversas verdades de la fe. Para los teólogos evangélicos, los temas integrales suelen ser los distintivos clásicos de la Reforma, tales como *sola Scriptura* (la Biblia como única autoridad), *solo Christo* (la salvación únicamente a través de Cristo) y *sola fide* (justificación solo por la fe).

Afirmo plenamente estos y otros distintivos de la Reforma, pero este libro no los ubicará como sus temas integrales. Estoy convencido de que debemos entender estas ideas de la Reforma como parte de un contexto más amplio de enseñanza escritural, un contexto al que muchas veces se le da poca importancia, o que es incluso omitido. Para dar un ejemplo obvio, el punto central de muchas teologías sistemáticas evangélicas es la doctrina de la justificación por la fe. Esta es, sin duda, una de las verdades más cruciales de nuestra fe, pero, ¿es la justificación el corazón de la fe cristiana? ¿Es el principio y fin absoluto de la teología? Responder a esta pregunta de manera afirmativa sería implicar que el corazón de la relación de Dios con la humanidad tiene que ver con estatus, con el hecho de que una persona sea acreditada por ser justa o por ser pecadora, y vivir así bajo la ira de Dios. Pero si este fuera el corazón de la relación de Dios con la humanidad, ¿qué ganaríamos entonces al estar en el estatus correcto ante Dios? ¿Para qué se nos colocaría en dicho estatus? Si uno responde, "para el cielo", entonces, ¿qué es el cielo? Si uno responde, "para tener una relación con Dios", entonces, ¿qué implica dicha relación? Estas preguntas demuestran que, por más crucial que sea la justificación, no es el corazón del cristianismo, sino que es un prerrequisito y un medio para llegar a algo aún más central. No somos justificados solo para ser justificados, sino que somos justificados para poder disfrutar de algo más.

Ese "algo más" ha sido expresado de mejor manera (pienso) no por el evangelicalismo moderno, ni siquiera por los reformadores, sino por los Padres de la iglesia. Durante varios siglos después del final de Nuevo Testamento, la iglesia fue capaz de articular las grandes doctrinas de la Trinidad y la persona de Cristo a través del estudio exhaustivo de las Escrituras y, muchas veces, intensos debates. Y, al articular estas doctrinas, la iglesia también expresó una visión unificada de la vida cristiana, un entendimiento de ese "algo más" del que somos parte una vez que somos justificados. Los Padres expresaban este "algo más" utilizando la palabra griega *theōsis* (una palabra que dejaré sin traducir por ahora y que explicaré con más detalle en el capítulo 1 de este libro). La idea detrás de *theōsis* tiene diversos aspectos, pero argumentaré que el aspecto principal, al menos en el pensamiento de muchos de los Padres de la iglesia, es que los cristianos participan de la relación del Hijo con el Padre. Este será el tema integral de este libro, el hilo conductor que utilizaré para elaborar el tejido de la doctrina cristiana como un todo integrado. Espero que este tema integral atípico ayude a los lectores a ver y entender ese todo integrado de una nueva manera.

Entonces, esta obra no está diseñada para ser un libro de texto extenso sobre la teología sistemática, organizado según los temas occidentales tradicionales de la teología (llamados *loci*), haciendo énfasis en los distintivos clásicos de la Reforma y escrito en diálogo con otros libros de teología de la misma línea. Ciertamente no está diseñado para suplantar estos libros ni denigrar su valor. Al contrario, está diseñado para complementarlos y tal vez ayudar a estudiantes a entenderlos más fácilmente. Su propósito es llamar a los lectores evangélicos a volver a un aspecto de la fe cristiana que pienso que es aún más central y más fundamental que nuestro énfasis evangélico en la conversión, la justificación y una relación personal con Cristo. Este aspecto es la relación del Hijo con el Padre. Debido a estas maneras en las que este libro puede complementar libros de teología occidental más extensos y tradicionales, creo que es de valor para estudiantes que toman cursos de teología más avanzados, en los cuales se les exige que lean libros más extensos.

Es así que espero que este libro sea útil para estudiantes y maestros, para teólogos principiantes y avanzados, para la academia y la iglesia. Espero que sea exitoso en dirigir nuestra atención a las interpretaciones de los Padres de la iglesia del libro que ellos tanto amaron y exaltaron sobre cualquier otro: la Biblia. Y, más que todo, pido en oración que este libro nos ayude a apuntar hacia aquella relación que muchos de los Padres de la iglesia reconocieron que se encuentra en el centro de la Biblia y, por ende, en el corazón de la fe cristiana: la relación entre el Padre y el Hijo.

Donald Fairbairn
Seminario Teológico de Erskine
Due West, Carolina del Sur

Solis personis trinitatis gloria

Agradecimientos del autor

Me gustaría agradecer a algunas de las muchas personas que han contribuido a la redacción de este libro. En primer lugar, a mi esposa Jennifer, y nuestros hijos Trey y Ella. Casi desde que nos conocimos, Jennifer y yo nos hemos referido a Juan 15:9 como el versículo temático de nuestra relación y hemos buscado encarnar y reflejar el amor entre el Padre y el Hijo en nuestro matrimonio y familia, esa relación que yace en el corazón de la fe cristiana.

Me gustaría agradecer a mis estudiantes alrededor de Europa y Norteamérica, pero en especial a los de la Universidad Cristiana de Donetsk (Ucrania), la Facultad de Teología Evangélica (Bélgica) y el Seminario Teológico de Erskine (Carolina del Sur). Su atención y preguntas a lo largo de los últimos diecisiete años han sido indispensables para la formulación y articulación de las ideas que presento en este libro.

Quisiera agradecer al Dr. Gary Deddo, editor en IVP Academic, y a los dos lectores anónimos del primer borrador de este libro. Los tres me ofrecieron retroalimentación invaluable y, en particular, me señalaron las maneras en las cuales mis afirmaciones podrían ser fácilmente malinterpretadas. Las revisiones que nacieron de sus críticas han logrado que este libro sea mucho mejor, espero, de lo que habría sido de otra manera.

Se suele decir que los pensadores cristianos deben tener un mentor difunto, un gran pensador de la historia de la iglesia, a cuyos pies puedan sentarse de manera figurativa, de la misma manera que se sientan de manera más literal a los pies de sus mentores vivientes. Tengo muchos mentores difuntos (la descripción que mi esposa hace de mi trabajo es que estudio a "unos tipos muy viejos y difuntos") y el más destacado es Cirilo de Alejandría. Fue muchas veces difamado en sus propios tiempos y ha sido, como consecuencia, denigrado bajo el juicio de algunos historiadores, pero tuvo el coraje y la genialidad de articular el corazón de la fe cristiana en un momento en el que la iglesia enfrentaba una de sus más grandes crisis teológicas. Admito mi gran deuda a los escritos de Cirilo. Es costumbre que, en esta sección del libro, el autor reconozca que las deficiencias encontradas en el libro son sus propias deficiencias. En mi caso, este tipo de reconocimiento está lejos de ser meramente superficial. Siento de manera muy profunda mi familiaridad inadecuada con los debates teológicos cristianos contemporáneos, y sin duda esa falta de familiaridad hace que este libro se quede corto en algunos aspectos. Pero mi oración es que lo que tengo para ofrecer acerca de la iglesia primitiva y mi reflexión sobre las Escrituras pueda ser de contribución a la tarea teológica contemporánea de articular la fe cristiana de manera clara y completa para nuestra generación.

Explicación de las citas patrísticas

Cito escritos patrísticos en los recuadros y notas al pie de este libro con abreviaciones de sus títulos, seguidos por el libro, capítulo y número de párrafo. Para que sea más fácil a los lectores encontrar los escritos, también indico la traducción que estoy citando y el número de página. En algunos casos, estas traducciones vienen de series muy conocidas, así que también indico la traducción con el título abreviado y el tomo de la serie. En el caso de obras sueltas o tomos de series menos conocidas, indico la traducción por el nombre del traductor/editor. Me he tomado la libertad de actualizar la puntuación y el uso de mayúsculas de las citas en el dominio público sin notar esos cambios. En casos en los que haya hecho cambios sustanciales a la traducción impresa, lo indico específicamente. Las series que cito por sus abreviaciones son las siguientes:

ACW   *Ancient Christian Writers.* Nueva York: Newman Press, 1946.

ANF   *Ante-Nicene Fathers.* Ed. Alexander Roberts y James Donaldson. 10 tomos. Nueva York: Christian Literature Publishing Company, 1885-87. Reimpresión Peabody, Mass.: Hendrickson, 1995.

FC   *The Fathers of the Church.* Washington, D.C.: Catholic University of America Press, 1947.

NPNF[1]   *Nicene and Post-Nicene Fathers,* Primera serie. Ed. Philip Schaff y Henry Wace. 14 tomos. Nueva York: Christian Literature Publishing Company 1886-1889. Reimpresión, Peabody, Mass.: Hendrickson, 1995.

NPNF[2]   *Nicene and Post-Nicene Fathers,* Segunda serie. Ed. Philip Schaff y Henry Wace. 14 tomos. Nueva York: Christian Literature Publishing Company y Charles Scribner's Sons, 1890-1900. Reimpresión, Peabody, Mass.: Hendrickson, 1995.

La siguiente es una lista de abreviaciones y títulos completos de los escritos que cito en los recuadros, así como también los detalles bibliográficos sobre las traducciones que estoy empleando.

ATANASIO DE ALEJANDRÍA (ESCRIBIÓ EN GRIEGO, VIVIÓ CA. 296-373)

Cont. Arr. Contra los arrianos (Against the Arians).
Atanasio. Four Discourses Against the Arians. Trad. John H. Newman y A. Robertson. En NPNF[2], tomo 4, 306-447.

Encar. Sobre la encarnación de la Palabra (On the Incarnation of the Word).
Atanasio. Contra Gentes and De Incarnatione. Trad. Robert W. Thomson, 134-277. Oxford Early Christian Texts. Oxford: Clarendon, 1971.

Sín. Sobre los sínodos (On the Synods).
Atanasio. De Synodis. En NPNF[2], tomo 4, 451-80.

AGUSTÍN DE HIPONA (ESCRIBIÓ EN LATÍN, VIVIÓ CA. 354-430)

Ciud. Dios La ciudad de Dios contra paganos (Concerning the City of God Against the Pagans).
Agustín. Concerning the City of God Against the Pagans. Trad. Henry Bettenson. Londres: Penguin, 1972.

Conf. Confesiones (Confessions).
Agustín. Confessions. Trad. R. S. Pine-Coffin. Londres: Penguin, 1961.

Doc. Cris. Sobre la doctrina cristiana (On Christian Doctrine).
Agustín. On Christian Doctrine. Trad. D. W. Robertson, Jr. The Library of Liberal Arts. Nueva York: Macmillan, 1958.

Trin. Sobre la trinidad (On the Trinity).
Agustín. The Trinity. Trad. Edmund Hill. The Works of Saint Augustine: A Translation for the Twenty-First Century, tomo 5. Brooklyn, N.Y.: New City Press, 1991.

BASILIO EL GRANDE (ESCRIBIÓ EN GRIEGO, VIVIÓ CA. 330-379)

Esp. San. El Espíritu Santo (On the Holy Spirit).

Basilio el Grande. *On the Holy Spirit*. Trad.
David Anderson.
Popular Patristics Series. Crestwood, N.Y.: St. Vladimir's
Seminary Press, 1980.

CIRILO DE ALEJANDRÍA (ESCRIBIÓ EN GRIEGO, VIVIÓ CA. 375-444)

Cont. Nes. Cinco libros contra Nestorio (*Five Books Against Nestorious*).
Cirilo, Arzobispo de Alejandría. *Five Tomes Against Nestorius*.
Trad. P. E. Pusey. *Library of the Fathers of the Holy Catholic Church*. Tomo 47. Oxford: James Parker and Co., 1881.

Portadora de Dios Contra quienes se niegan a llamar a María la portadora de Dios (*Against Those Who Refuse to Call Mary the Bearer of God*).
Cirilo de Alejandría. *Against Those Who Are Unwilling to Confess That the Holy Virgin Is Theotokos*. Trad. George Dion Dragas. *Patristic and Ecclesiastical Texts and Translations*. Rollingsford, N. H.: Orthodox Research Institute, 2004.

Cristo Es Uno Que el Cristo es uno (*That the Christ is One*).
Cirilo de Alejandría. *On the Unity of Christ*. Trad. John A. McGuckin. *Popular Patristic Series*. Crestwood N.Y.: St. Vladimir's Seminary Press, 1995.

Com. Jn. Comentario sobre el evangelio de Juan (*Commentary on John*).
Cirilo, Arzobispo de Alejandría. *Commentary on the Gospel According to S. John*. Tomo 1: *S. John 1-8*.
Trad. P.E. Pusey. *Library of the Fathers of the Holy Catholic Church*, Tomo 43. Oxford: James Parker & Co., 1874.
Cirilo, Arzobispo de Alejandría. *Commentary on the Gospel According to S. John*. Tomo 2: *S. John 9-21*.
Trad. Thomas Randell. *Library of the Fathers of the Holy Catholic Church*, vol. 48. Londres: Walter Smith, 1885.

Exp. Anat. Explicación de los doce anatemas (*Explanation of the Twelve Anathemas*).
McGuckin, John A. *St. Cyril of Alexandria: The Chistological Controversy*. Complemento a *Vigiliae Christianae* 23, 282-93. Leiden: E. J. Brill, 1994.

Sol. Dog.	Sobre las soluciones a temas dogmáticos (*On Solutions to Dogmatic Questions*). *Cyril of Alexandria: Select Letters*. Trad. Lionel R. Wickham. *Oxford Early Christian Texts*, 180-213. Oxford: Oxford University Press, 1983.
Car. Pas.	Cartas pascuales (*Paschal Letters*). Las selecciones presentadas en este libro son de mi propia traducción.
Escol.	Escolios sobre la encarnación (*Scholia on the Incarnation*). Las selecciones presentadas en este libro son de mi propia traducción.
Tes.	Tesauro sobre la santa y consustancial Trinidad (*Thesaurus on the Holy and Consubstantial Trinity*). Las selecciones presentadas en este libro son de mi propia traducción.

CIRILO DE JESURALÉN (ESCRIBIÓ EN GRIEGO, VIVIÓ CA. 315-387)

Cat.	Conferencias catequéticas (*Catechetical Lectures*). Cirilo de Jerusalén. Trad. Edward Yarnold. *The Early Church Fathers*, 79-168. Londres: Routledge, 2000.
Cat. Mis.	Catequesis mistagógica (*Mystagogical Catecheses*). Cirilo de Jerusalén. Trad. Edward Yarnold. *The Early Church Fathers*, 169-87. Londres: Routledge, 2000.

DECRETOS DE LOS CONCILIOS ECUMÉNICOS

En este libro proporciono mi propia traducción del Credo niceno y de la Definición de Calcedonia, pero la cita de los decretos del quinto Concilio ecuménico es de Leith, John H., ed. *Creeds of the Churches*. 3ª ed., 50-53. Atlanta: John Knox Press, 1982.

GREGORIO NACIANCENO (ESCRIBIÓ EN GRIEGO, VIVIÓ CA. 330-390)

Dir.	Discursos (*Orations*). Gregorio Nacianceno. *On God and Christ: The Five Theological Orations and Two Letters to Cledonius*. Trad. Frederick Williams y Lionel Wickham. *Popular Patristics Series*. Crestwood, N.Y.: St. Vladimir's Seminary Press, 2002.

GREGORIO DE NISA (ESCRIBIÓ EN GRIEGO, VIVIÓ CA. 330-395)

No Tres Dioses — Carta a Ablabio acerca de que no hay tres dioses (*Letter to Ablabius Concerning the Fact That There Are Not Three Gods*). Rusch, William G., trad. *The Trinitarian Controversy*, 149-61. *Sources of Early Christian Thought*. Philadelphia: Fortress, 1980.

IGNACIO DE ANTIOQUÍA (ESCRIBIÓ EN GRIEGO, VIVIÓ CA. 35-CA. 107)

Car. Rom. — Carta a los romanos (*Letter to the Romans*). Holmes, Michael W., ed. *The Apostolic Fathers: Greek Texts and English Translations*. Grand Rapids Mich.: Baker, 1999.

IRENEO DE LYON (ESCRIBIÓ EN GRIEGO, VIVIÓ CA. 140-CA. 200)

Cont. Her. — Contra las herejías (*Against Heresies*). Ireneo. *Against Heresies*. En *ANF*, tomo 1, 315-567.

Predic. — Demostración de la predicación apostólica (*Demonstration of the Apostolic Preaching*). Ireneo de Lyon. *On the Apostolic Preaching*. Trad. John Behr. *Popular Patristics Series*. Crestwood, N.Y.: *St. Vladimir's Seminary Press*, 1997.

JUAN CASIANO (ESCRIBIÓ EN LATÍN, VIVIÓ CA. 360-CA. 430)

Confer. — Conferencias (*Conferences*). *John Cassian: The Conferences*. Trad. Boniface Ramsey. En *ACW*, tomo 57.

JUAN CRISÓSTOMO (ESCRIBIÓ EN GRIEGO, VIVIÓ CA. 347-407)

Hom. Jn. — Homilías sobre el evangelio de Juan (*Homilies on the Gospel of St. John*). Juan Crisóstomo. *Homilies on the Gospel of St. John*. Trad. Charles Marriott. En *NPNF*[1], tomo 14, 1-334.

JUAN DAMASCENO (ESCRIBIÓ EN GRIEGO, VIVIÓ CA. 655-CA. 750)

Fe Ort.   La fe ortodoxa *(The Orthodox Faith)*.
Saint John of Damascus: Writings. Trad. Frederick R. Chase.
En FC, tomo 37, 165-406.

ORÍGENES (ESCRIBIÓ EN GRIEGO, VIVIÓ CA. 185-CA. 254)

Prim. Prin.   Sobre los primeros principios *(On First Principles)*.
Origen. *On First Principles*. Trad. G. W. Butterworth.
Gloucester, Mass.: Peter Smith, 1973.

TERTULIANO (ESCRIBIÓ EN LATÍN, VIVIÓ CA. 160-CA. 225)

Cont. Práx.   Contra Práxeas *(Against Praxeas)*.
Tertuliano. *Against Praxeas*. Trad. A. Souter. *Translations of Christian Literature*. Londres: *Society for Promoting Christian Knowledge*, 1919.
Car. Cris.   Sobre la carne de Cristo *(On the Flesh of Christ)*.
Tertuliano. *On the Flesh of Christ*. En ANF, tomo 3, 521-42.

1

Iniciando en la teología cristiana

Los libros de texto occidentales sobre la teología sistemática generalmente inician con el tema de la autoridad. ¿Es la Biblia la única fuente de autoridad, o es la autoridad de la Biblia suplementada o hasta reemplazada por la autoridad de ciertas personas? En los círculos evangélicos protestantes, esta pregunta lleva a los teólogos a constantemente atribuirle una autoridad única, y a veces hasta exclusiva, a la Biblia. Las Escrituras son la fuente más preeminente, o quizás incluso la única, de la doctrina cristiana. Pero, por más importante que sea la autoridad de la Biblia, los Padres de la iglesia nos ofrecen poco o nada de ayuda para articular una doctrina de las Escrituras. En cambio, si empezamos a abordar la teología con la ayuda de los Padres de la iglesia, un mejor punto de partida sería el tema de la grieta que a veces se abre entre la doctrina y la vida. En este capítulo introductorio, me gustaría explicar de manera breve porqué los Padres le prestaron tan poca atención a la autoridad bíblica, y luego guiar nuestra atención a esa grieta que existe entre la doctrina y la vida en la cual los Padres se enfocaron de manera mucho más intensa.

LOS PADRES DE LA IGLESIA Y LA AUTORIDAD BÍBLICA

Para los Padres de la iglesia, el tema de la autoridad de la Biblia no era un tema que cuestionar. Prácticamente cada página de cualquier obra patrística incluye cita tras cita de la Biblia y nunca hay el más mínimo indicio de duda acerca de la veracidad de la Biblia. La preocupación principal de los Padres no es el hecho de creer en la Biblia o no, sino cómo interpretarla; ni cuestionar si las Escrituras son autoritativas, sino qué es lo que significan. Los Padres presupusieron que la Biblia es exacta y autoritativa, y si se puede realizar algún juicio basándose en la cantidad de citas y la reverencia que le atribuyen, se podría también llegar a la conclusión de que ellos se referían a ella como enteramente autoritativa.[3] En la mayoría de los casos, no vieron

---

[3] Ver, por ejemplo, la refutación exhaustiva y por pasajes de Atanasio de la interpretación bíblica de Arrio en su obra *Contra los arrianos*. Ver también la clara declaración de

la necesidad de declarar la veracidad o la autoridad de la Biblia de manera explícita.

Por supuesto, ahora vivimos en una era intelectual distinta a la de los Padres, una era en la que el escepticismo es la norma, y no la creencia, y en nuestro mundo los temas de autoridad son centrales en cualquier debate acerca de lo que debemos creer. Pero, al mismo tiempo, debemos reconocer que hay algo significativo escondido detrás de lo que parece ser una creencia ingenua de los Padres acerca de la veracidad de las Escrituras. Presuponer la autoridad de las Escrituras es, de muchas maneras, un acto de sumisión a Dios más grande que buscar demostrar la singularidad y exactitud de la Biblia. De cierta forma, tratar de convencer a otros de que la Biblia es confiable representa un gran esfuerzo para lograr que las personas confíen en nosotros, para creer que tenemos suficientes argumentos en nuestro arsenal para demostrarles que deberían tomarse la Biblia en serio. Por el contrario, utilizar la Biblia sin comentarios preliminares acerca de que sea merecedora de tal respeto permite otorgarle un lugar incluso más importante. Para ponerlo de otra forma, mucha de la teología moderna argumenta que deberíamos confiar en la Biblia porque podemos demostrar que es confiable. Por el contrario, los Padres presupusieron que la Biblia era confiable porque venía de Dios, y presupusieron esto de manera tan implícita y sincera que rara vez mencionaban la singularidad de la Biblia de manera explícita. Ellos simplemente actuaron sobre la singularidad de las Escrituras memorizándolas, estudiándolas, citándolas, utilizándolas. Es por esto que los Padres tienen poco que ofrecer a nuestra articulación de la doctrina de las Escrituras, pero en su aplicación tienen mucho que decirnos acerca de cómo es realmente la sumisión a las Escrituras.

Siguiendo los pasos de los Padres de la iglesia primitiva, me gustaría presuponer en este libro que la Biblia es la autoridad única y final, la fuente primaria de todas las verdades relacionadas con Dios, sus acciones a lo largo de la historia y la relación de la humanidad con él. Es posible que usted, como lector, ya comparta esta suposición, pero aun si no lo hace, le pido que al menos admita que la Biblia pueda ser confiable y por tanto puede ser tomada en serio. En vez de empezar con la doctrina de las Escrituras, me gustaría iniciar nuestro debate sobre la teología cristiana examinando un problema que el

---

Agustín acerca de la autoridad única de las Escrituras en *Sobre el bautismo, Contra los donatistas*, libro 2, párrafo 4. (*NPNF*[1], tomo 4, 427).

cristianismo contemporáneo frecuentemente crea para sí mismo de manera no intencional.

UN PROBLEMA NO INTENCIONAL: LA DOCTRINA Y LA VIDA CRISTIANA EN EL EVANGELICALISMO CONTEMPORÁNEO

Uno de los más grandes problemas del cristianismo contemporáneo es que las personas crean una grieta entre la teología y la vida cristiana sin darse cuenta. La teología evangélica está bien articulada, cuidadosamente argumentada, es lógica y sistemática, pero las personas de nuestras iglesias (y, en realidad, muchos de nuestros líderes en la iglesia) no siempre tienen la capacidad de comprender la relación entre la teología y la vida cristiana. La teología es lo que creemos y la vida cristiana es lo que hacemos, pero muchas veces la conexión íntima entre ambas no está claramente declarada, incluso a veces ni siquiera bien comprendida.

Esta es una declaración audaz y es posible que usted esté de acuerdo o no, pero considere las siguientes preguntas conmigo. En primer lugar, ¿cuál decimos que es el corazón de la fe cristiana? Y, en segundo lugar, ¿qué es lo que escuchamos en las prédicas semana tras semana, en las clases de escuela dominical y en grupos de estudio bíblico? Muchas veces decimos que Jesús se encuentra en el corazón de nuestro mensaje, pero si alguien tomara nota de cada punto que se toca en cada prédica dada desde cada púlpito cristiano durante el transcurso de un año, podría quedar sorprendido al darse cuenta de que ciertos temas tienden a recibir mucha más atención que Jesús. Los predicadores, maestros y líderes de estudios bíblicos tienden a enfocarse más en lo que los cristianos deberían hacer, en cómo Dios nos ayuda a hacerlo, en la necesidad del perdón, en la importancia de la iglesia y (en algunas iglesias) en lo que pasará cuando llegue el fin del mundo. Por supuesto, estos temas sí son importantes, pero estoy seguro de que no se encuentran en el centro, sino más bien en los bordes del cristianismo. Aquello que decimos acerca de lo que se trata la fe cristiana y aquello que uno escucha semana tras semana en la iglesia no suelen ser lo mismo. Entonces, aun si usted asistió a la iglesia cada domingo de su vida, es posible que no haya escuchado de manera clara lo que yace en el centro del cristianismo. Es probable que conozca muchas doctrinas cristianas, muchas enseñanzas que provengan de la Biblia que expliquen lo que es verdad. Y es probable que usted sepa mucho acerca de cómo se supone que debe ser la vida cristiana. Pero, ¿ha escuchado de manera clara cómo se supone que todas estas cosas encajan juntas? ¿Ha escuchado con claridad lo que se encuentra en el centro de la fe, lo que une todos los diferentes aspectos de la creencia y la práctica? Si usted es como muchos evangélicos contemporáneos, quizá la respuesta sea "no".

¿Por qué se ha dado esta separación accidental entre la doctrina y la vida cristiana? Para enfrentar esta pregunta, debemos retomar dos palabras que he utilizado numerosas veces previamente: *doctrina* y *doctrinas*. La palabra *doctrina* viene de la palabra latina que significa "enseñanza", y es así que la doctrina cristiana, en general, es la enseñanza de la fe cristiana acerca de temas que los cristianos consideran significativos. Las "doctrinas" son enseñanzas individuales acerca de temas específicos. Una de las razones por las cuales existe esa separación entre la doctrina y la vida cristiana se debe a que, muchas veces, los evangélicos contemporáneos suelen interpretar las "doctrinas" como conceptos, enseñanzas, ideas verdaderas (a las cuales muchas veces les asignamos el nombre *proposiciones*), y vemos estas doctrinas como objetos de nuestra fe de manera inconsciente. Y es así que hacemos preguntas como: "¿Cree en la doctrina de la justificación por la fe?". Este interrogante es perfectamente bien intencionado, pero en realidad no pregunta lo que realmente quiere preguntar. Cuando hacemos esta pregunta, buscamos que la respuesta correcta sea que sí, pero no lo es. La respuesta correcta a esta pregunta debería ser un no parcial, porque los cristianos no creemos en una doctrina de justificación por medio de la fe en sí, sino en el Dios quien nos ha justificado por medio de nuestra fe. Él y solo él es el objeto único de nuestra fe, nuestra confianza, nuestra sumisión. Las doctrinas son declaraciones diseñadas para llevar nuestra mirada hacia Dios, no para ser objetos de fe por sí mismas. Para ponerlo de otra manera, creemos que la doctrina de la justificación por la fe es verdadera porque confiamos en el Dios que nos ha justificado.

Es probable que me quiera acusar de ser innecesariamente quisquilloso en este momento, pero estoy convencido de que parte de la razón por la que consideramos la teología y la doctrina como poco relevantes para la vida cristiana es porque nuestros debates teológicos se enfocan más en las doctrinas que en el Dios a quien apuntan esas doctrinas. Los teólogos han dado de manera inconsciente la impresión de que las doctrinas, las ideas acerca de Dios, son el objeto de nuestro estudio. Como resultado, tanto estudiantes como otras personas sustituyen inconscientemente a Dios con las verdades sobre Dios. Y luego, los cristianos más espiritualmente sensibles, aquellos que sienten que el cristianismo debe ser algo más que simplemente saber cosas acerca de Dios, empiezan a buscar un mejor entendimiento sobre la vida cristiana en otros lugares fuera de las doctrinas.

Debo apresurarme a mencionar que esta situación no es intencional. No estoy, de ninguna manera, acusando a los teólogos y predicadores cristianos de tratar de esconder algo de manera intencional, o de tratar de crear una grieta entre lo que creemos y lo que debemos hacer. En realidad, el problema es que hay algo en el centro del cristianismo que es totalmente misterioso y tal vez difícil de explicar. Y los cristianos tienden a querer describir este algo misterioso utilizando ciertas palabras o frases que tienen mucha resonancia emocional para nosotros, aunque (estoy convencido) no podamos articular lo que realmente significan. Por ejemplo, ¿cuántas veces ha escuchado a las personas hablar acerca de "una relación personal con Cristo"? Muchas veces, ¿no es cierto? Pero, ¿cuántas veces ha escuchado a alguien realmente explicar lo que significa? Tal vez pocas. Tal vez nunca. Lo mismo sucede con palabras como *gracia* y *gloria*. Mientras más utilizamos los cristianos estas palabras, se hace menos obvio que no sabemos lo que significan. Así que somos capaces de dar la impresión de saber de lo que estamos hablando sin nosotros mismos darnos cuenta de que tal vez no sea así.

Sin embargo, a diferencia de muchos de nosotros, los Padres de la iglesia primitiva sí sabían a lo que se referían cuando utilizaban estas palabras y frases que nosotros repetimos tantas veces. Realmente tenían que saber qué significaban porque cuando el cristianismo era muy joven, hablaban y escribían a personas que aún no habían escuchado nada acerca de estos conceptos, personas que no asentirían simplemente con la cabeza cada vez que se utilizaban palabras clave, sino personas que hablaban, hacían preguntas y obligaban a los predicadores y maestros de la iglesia a encontrar buenas respuestas. Al estudiar a los Padres de la iglesia y compararlos con lo que yo sabía de la Biblia y el cristianismo, me daba cada vez más y más cuenta de que ellos hacían algo que nosotros ya hemos olvidado, que podían articular el corazón del mensaje del cristianismo de una manera que, muchas veces, nosotros no podemos. Para ponerlo de otra manera, ellos podían articular la conexión entre las doctrinas de la fe y la vida cristiana de una manera más clara y persuasiva que nosotros. Y es por esto que ellos pueden ayudar a encontrar una solución al problema que pienso que enfrenta el evangelicalismo contemporáneo: la separación no intencional entre la forma en la que hablamos acerca de la doctrina y la forma en la que hablamos acerca de la vida cristiana.

UNA SOLUCIÓN ANTIGUA: *THEŌSIS* COMO EL VÍNCULO ENTRE LA VIDA DIVINA Y LA VIDA HUMANA

En resumen, la forma en la que la iglesia primitiva evitó el problema de la separación entre la doctrina y la vida cristiana fue entendiendo que toda la vida cristiana tiene una conexión directa con la vida de Dios. Los Padres de la iglesia no hablaron primero de Dios, luego de la salvación y luego de la vida cristiana. En cambio, la forma en la que hablaban de Dios constituía su debate sobre la salvación y la vida cristiana. Se podría decir que no tenían doctrinas separadas para Dios y la salvación, sino que su doctrina de Dios era su doctrina de la salvación.

Atanasio sobre humanos y hacerse divinos (ca. 315):

Si alguien desea ver a Dios, quien es por naturaleza invisible y no puede ser visible de ninguna manera, pues lo entiende y lo conoce por sus obras, así que aquel que no ve a Cristo con su mente, que aprenda de él por las obras de su cuerpo. [...] [Déjelo] ponderar que a través de medios tan simples nos han sido reveladas cosas divinas, y que la inmortalidad ha llegado a todos a través de la muerte, y que a través de la encarnación de la Palabra, la providencia universal y su líder y creador, la Palabra del mismo Dios se ha dado a conocer. Porque él se convirtió en hombre para que nosotros pudiéramos hacernos divinos; y él se reveló a sí mismo a través de un cuerpo para que pudiéramos recibir una idea del Padre invisible; y él soportó los insultos de los hombres para que nosotros pudiéramos heredar la incorrupción.

Encar., párr. 54 (Thomson, 269)

En el recuadro anterior, vea la conexión que el teólogo egipcio del cuarto siglo, Atanasio, hace entre la encarnación del Hijo y nuestra salvación. Pero decir que tenían una sola doctrina en vez de doctrinas separadas sigue siendo inadecuado, ya que su enfoque no era tanto sobre la doctrina en sí, sino sobre el Dios en cuya vida eran partícipes.

La doctrina, tal y como ellos la entendían, apuntaba más allá de Dios, en cuya vida divina los humanos somos llamados a vivir.

Para hablar de esta participación en la vida divina, los Padres de la iglesia usaron una palabra griega, *theōsis*, que es importante y a la vez fácil de malinterpretar. Viene de la palabra *theos*, que significa "Dios", y hace referencia al proceso por el cual los seres humanos son hechos, en cierto sentido, divinos. (Note cómo Atanasio utiliza la frase "hacernos divinos" en el recuadro anterior). Debido a esto, la palabra *theōsis* se tradujo como *deificatio* en latín, y normalmente se traduce como "deificación" en español, pero se debe reconocer inmediatamente que los Padres no comprendían la deificación como el hecho de hacernos divinos en la misma forma en la que Dios es divino. Prácticamente todos ellos mantuvieron rígidamente la división entre el Dios creador y todo lo creado (incluyendo a los seres humanos), e insistían en que nadie podía trasladarse desde el lado humano hacia el divino de esa separación. Nadie que haya empezado a existir en el tiempo puede volverse eterno en el sentido de haber existido antes del tiempo. Nadie que sea finito puede convertirse en infinito. Nadie puede llegar a ser divino en el sentido de convertirse en la cuarta persona de la Trinidad. Nadie puede convertirse en hijo de Dios de la misma manera en la que Jesús es el Hijo de Dios. La iglesia era muy clara en estos puntos. Pero, si al hablar de la *deificación*, la iglesia primitiva no se refería al hecho de que podemos sobrepasar esa distinción entre creador y criatura, entonces, ¿a qué se refería? ¿Y cómo puede ser que una idea denominada con una palabra tan sospechosa sirva de ayuda a los evangélicos contemporáneos para superar nuestra dicotomía entre la doctrina y la vida cristiana?

Para poder responder a estas preguntas, debemos indagar más en el mundo del pensamiento patrístico, y esta indagación ayudará a explicar por qué pienso que la relación entre el Padre y el Hijo dentro de la Trinidad es el hilo conductor de la vida cristiana. En la mente de la iglesia primitiva, había muchos pasajes bíblicos que ofrecían apoyo a la idea de *theōsis* como el vínculo entre Dios y la humanidad, pero los dos pasajes más frecuentemente citados en sus escritos eran el Salmo 82:6-7 y 2 Pedro 1:3-4. El primero de estos pasajes dice: "Yo les he dicho: 'Ustedes son dioses; todos ustedes son hijos del Altísimo'. Pero morirán como cualquier mortal; caerán como cualquier otro gobernante". Los intérpretes occidentales normalmente entienden las frases "dioses" e "hijos del Altísimo" como títulos honoríficos dados a los reyes y otros gobernantes, no como declaraciones literales o cuasi literales acerca de las personas que son, de alguna manera, divinas.[4] Sin embargo, la iglesia primitiva estaba unida al afirmar que estas frases se refieren a las personas en general y que ser dioses significa ser hijos de Dios.

El otro pasaje, 2 Pedro 1:3-4, dice: "Su divino poder, al darnos el conocimiento de aquel que nos llamó por su propia gloria y excelencia, nos ha concedido todas las cosas que necesitamos para vivir como Dios manda. Así Dios nos ha entregado sus preciosas y magníficas promesas para que ustedes, luego de escapar de la corrupción que hay en el mundo debido a los malos deseos, lleguen a tener parte en la naturaleza divina". Aquí se deber notar que la participación en la naturaleza divina está unida a la superación de la corrupción y la muerte. Además, Pedro procede estas palabras con una lista de cualidades divinas que todo creyente debe adquirir y guardar: virtud, entendimiento, dominio propio, constancia, devoción a Dios, afecto fraternal y amor (2 P 1:5-7). Basada en este pasaje, la iglesia primitiva afirmó que *theōsis*, o deificación, implicaba superar nuestra mortalidad y corrupción siendo partícipes de la inmortalidad de Dios y teniendo más y más de las cualidades divinas que Pedro menciona.

Los Padres de la iglesia reconocieron en estos y otros pasajes que había varios aspectos de la *theōsis* o deificación. Dios nos permite participar en sus cualidades (lo que los teólogos occidentales luego llamarían "atributos comunicables de Dios"), nos permite participar en su vida inmortal (no en el sentido de que cobramos el poder para vivir para siempre por nuestra propia cuenta, sino en el sentido de que Dios, quien es inmortal por naturaleza, nos permite vivir de manera interminable) y nos lleva a ser hijos e hijas de Dios. La última de estas ideas puede subdividirse aún más cuando se pregunta qué significa ser un hijo de Dios. La filiación o la adopción (claramente un gran tema dentro del Nuevo Testamento)[5] podría simplemente implicar que adquirimos el estatus de hijos, o podría significar que, de alguna manera, participamos en el amor cálido que el Padre y el Hijo comparten.

Estos distintos aspectos de la *theōsis* no son, en ningún caso, mutuamente excluyentes, y muchos expertos de la iglesia primitiva argumentan que el concepto de los Padres sobre la deificación abarcaba

---

[4] La traducción al inglés, en su versión NIV, pone la palabra *dioses* entre comillas, indicando que los editores no creen que esto deba tomarse de manera literal.

[5] Ver, por ejemplo, Ro 8:14-23; 9:4, 26-27; 2 Cor 6:18; Gál 3:26-4:7; Ef 1:5; Heb 12:5-8.

a todos estos, así como también a otros.[6] Sin embargo, sugiero que en la mayoría de los casos, uno u otro aspecto tendía a predominar en el pensamiento de un determinado padre de la iglesia. Para algunos, en especial aquellos de la parte de habla latina del mundo cristiano, la idea de deificación como nuestra participación en el estatus de hijos divinos salió a flote. Estos escritores tendían a enfocarse en temas como la culpa y la inocencia, y ver el perdón de los pecados y un cambio de estatus ante Dios como los aspectos primarios de la salvación. Esta línea de pensamiento poco a poco empezó a ser dominante en la iglesia occidental, lo cual es, en parte, la razón por la que el protestantismo moderno se ha enfocado tanto en la justificación como el estatus correcto ante Dios. Para otros, en especial los proveniente de lugares de habla griega en el mundo, la deificación era, principalmente, una cuestión de ser partícipes en las cualidades divinas; en ocasiones esta idea se volvió tan prominente que los escritores en cuestión corrían el riesgo de borrar la línea entre Dios y los seres humanos. Para otros, tanto en regiones de habla griega como latina, el concepto de deificación era principalmente una manera de enfocarse en los aspectos relacionales de la filiación: Cristo es el único Hijo natural de Dios y, en una manera que es tanto igual como diferente al mismo tiempo, los cristianos se convierten en hijos adoptados de Dios, así participando por la gracia en la comunión que el Hijo tiene con el Padre por naturaleza.

LA VIDA DIVINA COMO VIDA TRINITARIA

Al haber estudiado la forma en la que los Padres escribían acerca de la vida cristiana, he quedado cada vez más convencido de que la tercera de estas líneas representa la mejor y la más bíblica manera de articular la idea de *theōsis*. Por supuesto que es correcto hablar de la salvación como un cambio de estatus y expresar la salvación en categorías de culpa, perdón y justificación. También es correcto hablar de la salvación (en especial aquello que los protestantes llaman "el proceso de santificación") en términos de adquirir y desarrollar las cualidades de Dios, aunque la mayoría de los evangélicos preferirían describir este proceso utilizando la frase más directamente bíblica "transformados

---

[6] El tratamiento más exhaustivo y reciente sobre este tema se encuentra en Norman Russell, *The Doctrine of Deification in the Greek Patristic Tradition* (Oxford: Oxford University Press, 2004). Russell habla acerca de una variedad de facetas de *theōsis*, pero no busca argumentar (como yo lo hago) que los Padres deberían ser agrupados de acuerdo a qué aspecto de la *theōsis* enfocaron mayormente.

según la imagen de su Hijo" (ver Ro 8:29). Pero sugiero que ninguno de estos dos es el aspecto central de la vida cristiana. Al contrario,
tanto el perdón como el hecho de volverse más como Cristo surgen de
nuestra participación en una relación, de nuestra conversión a hijos e
hijas por medio de la adopción para poder compartir la comunión que
el Hijo natural tiene con Dios el Padre. Además, creo que esta manera
de entender la salvación y la vida cristiana estaba ampliamente representada, y tal vez hasta haya sido el consenso de la iglesia primitiva.[7]
Esta es la línea de pensamiento patrístico que creo que tiene más para
enseñar al evangelicalismo contemporáneo y que puede ayudar a
ponerle un fin a esa separación no intencionada entre la teología y la
vida cristiana que muchas veces plaga a las iglesias, universidades y
seminarios. Esta es la línea de pensamiento a la cual me gustaría que
dediquemos nuestra atención a lo largo de este libro.

LA VIDA EN LA TRINIDAD: EL CORAZÓN OLVIDADO DE LA FE CRISTIANA

Por lo tanto, el hilo conductor alrededor del cual este libro busca organizar las diversas verdades acerca del cristianismo es la vida en la Trinidad, la relación que las personas trinitarias comparten entre sí. Este
libro nace de mi convicción (forjada mientras aprendí a leer la Biblia en
la manera en la que una determinada línea de pensamiento de la iglesia primitiva la interpretó) de que toda la vida cristiana y, en realidad,
toda la vida humana está directamente relacionada con la relación
más importante que existe. Esta es una relación compartida entre el
Padre, el Hijo y el Espíritu Santo, pero las Escrituras la expresan particularmente en términos de la relación del Padre con su amado Hijo. Lo
que muchos (quizás la mayoría) dentro de la iglesia primitiva querían
decir con la palabra desconcertadora *theōsis*, o deificación, era que los
creyentes sean partícipes en la cálida comunión que ha existido desde
la eternidad entre las personas de la Trinidad, una comunión que las
Escrituras nos anuncian al hablar del amor del Padre hacia su Hijo.
Debido a que este tema es tan central y crucial, pero que la palabra que
se utiliza para describirlo es tan fácil de malinterpretar para los cristianos contemporáneos, por lo general no utilizaré la palabra *theōsis* o
deificación en este libro. En cambio, utilizaré frases como "participación

---

[7] Para un debate más elaborado acerca de estas tres líneas de la iglesia primitiva, ver
Donald Fairbairn, "Patristic Soteriology: Three Trajectories", *Journal of the Evangelical
Theological Society* 50, n° 2 (2007): 289-310.

en la relación Padre-Hijo", "compartiendo el amor entre las personas de la Trinidad", y otras similares.

Si estoy en lo correcto al decir que esta comunión personal entre las personas de la Trinidad es el hilo conductor del cristianismo, entonces, ¿por qué los reformadores protestantes no hicieron énfasis en ello? Bueno, algunos de ellos sí lo hicieron, y otros simplemente lo dieron por sentado sin declararlo de manera tan insistente. Después de todo, debían dedicar la mayor parte de sus energías a escribir acerca de temas sobre los cuales estaban en desacuerdo con el catolicismo romano, no sobre temas en los que sí estaban de acuerdo. Pero mientras más tiempo pasamos dando algo por sentado sin expresarlo de manera explícita, es más probable que empecemos a olvidarlo. Y me temo que esto fue lo que sucedió en el evangelicalismo en tiempos recientes. Hemos enfatizado fielmente las verdades que los reformadores enfatizaron, pero no le hemos dado suficiente énfasis al contexto dentro del cual ellos hablaron de estas verdades, a tal punto que hemos olvidado lo que ellos sabían y daban por sentado. Si queremos recuperar lo que los reformadores dieron por sentado, así como también entender nuestro propio énfasis (como la justificación por la fe) en el contexto de la vida en la Trinidad dentro de la cual aquellos énfasis tienen sentido, debemos volver incluso hasta antes de la Reforma. Debemos volver al tiempo de los Padres de la iglesia primitiva para recordar su articulación del meollo de la fe cristiana tal y como los reformadores la recordaron y la convirtieron en su punto de partida para su propia teología.

CONCLUSIONES

En este capítulo he sugerido que la iglesia primitiva tuvo más éxito que nosotros en unir las doctrinas y la doctrina, la teología y la vida, precisamente debido a que su tema teológico integral era uno que cubría el golfo entre el Dios en quien la doctrina se enfoca y los creyentes que viven la vida cristiana. El concepto de *theōsis*, cuando se entiende correctamente, ofrece una manera de unir la vida de Dios a la vida humana, y específicamente a la vida cristiana. Los cristianos somos llamados a vivir de tal forma que, de alguna manera, refleje la propia vida de Dios, así que cualquier cosa que podamos decir sobre Dios tiene aplicaciones directas en la vida cristiana. También he argumentado que un entendimiento común de *theōsis* en la iglesia primitiva vio nuestra participación en la vida divina principalmente en términos de nuestra participación en la relación entre el Padre y el Hijo. Esta línea de pensamiento no era la única, y no deseo dar la impresión de que los

Padres eran totalmente monolíticos en su entendimiento del cristianismo. Pero era una línea de pensamiento común, y aun si no estoy en lo correcto al pensar que era su consenso, sigue siendo una línea de pensamiento lo suficientemente bien representada para merecer nuestra atención hoy en día.

En esta línea de pensamiento, la participación en la vida divina significa principalmente compartir en la vida de la Trinidad, compartir la relación que ha caracterizado al Padre, al Hijo y al Espíritu Santo desde la eternidad. Este entendimiento ofrece otro lugar apropiado para iniciar el estudio de la teología cristiana aparte del tema de la autoridad, y ahora me dirijo a ese entendimiento al querer explorar el corazón de la fe cristiana con la ayuda de los Padres de la iglesia primitiva.

2

EL CORAZÓN DEL CRISTIANISMO

La relación del Hijo con el Padre

Se podría argumentar que la mejor manera de empezar a analizar el corazón de la fe cristiana sería preguntándonos para qué nos creó Dios, cuál fue su propósito al crearnos. Entonces, eso significaría que tendríamos que empezar por el libro de Génesis y la historia de Dios y la creación de los seres humanos. Ciertamente, Génesis sería un buen lugar para comenzar, pero creo que otro buen lugar para comenzar sería en el medio de la historia, con un evento que tomó lugar en el punto central de la historia de la humanidad: la muerte y resurrección de Cristo.

UNA MIRADA AL CORAZÓN DE LA FE: LAS PALABRAS DE JESÚS EN JUAN 13-17

Jesús fue crucificado un día viernes a principios de abril del año 30 o 33, y la noche antes de ser crucificado fue una de las noches más conmovedoras y con más alta carga emocional que cualquier persona podría haber experimentado. Él sabía qué pasaría —su traición, arresto, juicio y muerte por crucifixión—, pero sus discípulos no. Con esos eventos inminentes en mente, Jesús reunió a sus doce discípulos para lo que ellos pensaron sería una simple celebración de la pascua judía. Los discípulos de Jesús no sabían que, al reunirse, él haría mucho más que celebrar con ellos una salvación pasada, sino que también instituiría ante ellos la representación de una salvación futura, una salvación que él traería con su muerte y resurrección. La ceremonia que Jesús instituyó esa noche es diversamente llamada Cena del Señor, Santa Cena, Eucaristía (que significa "acción de gracias" en griego) o simplemente Comunión. Pero en ese momento, los discípulos no sabían que esta sería la última comida que compartirían con Jesús antes de su muerte. Ellos no sabían que él moriría pronto, aunque si hubiesen prestado mucha atención a lo que él había dicho recientemente, seguramente habrían y deberían haber sabido.[8]

---

[8] Ver Mt 16:21-28 (y los pasajes paralelos: Mc 8:31 y Lc 9:22-27); Mt 20:17-19 (y los pasajes paralelos: Mc 10:32-34 y Lc 18:31-33).

Debido al conocimiento que tenía Jesús de lo que pasaría y la ignorancia de sus discípulos acerca de lo que vendría, la dinámica entre ellos esa noche fue casi espeluznante. Cada palabra que decía, cada acción que realizaba estaba llena de significado, pero por lo general los discípulos no lo entendían. Solo al ver esa noche en retrospectiva se dieron cuenta del completo significado de lo que Jesús había dicho y hecho. Encontramos la descripción de los hechos de esa noche en varios lugares a lo largo del Nuevo Testamento. Mateo 26, Marcos 14 y Lucas 22 nos dan una secuencia básica de los eventos —Jesús instituyó la Santa Cena en el aposento alto, dejó a sus discípulos por un tiempo mientras oraba en el jardín de Getsemaní, fue arrestado allí y llevado a la ciudad para ser juzgado. A diferencia de los otros tres Evangelios, el Evangelio de Juan nos describe una menor cantidad de cosas que hizo Jesús (por ejemplo, Juan no menciona la oración en el jardín ni la institución de la Santa Cena), pero sí nos da más detalles acerca de lo que Jesús dijo esa noche. Y estas palabras de Jesús —palabras llenas de significado que provenían de alguien que sabía que estaba pronto a sufrir una muerte prematura— nos ofrecen una ventana hacia el corazón y la esencia de la fe cristiana. Estas palabras registradas en Juan 13-17 fueron uno de los puntos focales de los estudios y la articulación del mensaje del cristianismo por parte de la iglesia primitiva. Estas son las palabras que me gustaría que veamos juntos en este capítulo.

Tenga en mente que los discípulos esperaban que las palabras de Jesús aludieran al pasado, hacia la Pascua y el éxodo, a la gran salvación del pueblo de Dios que había ocurrido mucho tiempo antes. Para su sorpresa, Jesús pasa mucho tiempo mirando hacia adelante, hablando del futuro —sobre la manera en la que los discípulos se amarán y servirán el uno al otro. Y cuando Jesús mira hacia el pasado, retrocede no solo hasta la Pascua, sino hasta el "tiempo" (es casi imposible utilizar esa palabra) previo a la existencia del mundo. Ellos esperan un vistazo hacia lo que parece un pasado lejano, pero Jesús les proporciona una mirada hacia el pasado antes del pasado, antes de que existiera el universo. Y luego los lleva desde el pasado hacia el futuro, un futuro que él ve muy claramente pero que, por supuesto, ellos no. Aquí, las palabras de Jesús se conocen como el sermón del aposento alto (Jn 13-16) y la oración sacerdotal (Jn 17). Escuchar hablar a Jesús debería haber sido emocionante si tan solo los discípulos hubieran entendido lo que él decía. Debió ser emocionante para ellos recordar después lo que había dicho y a lo que se refería. Y fue emocionante para los Padres de la iglesia reflexionar sobre esas palabras en los siglos posteriores.

En este capítulo, no es mi intención ver oración por oración lo que dijo Jesús. Al contrario, me gustaría enfocarme en algunos pasajes clave de Juan 13, 14, 15 y 17, y, por medio de estos pasajes, me gustaría llamar su atención a la relación entre el amor de Dios y el amor que los creyentes deben sentir el uno hacia el otro.

EL AMOR CRISTIANO: REFLEJO DEL AMOR DE CRISTO

En tiempos antiguos, Israel era un lugar muy polvoriento. La carencia de vegetación y el clima árido significaban que durante gran parte del año (excepto por dos periodos lluviosos en octubre/noviembre y marzo/abril), la tierra era prácticamente una fuente de polvo, y el polvo se asentaba sobre cualquier cosa que estuviera afuera. Además, no existía nada parecido a nuestros sistemas modernos de recolección de basura o alcantarillado. Todo tipo de desperdicios eran arrojados a las calles. Y, en adición a todo eso, las personas llevaban sandalias abiertas cuando estaban afuera. Así que una de las tareas más urgentes era tratar de mantener el polvo afuera y no arrastrarlo hacia adentro de las casas. Ya que los pies de todas las personas estaban sucios, lo primero que se hacía al entrar a una casa era lavarse los pies, algo que uno nunca querría hacer por otra persona, aunque a veces los sirvientes estaban obligados a hacerlo. Generalmente, uno debía lavarse sus propios pies.[9]

Tomando en cuenta este contexto, la forma en la que Jesús inicia esta celebración de la Pascua en Juan 13 es increíble para los discípulos. Él lava sus pies. Juan nos cuenta que esto sucedió mientras la cena estaba siendo servida (Juan 13:2-5), así que en ese momento todos ya habrían estado con los pies limpios para entrar al aposento alto. Pero, aun si sus pies ya no estaban polvorientos, las asociaciones mentales que surgieron en las mentes de todos fueron impresionantes. Para los discípulos, era impensable que alguien lavara de manera voluntaria los pies de otra persona, y era más que impensable el hecho de que Jesús, su maestro y líder, lavara los pies de sus discípulos. Hubiera sido un tremendo acto de devoción que un estudiante lavara los pies de su maestro, pero aquí, ¡es el maestro quien lava los pies de los

---

[9] El protocolo social en el Oriente Próximo Antiguo requería que el anfitrión ofreciera a sus invitados agua para lavarse los pies, como se menciona en Gn 18:4; 19:2; 24:32, Ju 19:21. La declaración de Juan el Bautista de que no era digno de siquiera desatar las sandalias de Jesús (Mc 1:7) probablemente haga referencia a la acción de quitarle las sandalias a alguien para lavarle los pies al entrar a una casa.

estudiantes! Luego, Jesús dice que les ha dejado un ejemplo de cómo deben servirse unos a otros, con la misma humildad que él ha mostrado hacia sus discípulos a través de esta inolvidable acción. Puede estar seguro de que esto dejó una gran impresión en los doce hombres con quienes estaba reunido.

Luego, poco después de esto, Jesús dice las palabras en las cuales me gustaría enfocarme. Les dice a sus discípulos:

> Ahora es glorificado el Hijo del hombre, y Dios es glorificado en él. Si Dios es glorificado en él, Dios glorificará al Hijo en sí mismo, y lo hará muy pronto.
> Mis queridos hijos, poco tiempo me queda para estar con ustedes. Me buscarán, y lo que antes les dije a los judíos, ahora se lo digo a ustedes: Adonde yo voy, ustedes no pueden ir.
> Este mandamiento nuevo les doy: que se amen los unos a los otros. Así como yo los he amado, también ustedes deben amarse los unos a los otros. De este modo todos sabrán que son mis discípulos, si se aman los unos a los otros. (Jn 13:31-35)

Inicialmente, este pasaje parece ser totalmente ilógico. Jesús está a punto de morir. ¿Por qué se referiría a este momento como el momento en el que Dios lo iba a glorificar? ¿Cómo puede Jesús decir que Dios será glorificado en el Hijo, quien está a punto de sufrir el tipo de muerte más humillante y vergonzosa que alguien pudiera imaginarse? Se podría pensar que Jesús debería quejarse de que Dios va a abandonarlo o que Dios debería quejarse de que será avergonzado a través del Hijo. Pero, al contrario, Jesús habla de gloria. ¿Cómo puede decir eso? Para poder entenderlo, debemos ver muy detenidamente lo que la palabra "gloria" realmente significa en la Biblia.

Literalmente, la palabra hebrea traducida como "gloria" significa "peso", y la palabra griega significa "alabanza". Estas palabras arrancan desde distintos puntos de una idea, pero el concepto hacia el cual ambas quieren llegar es que Dios es masivo, grandioso, solemne, magnífico y, por ende, merecedor de toda alabanza. Así que, cuando "glorificamos a Dios" o "damos gloria a Dios", lo estamos alabando porque es grande y magnífico. Esto no significa que le estemos dando algo que él no posea ya. Él es magnífico y espectacular sin importar que todos lo reconozcan o no. Al contrario, darle gloria a Dios es reconocer que es glorioso, declarar públicamente que es mucho más grande que nosotros. Es por esto que a veces la Biblia usa la frase "tributen al Señor la gloria que merece su nombre" (ver Sal 29:1-2) como una versión más precisa de la frase más corta "glorificar a Dios".

Sin embargo, es importante reconocer que majestad o grandeza no es lo único implicado por la palabra "gloria". Adicionalmente, a lo largo del Antiguo y Nuevo Testamento, la gloria de Dios está conectada a su presencia entre su pueblo. Un breve vistazo a la historia de Israel dejará esto en claro. Justo después del éxodo, cuando el pueblo de Israel se preparaba para cruzar el Mar Rojo, Dios les da un símbolo visible de su presencia entre ellos —una columna de nube durante el día y una columna de fuego durante la noche (Éx 13:20-22). Esta columna los guía durante los siguiente cuarenta años deambulando por el desierto antes de entrar a la tierra que les había sido prometida. Poco después, mientras el pueblo empezó a acampar en el desierto de la península del Sinaí, empezó a murmurar contra Moisés y Aarón porque no tenían comida. Moisés y Aarón les dijeron: "Esta tarde sabrán que fue el Señor quien los sacó de Egipto, y mañana por la mañana verán la gloria del Señor. Ya él sabe que ustedes andan murmurando contra él. Nosotros no somos nadie, para que ustedes murmuren contra nosotros" (Éx 16:6-7). Al día siguiente, tal como había sido prometido, mientras Aarón hablaba con el pueblo, "volvieron la mirada hacia el desierto, y vieron que la gloria del Señor se hacía presente en una nube" (Éx 16:10). Aquí, la nube que antes representaba la presencia de Dios es llamada "la gloria del Señor" de manera específica. Además, este evento coincide con el momento en que Dios empieza a darle al pueblo maná para comer, otra señal visible de su presencia entre ellos y de su provisión para ellos (ver todo el capítulo de Éx 16). Más tarde, cuando las personas empiezan a acampar al pie del monte Sinaí y Dios empieza a presentarles la Ley, comenzando con los Diez Mandamientos (Éx 20), él llama a Moisés a la cima del monte. El texto dice: "En cuanto Moisés subió, una nube cubrió el monte, y la gloria del Señor se posó sobre el Sinaí. Seis días la nube cubrió el monte. Al séptimo día, desde el interior de la nube, el Señor llamó a Moisés. A los ojos de los israelitas, la gloria del Señor en la cumbre del monte parecía un fuego consumidor" (Éx 24:15-17). Aquí, justo después de la impactante salvación de Egipto que constituyó a Israel como una nación apartada para Dios, el Señor le da a su pueblo este recordatorio constante de su presencia entre ellos, de su relación única con ellos. Y la frase que las Escrituras usan para esta presencia es "la gloria del Señor".

Durante el resto de la historia de Israel, la grandeza majestuosa de Dios está vinculada con su presencia entre su pueblo por medio de la nube de "la gloria del Señor". Después de que el tabernáculo —el lugar transportable de adoración que representaba la presencia de Dios entre su pueblo— fuera terminado, leemos: "En ese instante la

nube cubrió la Tienda de reunión, y la gloria del Señor llenó el santuario. [...] Durante todas las marchas de los israelitas, la nube del Señor
reposaba sobre el santuario durante el día, pero durante la noche había
fuego en la nube, a la vista de todo el pueblo de Israel" (Éx 40:34, 38).
De igual manera, una vez que el templo —el lugar fijo de adoración
que representaba la presencia de Dios entre su pueblo— es comple-
tado y el arca del pacto es llevada hacia la habitación más interna (el
lugar santísimo), el texto declara: "La nube llenó el templo del Señor. Y
por causa de la nube, los sacerdotes no pudieron celebrar el culto, pues
la gloria del Señor había llenado el templo" (1 Re 8:10-11). Al observar
este evento, el rey Salomón dice: "Señor, tú has dicho que habitarías en
la oscuridad de una nube, y yo te he construido un excelso templo, un
lugar donde habites para siempre" (1 Re 8:12-13).

Por supuesto que el templo no fue la última señal de la presencia de Dios entre su pueblo, ni tampoco era este templo terrenal
algo permanente. En cambio, el Nuevo Testamento une la presencia
majestuosa de Dios entre su pueblo a la encarnación y vida de Cristo.
Cuando los ángeles aparecen para anunciar el nacimiento de Jesús a
los pastores, Lucas escribe: "La gloria del Señor los envolvió en su
luz" (Lc 2:9). Cuando Juan describe la encarnación con estas famosas
palabras —"Y el Verbo se hizo hombre y habitó entre nosotros"—, lo
explica escribiendo: "Y hemos contemplado su gloria, la gloria que
corresponde al Hijo unigénito del Padre, lleno de gracia y de verdad"
(Jn 1:14). Veremos este pasaje con más detalle más adelante, pero por
ahora el punto es simplemente que la gloria de Dios está conectada a
la presencia de Dios entre su pueblo, y esta presencia es demostrada
de manera única con la llegada de su Hijo unigénito al mundo. Finalmente, en el capítulo justo antes de que inicie el sermón del aposento
alto, Jesús habla sobre su muerte inminente al decir: "Ha llegado la
hora de que el Hijo del hombre sea glorificado" (Jn 12:23). Esto nos
lleva a donde estamos ahora, en el sermón del aposento alto, perple-
jos por la extraña asociación que hace Jesús entre "muerte" y "gloria". Pero ahora podemos identificar que la idea de gloria no solo se
refiere a que Dios es grande y majestuoso, sino que este Dios, el único
Dios, el Dios que es majestuoso, está con nosotros y moviéndose por
nosotros.[10]

Con todo esto en mente, volvamos a ver la primera parte de Jn
13:31-32: "Ahora es glorificado el Hijo del hombre, y Dios es glorificado

---

[10] Para ver otros usos de la palabra "gloria" en relación a la presencia de Dios, referirse
a Éx 33:12-22; Lev 9:23-24; Deut 5:24; 1 S 4:21-22.

en él. Si Dios es glorificado en él, Dios glorificará al Hijo en sí mismo, y lo hará muy pronto". Si la gloria de Dios no es solamente su grandeza, sino también su presencia entre nosotros, entonces este pasaje debe implicar que la muerte inminente de Jesús es la manera suprema en la que Dios está presente entre nosotros. El Dios que es tan inmenso que innumerables galaxias no pueden contenerlo, tan grande que pudo simplemente hablar y hacer que el mundo viniera a existencia, tan poderoso que pudo producir o alterar el curso normal de la naturaleza como él deseaba, está ahora a punto de mostrar su gloriosa presencia de la manera más inesperada. Si el maestro lavando los pies de sus discípulos no fue lo suficientemente inesperado, el Señor del universo muriendo en la cruz es ciertamente la más inesperada demostración de grandiosidad. Pero esto es lo que Dios va a hacer. Esta es la definición exacta de lo que significa tener la presencia de Dios entre nosotros. Este va a ser, de alguna manera, el momento más glorioso de la historia. Más adelante hablaré acerca de cómo esto es posible, pero por ahora debemos reconocer que el Padre se está preparando para glorificar tanto al Hijo como a sí mismo —permitiendo que el Hijo muera por nosotros.

Junto con esta inesperada descripción de la gloria habiendo sido presentada, Jesús procede a decirles a sus discípulos lo que espera de ellos —y de todos los que seguimos a Jesús hoy en día. En la última parte del pasaje que estamos viendo, dice: "Este mandamiento nuevo les doy: que se amen los unos a los otros. Así como yo los he amado, también ustedes deben amarse los unos a los otros. De este modo todos sabrán que son mis discípulos, si se aman los unos a los otros" (Jn 13:34-35). No es ninguna sorpresa que Jesús espere que los cristianos se amen los unos a los otros. De hecho, la primera oración de esta cita es una de las oraciones más conocidas de la Biblia. Pero note dos cosas sobre este pasaje. En primer lugar, Jesús dice que nuestro amor unos por otros está íntimamente conectado a su amor por nosotros. Debemos amarnos entre todos, así como él nos amó a nosotros. ¿Cuál es la naturaleza de esta conexión? ¿Quiere decir que, porque él nos amó, nosotros debemos amarnos los unos a los otros? Ciertamente debe querer decir eso (como mínimo). ¿Quiere decir que debemos amarnos los unos a los otros de la misma manera en la que él nos amó? Es probable, especialmente a raíz de la increíble demostración de amor servicial que ha dado al lavar los pies de sus discípulos. Pienso que lo que Jesús quiere decir aquí incluye ambas ideas, pero que también va más allá de eso. Quiere decir que debemos amarnos los unos a los otros exactamente con el mismo amor con el cual él nos amó.

Lo que Jesús quiere decir aquí se hace más claro más adelante, en el sermón del aposento alto, pero por ahora debemos reconocer que nuestro amor los unos por los otros debe reflejar el amor que Cristo nos ha demostrado. Y aquello nos lleva de manera directa al segundo aspecto a tomar en cuenta en este pasaje: que la manera en la que el mundo (es decir, la parte de la sociedad que todavía no sigue a Cristo) sabrá que somos sus discípulos es por la forma en la que nos amamos entre nosotros. De alguna manera, nuestro amor nace del amor de Cristo por nosotros, y nuestro amor los unos hacia los otros refleja el amor de Cristo por nosotros. Es tan parecido a su amor que, cuando la gente nos ve, recuerda la manera en la que Cristo actuó cuando estuvo en la tierra. Si alguien pregunta cuál es el corazón de la fe cristiana, parte de la respuesta es que una vida que refleje el amor que Jesús nos ha demostrado se encuentra cerca de ese corazón. Es importante notar que no es lo mismo que decir simplemente que debemos amarnos los unos a los otros, que busquemos vivir en algún tipo de comunidad en la que las personas se lleven bien y sean buenas las unas con las otras. Se refiere a algo más que eso, y a un tipo diferente de amor. Este es un amor que está específicamente conectado a la vida de una persona que vivió hace dos mil años, una persona que es el Hijo de Dios. Cerca del corazón de nuestra fe y, por ende, cerca del corazón de nuestra teología, se encuentra un amor que refleja ese amor.

Hasta aquí, todo esto es bastante amplio, y (podría decirse) no particularmente claro. Debemos seguir adelante, ya que a medida que el sermón del aposento alto continúa, Jesús habla de manera cada vez más específica sobre el tipo de amor al que se refiere.

LA OBEDIENCIA: UNA MANERA DE AMAR

En la anterior sección de este capítulo, es probable que se le hayan puesto los pelos de punta al ver que Jesús utiliza la palabra "mandamiento". Tal vez no le guste la idea de que la religión (o la vida, en todo caso) involucre mandamientos. Si es ese el caso, entonces es probable que el título de esta sección le resulte muy molesto. De hecho, es probable que piense que, si uno se concentra en obedecer mandamientos, entonces no puede tener al amor como un motivador subyacente. Tal vez piense que la "obediencia" y los "mandamientos" pertenecen al ámbito del deber y no al ámbito del amor. Si esto es lo que está pensando, lo invito a dejar su molestia de lado por un momento, lo suficiente como para escuchar lo que Jesús les dice a sus discípulos poco después en el sermón del aposento alto:

Si ustedes me aman, obedecerán mis mandamientos. Y yo le pediré al Padre, y él les dará otro Consolador para que los acompañe siempre: el Espíritu de verdad, a quien el mundo no puede aceptar porque no lo ve ni lo conoce. Pero ustedes sí lo conocen, porque vive con ustedes y estará en ustedes. No los voy a dejar huérfanos; volveré a ustedes. Dentro de poco el mundo ya no me verá más, pero ustedes sí me verán. Y porque yo vivo, también ustedes vivirán. En aquel día ustedes se darán cuenta de que yo estoy en mi Padre, y ustedes en mí, y yo en ustedes. ¿Quién es el que me ama? El que hace suyos mis mandamientos y los obedece. Y al que me ama, mi Padre lo amará, y yo también lo amaré y me manifestaré a él. (Juan 14:15-21)

Note que tanto al inicio como al final de este pasaje, Jesús conecta el amor con la obediencia. Si lo amamos, haremos lo que nos manda. Hay dos cosas que debemos reconocer sobre estas declaraciones.

En primer lugar, Jesús contradice de manera directa la noción de que el amor y la obediencia pertenecen a contextos diferentes, una noción que muchas personas mantienen en la sociedad contemporánea (ya sea de manera consciente o inconsciente). Tendemos a pensar que algo puede ser amor solamente cuando se da entre iguales y, cuando estamos hablando de iguales, no hay cabida para la obediencia. Pensamos que entre iguales no existen mandamientos u obediencia y que todo funciona bajo consenso. Aquí, las palabras de Jesús nos recuerdan que nuestra relación con él no es entre iguales. El cristianismo afirma que Jesús es Dios, y una lectura objetiva de los Evangelios nos muestra que Jesús se ve a sí mismo de esta manera. Sí, él es también completamente humano, al igual que nosotros. Pero por encima de todo, es Dios. Al momento de decir estas palabras, él llevaba poco más de treinta años siendo humano, pero ha sido Dios desde la eternidad. No deberíamos, no podemos y no nos relacionamos con Jesús como si fuésemos iguales. Él es nuestro Dios, nuestro maestro, y nosotros somos sus siervos. (Más adelante veremos que no somos simplemente sus siervos, pero, de todas maneras, somos sus siervos). Una de las razones por las cuales nos molestamos cuando alguien habla de obediencia es que no nos gusta admitir que no somos iguales a alguien. Pero cuando hablamos de Jesús, lo primero que debemos hacer para poder seguirlo es reconocer que no somos sus iguales. Y como él es nuestro maestro, tiene todo el derecho de mandarnos a hacer ciertas cosas y esperar que seamos obedientes. Si esto nos perturba emocionalmente, tal vez se deba al hecho de que somos demasiado orgullosos como para admitir que no somos los seres más grandes en el universo. Una vez que nos deshacemos de nuestro bagaje emocional y reconocemos que Jesús tiene el derecho de mandarnos, entonces podemos ver lo que quiere decir aquí desde una nueva perspectiva. Al conectar el amor y la obediencia, Jesús está diciendo que para los cristianos la obediencia no es un tema de simple obligación. Nosotros, los siervos, somos llamados a obedecer a nuestro maestro, Jesús, por amor y no solo por obligación. Cuando Jesús nos manda a hacer ciertas cosas, nos está dando la oportunidad de amarlo al obedecer esos mandamientos voluntariamente en lugar de desobedecerlos plenamente o cumplirlos a regañadientes, por simple obligación. Podemos amarlo al obedecerlo con alegría y voluntad.

Lo segundo que debemos reconocer del vínculo entre el amor y la obediencia es que, en el versículo que vimos previamente, Jesús también hizo una conexión entre ambas cosas, solo que de una manera distinta. Allí, el mandamiento fue que nos amáramos unos a otros. Aquí, cumplir el mandamiento es parte de nuestra demostración de amor hacia Jesús. Que una persona ame a Jesús se hará evidente en el hecho de que esa persona ame a otras personas. De hecho, nuestro amor por los demás refleja tanto nuestro amor por Jesús que Juan luego escribiría en una de sus cartas: "Si alguien afirma: 'Yo amo a Dios', pero odia a su hermano, es un mentiroso" (1 Jn 4:20). Y debemos recordar que nuestro amor por los demás no solo refleja nuestro amor por Cristo, sino también el amor de Cristo por nosotros. Existe —o por lo menos debería existir— una compleja red de relaciones amorosas que se reflejen la una a la otra; y la obediencia en libertad y amor juega un rol muy importante en estas relaciones.

Debería ya quedar en claro que la imagen de amor y obediencia que Jesús quiere inculcar en sus discípulos es muy distinta a lo que nosotros pensamos cuando escuchamos la palabra *amor*. Seguramente pensamos que el amor es una relación aislada y exclusiva entre dos personas. Es probable que pensemos que es una relación que nos separa de los demás en vez de acercarnos más hacia ellos. Tal vez lo veamos como una relación bajo sus propios términos en lugar de algo que debería reflejar algo más. Y es poco probable, por supuesto, que el concepto de obediencia forme parte de nuestra imagen de lo que es el amor. En contraste con todo eso, Jesús nos llama a obedecer como una muestra de nuestro amor por él, a amar como un acto de obediencia voluntaria, a amar a otros porque lo amamos a él, a amarlo como él nos amó a nosotros. El tipo de amor al que Jesús nos llama es muy distinto del amor con el que estamos familiarizados.

Si ve nuevamente el pasaje que estamos considerando (Jn 14:15-21), notará que solo he hablado sobre las partes del inicio y el final, los corchetes, por así decirlo. ¿Y qué hay de la parte entre los corchetes, la parte central del párrafo? En medio de sus declaraciones de apertura y cierre, Jesús habla de "otro Consolador", a quien llama el "Espíritu de verdad", a quien nosotros comúnmente llamamos Espíritu Santo. Jesús dice sobre el Espíritu: "El mundo no [lo] puede aceptar porque no lo ve ni lo conoce. Pero ustedes sí lo conocen, porque vive con ustedes y estará en ustedes. No los voy a dejar huérfanos; volveré a ustedes. Dentro de poco el mundo ya no me verá más, pero ustedes sí me verán. Y porque yo vivo, también ustedes vivirán. En aquel día ustedes se darán cuenta de que yo estoy en mi Padre, y ustedes en mí, y yo en ustedes" (Jn 14:17-20). Cabe notar que Jesús hace unas declaraciones sorprendentes acerca de la relación entre los cristianos y el Espíritu Santo. El mundo (aquellos que no siguen a Cristo) no conoce a este Espíritu, pero los discípulos sí. Además, llegará un momento en el que el Espíritu Santo no solo estará con los discípulos, sino que vivirá en ellos. Sabemos que ese momento llegó no mucho después de que Jesús resucitara de la muerte y ascendiera al cielo, y el día en que el Espíritu Santo empezó a vivir en los cristianos se describe en Hechos 2. Desde ese entonces, los que seguimos a Cristo tenemos al Espíritu de Dios viviendo en nosotros.

Es también importante notar aquí que Jesús vincula el hecho de que el Espíritu Santo vive en los cristianos con el hecho de que el Padre y el Hijo están el uno en el otro. Es a través de la permanencia del Espíritu Santo en nosotros que podremos reconocer que el Hijo está en el Padre y que el Hijo está en nosotros. Dicho de otro modo: el Espíritu Santo es el vínculo entre la relación del Hijo con el Padre y la relación de los cristianos con el Hijo. A medida que Jesús continúa hablando, hará que este vínculo sea mucho más claro. Mientras tanto, vemos nuevamente qué tan interconectados están el Padre, el Hijo, el Espíritu Santo, los cristianos, el amor y la obediencia. La propia tela de la que estamos hechos es el resultado de un complejo tejido de relaciones y acciones. Mientras tratamos de entender ese tejido de manera más completa, veamos lo que Jesús dice más adelante en su sermón.

EL AMOR CRISTIANO: EL MISMO AMOR QUE EXISTE ENTRE EL PADRE Y EL HIJO

Uno de los discursos más conocidos de Jesús es su charla sobre la vid y las ramas en Juan 15, que es la parte central del sermón del aposento alto. Y aunque esta charla es muy apreciada, es probable que no tenga el mismo impacto sobre nosotros que tuvo sobre su público original, ya que no muchos de nosotros vivimos en sociedades agrarias. Pero para un grupo de judíos viviendo en el antiguo Israel, nada podría haber representado de mejor manera la relación entre Dios, Jesús y los cristianos que la imagen de una vid. Las uvas eran uno de los cultivos principales de Israel, ya que crecían favorablemente en clima árido, especialmente en la zona de colinas donde los contornos de la tierra creaban terrazas naturales. Eran esenciales en el estilo de vida de las personas, ya que el vino era, en general, más seguro de consumir que el agua que tenían a su disposición. De este modo, las uvas estaban muy vinculadas a la vida, a la misma supervivencia, y cultivarlas ofrecía sustento a gran parte de la población.

Veamos una parte de lo que Jesús dice en este famoso discurso:

> Yo soy la vid verdadera, y mi Padre es el labrador. […] Así como ninguna rama puede dar fruto por sí misma, sino que tiene que permanecer en la vid, así tampoco ustedes pueden dar fruto si no permanecen en mí.
>
> Yo soy la vid y ustedes son las ramas. El que permanece en mí, como yo en él, dará mucho fruto; separados de mí no pueden ustedes hacer nada. […] Mi Padre es glorificado cuando ustedes dan mucho fruto y muestran así que son mis discípulos. (Jn 15:1, 4-5, 8)

Al leer estas palabras, queda claro por qué Jesús eligió esta imagen. Los cristianos son las ramas, los que dan fruto; por ende, son los productores más visibles de la operación de cosecha de uvas. Pero las ramas no pueden producir fruto por sí solas. Si son cortadas de la vid, son inservibles. Además, cada primavera deben ser podadas y protegidas de los depredadores. La conexión entre la rama, la vid/raíz y el labrador que cuida la vid habría sido clara para los discípulos.

Note también en este párrafo que cuando los cristianos dan fruto, el Padre es glorificado. Recordando que la gloria está conectada a la presencia de Dios, vemos que una de las maneras en las que Dios muestra su presencia en la tierra es a través de las acciones de los cristianos, a través del amor que demostramos unos hacia otros, a través del fruto que producimos. No podemos lograr nada por nuestra propia cuenta. Si nos mantenemos (o permanecemos) en Cristo, entonces podemos obedecer los mandamientos de Dios y producir el tipo de fruto que Dios espera de nosotros. Entonces, en primer lugar, la vida cristiana es un proceso de permanecer en Cristo, de depender de él, de reconocer y mantener nuestra conexión con él en todos los aspectos de nuestras vidas. Esta imagen ayuda a explicar lo que Jesús había dicho anteriormente en su sermón. Recuerde que cuando dijo "Así como yo los he amado, también ustedes deben amarse los unos a los otros" en Juan 13, mencioné que había varias maneras en las que uno podría interpretar la conexión entre el amor de Jesús y el nuestro. Una de esas maneras era que quiso decir que debemos amar a otros porque él nos amó. Pero a estas alturas, es claro que esto no puede ser lo único que Jesús quiso decir. Si tuviéramos que amar simplemente porque él nos amó, entonces eso significaría que amamos por nuestra cuenta y simplemente imitando a Cristo. Pero ahora sabemos que el Espíritu Santo vive en nosotros —ayudándonos, capacitándonos, guiándonos a amar a otros. Y ahora la imagen de la vid y las ramas quita cualquier posibilidad de que nosotros podamos o debamos imitar el amor de Cristo por nuestra propia cuenta. La conexión entre su amor y el nuestro es más cercana que esto: al permanecer en su amor, Jesús obra a través de nosotros para hacernos fructíferos, para que la gloriosa presencia del Padre se haga evidente.

Esto nos lleva a la siguiente parte del discurso de Jesús, en la cual une varios hilos del tejido que ha estado elaborando hasta este punto y articula de manera más clara la relación entre los cristianos, él mismo y Dios, su Padre. Jesús dice:

> Así como el Padre me ha amado a mí, también yo los he amado a ustedes. Permanezcan en mi amor. Si obedecen mis mandamientos, permanecerán en mi amor, así como yo he obedecido los mandamientos de mi Padre y permanezco en su amor. Les he dicho esto para que tengan mi alegría y así su alegría sea completa. Y este es mi mandamiento: que se amen los unos a los otros, como yo los he amado. Nadie tiene amor más grande que el dar la vida por sus amigos. Ustedes son mis amigos si hacen lo que yo les mando. Ya no los llamo siervos, porque el siervo no está al tanto de lo que hace su amo; los he llamado amigos, porque todo lo que a mi Padre le oí decir se los he dado a conocer a ustedes. (Jn 15:9-15)

Jesús había establecido previamente un vínculo entre su amor por nosotros y nuestro amor por los demás. Aquí extiende ese vínculo. Su amor por nosotros está conectado al amor del Padre por él. Además, no dice simplemente que debemos amarnos los unos a los otros porque el Padre lo amó a él y él a nosotros, o que debemos amarnos los unos a los otros de la misma manera que el Padre lo amó a él y él nos amó a nosotros. En cambio, dice: "Permanezcan en mi amor". Debemos permanecer en el mismo amor en el cual Cristo nos amó, el cual es, de hecho, el mismo amor con el cual el Padre amó a Cristo. De alguna manera, somos llamados a hacer algo más que simplemente imitar el amor de Dios. Somos llamados a permanecer en y llevar al mundo el mismo amor con el cual el Padre ha amado a su Hijo desde toda la eternidad. La relación de amor entre el Padre y el Hijo, la gloriosa presencia del Padre con el Hijo, no es simplemente un modelo a seguir. Esa relación es la esencia de lo que Jesús dice que los cristianos debemos poseer. Cristo no está solamente dándonos un ejemplo, sino que se está dando a sí mismo como una persona para que podamos ser partícipes de esta relación tan profundamente personal, la relación que él tiene con Dios el Padre.

Vea que al igual que en Juan 14, Jesús también habla aquí de la obediencia en conexión con el amor. Pero aquí va más allá de lo que dijo anteriormente: une nuestra obediencia a sus mandamientos con su propia obediencia a los mandamientos del Padre. En este punto, es probable que usted realmente se oponga a la idea de la obediencia. Aun si acepta (tal vez a regañadientes) lo que escribí anteriormente — que no somos iguales a Dios y que la obediencia es parte de amarlo—, es probable que se oponga a lo que Jesús dice aquí. Él es igual a Dios. Él es, de alguna manera, el mismo Dios que el Padre. Así que aun si es adecuado hablar de la obediencia de las personas a Jesús, ¿cómo puede ser adecuado hablar de la obediencia de Dios el Hijo a Dios el Padre? La respuesta implícita que se encuentra en lo que dice Jesús aquí es que, incluso entre iguales, existen relaciones que deben caracterizarse por tener un líder y un seguidor, o un iniciador y un receptor, o incluso un amante y un amado, relaciones en las cuales la obediencia forma parte de ellas. Dios el Hijo es igual a Dios el Padre; es igual al Padre en todas las formas. Pero sigue siendo obediente al Padre y cumple con la voluntad del Padre en la tierra. Si él está dispuesto a amar a su Padre de esa forma, entonces nosotros, que no somos iguales a Dios de ninguna manera, también deberíamos estar dispuestos a amar a Dios y amar a Cristo siendo obedientes.

Retomaré este punto en el capítulo cuatro, pero por ahora debemos nuevamente reconocer lo radicalmente distinto que es todo esto a lo que normalmente pensamos al hablar de relaciones humanas. Jesús está atando nuestras relaciones humanas a su relación con el Padre. Dios lo ama; él ama a su Padre y lo obedece. En obediencia a su Padre, llega al mundo para amarnos exactamente con el mismo amor con el que él y el Padre se han amado. Nos llama a amarnos unos a otros con ese mismo amor, y como veremos más adelante, esto implicará una predisposición a ser tanto líderes como seguidores, iniciadores y receptores de amor. Pero otra cosa que podemos ver en este pasaje es que Jesús insiste en que sus discípulos no son solo siervos, aunque lo deben obedecer. De hecho, "siervos" no es la mejor palabra para describirlos, aunque después muchos seguidores de Cristo usarán esa palabra para describirse a sí mismos (ver Ro 1:1 y Stg 1:1 para ejemplos de esto). En cambio, Jesús llama a sus discípulos "amigos". ¿Por qué? Porque un simple siervo no está al tanto del porqué de las demandas de su amo; a un siervo simplemente se le dice qué hacer. Un siervo que también es un amigo conoce los propósitos de su amo de una manera más abierta. Tiene una imagen clara de quién es su amo y lo que está haciendo, así que ve claramente por qué es llamado a hacer su parte. Dios el Padre llamó a su Hijo a obedecer, pero al mismo tiempo el Hijo fue partícipe tanto en la presencia personal del Padre junto a él como en el panorama general de los propósitos de su Padre. Conocía el amor del Padre hacia él y, así, la naturaleza amorosa de los propósitos del Padre para la humanidad. De igual manera, el Hijo ahora nos llama a obedecer, pero también nos muestra quién es y qué está haciendo. Nos muestra el amor que yace detrás de sus propósitos, y es por eso que nos llama sus amigos y no solo sus siervos.

Esta es la razón por la que la enseñanza cristiana típica puede llegar a ser tan frustrante si tan solo nos dice qué debemos hacer sin tener conocimiento de por qué los mandamientos son tan importantes o cómo encajan dentro de lo que Dios está haciendo. En el sermón del aposento alto, Jesús nos muestra que la clave para que el cristianismo sea lo que debe ser es uniendo nuestras vidas a él, y realmente unir nuestras vidas de manera directa a su propia relación con Dios el Padre.

EL AMOR CRISTIANO Y EL AMOR ETERNO ENTRE EL PADRE Y EL HIJO

En algún momento después de que Jesús y sus discípulos abandonaran el aposento alto, pero antes de que Jesús fuera arrestado, él hace una oración que está registrada en Juan 17. Esta oración sacerdotal es, en muchas maneras, un complemento preciso del sermón del aposento alto. En el sermón, Jesús ha presentado una imagen de la vida y cómo Dios la diseñó, y en la oración le pide a su Padre que manifieste el tipo de vida que acababa de describir a sus discípulos. En esta oración, Jesús primero ora por sí mismo (Jn 17:1-5), luego por los doce discípulos (Jn 17:6-19) y luego por aquellos que se convertirían en sus seguidores (Jn 17:20-26). Veamos cómo Jesús ora por sí mismo:

Padre, ha llegado la hora. Glorifica a tu Hijo, para que tu Hijo te glorifique a ti, ya que le has conferido autoridad sobre todo mortal para que él les conceda vida eterna a todos los que le has dado. Y esta es la vida eterna: que te conozcan a ti, el único Dios verdadero, y a Jesucristo, a quien tú has enviado. Yo te he glorificado en la tierra, y he llevado a cabo la obra que me encomendaste. Y ahora, Padre, glorifícame en tu presencia con la gloria que tuve contigo antes de que el mundo existiera. (Jn 17:1-5)

Es probable que la frase que más llame la atención en este pasaje sea "vida eterna". Sabemos que Jesús les da vida eterna a quienes creen en él. Pero, ¿qué es la vida eterna? La mayoría de nosotros la entendemos como un sinónimo de "cielo" o que significa "vivir para siempre". Pero ninguna de esas dos definiciones realmente refleja el sentido bíblico del significado de la vida eterna. "Cielo", en la forma en la que la mayoría de las personas utilizan la palabra, significa el simple cumplimiento de algo que a una persona le gusta. El cielo es el lugar donde nunca tendrá que trabajar o donde podrá jugar béisbol todo el día, o donde podrá comer todo lo que guste y no tener que preocuparse por sus niveles de colesterol. La palabra *cielo* ha sido trivializada de tal manera que casi carece de significado hoy en día. Y "vivir para siempre" también puede malinterpretarse. Según las Escrituras, todos viviremos para siempre, de una manera u otra. Una de las marcas significativas que Dios le ha dado a cada ser humano es que vivirá para siempre, ya sea con él o apartado de él.[11] Pero eso no es a lo que Jesús se refiere aquí con "vida eterna". En cambio, la frase traducida como "vida eterna" significa "vida de la era". Se refiere a una era futura, a la nueva vida que Dios establecerá al final de la historia, una vida que será compartida por todos los que creen en Cristo y lo siguen. Vida eterna no solo significa vivir para siempre; significa vivir de una cierta manera, tener una cierta calidad de vida que está disponible solo para aquellos que tienen fe en Cristo.

¿Cómo es este tipo de vida? Jesús dice aquí que la vida eterna consiste en conocer a Dios y conocer a Jesucristo, a quien Dios ha enviado. Note lo personal que es esta descripción desde el inicio. Jesús no solo está diciendo que la vida eterna es algo que nos dará. No está diciendo que por lo que él ha hecho, o por lo que hará o lo que nosotros hagamos, entonces recibiremos x, y o z mientras vivamos en el cielo para siempre. La vida eterna es conocer a Cristo y su Padre, Dios. En el corazón de la idea central del cristianismo se encuentra la realidad de

---

[11] Ver, p. ej., Dn 12:1-3; Mt 13:36-43, 47-50; 2 Ts 1:5-10; Ap 20:11-15; 21:1-8.

que los cristianos conocerán al Padre y al Hijo. Esto concuerda mucho con lo que él ha dicho en el sermón del aposento alto sobre nuestra participación en el amor entre el Padre y el Hijo.

Lo que hace que esta descripción de la vida eterna sea aún más increíble es que no nace de la oración de Jesús por nosotros, sino de su oración por sí mismo. El hecho de que nos dé vida eterna está íntimamente conectado a la gloria de Dios, tanto así que Jesús habla de nuestra vida eterna con el mismo sentir con el que habla de su glorificación hacia el Padre y la glorificación del Padre hacia él. Dios no solo goza de su propia grandeza y magnificencia, sino que la comparte. Comparte esa grandeza que existe dentro de él con las personas de la Trinidad y también comparte esa gloriosa presencia con su pueblo. Así que una de las maneras en las que Dios demuestra su grandeza es por guiar a la humanidad a conocerlo. Y conocerlo implica conocer tanto al Padre como al Hijo a quien el Padre ha enviado.

Sobre la base de esta idea, veamos algunos otros aspectos de este pasaje de la oración de Jesús. Vemos que la culminación de la obra del Hijo que Dios lo envío a realizar (vivir y morir por nuestra salvación —una obra que Jesús ya casi ha terminado al decir estas palabras—) atribuye gloria al Padre. Esa obra le muestra al mundo precisamente lo magnificente que es Dios. Pero vea los versículos 1 y 5. Jesús le pide al Padre que lo glorifique, así como él ha glorificado al Padre. Y describe esa gloria con la palabra "presencia" y como algo que tuvo con el Padre desde antes del inicio del mundo. La gloria de Dios es la presencia majestuosa de Dios. Desde toda la eternidad, antes de que creara el mundo, Dios ha compartido su magnificente presencia. ¿Cómo? Compartiendo esa presencia entre el Padre y el Hijo. El cristianismo es único entre otras religiones del mundo ya que es el único que declara que hay un solo Dios y que este Dios existe como tres personas, como la Trinidad. Aquí Jesús indica que la majestad de Dios se hace evidente con su presencia. Antes de que existiera el mundo y personas que pudieran sentir esa presencia, la gloria de Dios se hacía evidente en la relación entre el Padre y el Hijo (y también el Espíritu Santo, aunque Jesús no lo menciona aquí). A medida que conocemos al Hijo, también vemos la gloriosa presencia de Dios, y esta es la vida eterna. La presencia que Dios ha compartido dentro de sí mismo entre el Padre, el Hijo y el Espíritu Santo es el corazón de ese conocimiento de Dios que nos da y que constituye la vida eterna. Por medio de esta parte de la oración, vemos que la vida eterna es mucho más que algo que los cristianos reciben por lo que Cristo ha hecho. La vida eterna es un conocimiento profundamente personal de aquel quien fue partícipe en la gloria del

Padre desde toda la eternidad. De alguna manera, la eternamente gloriosa relación entre el Padre y el Hijo es compartida con nosotros cuando seguimos a Cristo. El final, el futuro que nos espera a los cristianos, implica ser partícipes en la relación que ha caracterizado a Dios desde el inicio, en realidad desde antes del inicio, antes de que existiera la historia humana, o incluso la historia de la tierra. Y, nuevamente, esto es similar a lo que hemos visto en la oración de aposento alto.

Algo que es aún más impactante que lo que dice Jesús al principio de esta oración es lo que dice al final, cuando ora por todos aquellos que lo seguirán. Continúa hablando sobre la gloria y el "tiempo" antes de la creación, pero ahora introduce otra idea importante, aquella de ser uno o unidad. Jesús pide que todos los creyentes puedan ser "uno" (Jn 17:21). Antes de que cite el pasaje, debemos reconocer que la palabra *uno* es bastante ambigua. Hay distintos tipos de unidad que podrían llevarnos a hablar de un grupo de personas como "uno". Las personas que tengan un objetivo en común o que se reúnen para realizar una tarea juntos pueden referirse a sí mismos como "uno". Los estadounidenses solían referirse orgullosamente a sí mismos como un pueblo, con una identidad y una cultura en común derivada de distintos grupos étnicos. A eso se refiere nuestro lema nacional, *e pluribus unum* (de muchos, uno). Las personas que consideran ser almas gemelas, espíritus fraternales o incluso amantes muchas veces se refieren a sí mismos siendo "uno". Esto es lo que simboliza el encender la vela de la unidad en las bodas. En las religiones y filosofías orientales, probablemente la idea central es que el alma de una persona se convierte en "uno" con el universo. De hecho, esta idea es cada vez más común en el mundo occidental, ya que las personas hablan de alcanzar su unidad con el universo o realizar la divinidad dentro de sí mismos. Hay muchos tipos de unidad, y si este pasaje realmente es tan central para el mensaje cristiano como afirmo que es, entonces es necesario que entendamos el tipo de unidad por el cual Jesús ora aquí.

Veamos el pasaje cuidadosamente. Jesús dice:

> No ruego solo por estos [los doce discípulos]. Ruego también por los que han de creer en mí por el mensaje de ellos, para que todos sean uno. Padre, así como tú estás en mí y yo en ti, permite que ellos también estén en nosotros, para que el mundo crea que tú me has enviado. Yo les he dado la gloria que me diste, para que sean uno, así como nosotros somos uno: yo en ellos y tú en mí. Permite que alcancen la perfección en la unidad, y así el mundo reconozca que tú me enviaste y que los has amado a ellos tal como me has amado a mí.

Padre, quiero que los que me has dado estén conmigo donde yo estoy. Que vean mi gloria, la gloria que me has dado porque me amaste desde antes de la creación del mundo. (Jn 17:20-24)

Hay varios aspectos que debemos tomar en cuenta en este pasaje. En primer lugar, note que cuando Jesús pide que los cristianos sean "uno", explica esta idea diciendo que él está en el Padre, el Padre está en él y que los cristianos deben estar en el Padre y en el Hijo. El hecho de que los seguidores de Jesús sean uno está, de alguna manera, unido a la relación entre el Padre y el Hijo, y Jesús utiliza la palabra en para describir esa relación. En segundo lugar, note que la unidad entre los cristianos debe ser una gran señal para el mundo no cristiano de que Dios envió a Jesús. En pocas palabras, una de las maneras en las que el mundo llegará a creer que Jesús realmente es el Hijo de Dios es a través de ese ser uno, la unidad entre los cristianos. En tercer lugar, y tal vez lo más importante, vea que Jesús conecta la unidad con el amor. De hecho, ha hablado mucho acerca del amor en el sermón del aposento alto, y ahora que ora por los cristianos, no solo habla del amor, sino también de la unidad. Decir que los cristianos deberían ser uno en la

---

Ireneo de Lyon y la participación de los cristianos en Dios (ca. 180):

Al ignorar a quien es Emmanuel de la Virgen, quedan privados de su obsequio, que es la vida eterna; y al no recibir la Palabra incorruptible, permanecen mortales en la carne. [...] Él sin duda dice estas palabras a quienes no han recibido el obsequio de la adopción, pero desprecian la encarnación de la generación pura de la Palabra de Dios. [...] La Palabra de Dios fue hecha hombre, y él quien era el Hijo de Dios se convirtió en el Hijo del Hombre, para que el hombre, habiendo sido asumido por la Palabra, y habiendo recibido la adopción, pudiera convertirse en hijo de Dios. Pues por ningún otro medio podríamos haber adquirido la incorruptibilidad y la inmortalidad, a no ser que hubiéramos sido unidos a la incorruptibilidad y a la inmortalidad.

Cont. Her., libro 3, cap. 19, párr. 1 (*ANF*, tomo 1, 448, traducción ligeramente modificada).

---

misma forma que el Padre y el Hijo son uno significa que los cristianos deberían amarse unos a otros con el mismo amor que el Padre le ha demostrado al Hijo. En cuarto lugar, note que Jesús habla nuevamente de la gloria eterna —de la presencia del Padre junto a él antes de haber creado el mundo— y esta vez une esa presencia con el amor que el Padre le tiene a él.

Entonces, ¿de qué tipo de unidad está hablando Jesús? Claro está que tiene en mente algo mucho más grande que una simple unidad por un propósito, como aquella que une a las personas que comparten una tarea en común. No está hablando de una unidad física o emocional como la que une a una esposa y un esposo. Y no está hablando de la unidad de la esencia, en la cual se pierde la distinción entre Dios y las personas, como suele ocurrir en los conceptos orientales de la unidad. En contraste a todo esto, está hablando de una unidad de amor, y en esta oración, la "unidad" es sinónimo de "amor" como Jesús lo ha utilizado a lo largo del sermón del aposento alto. Decir que el Padre y el Hijo son "uno" y que están el uno "en" el otro es hablar del amor que tienen el uno por el otro, y Jesús dice que han compartido este amor desde toda la eternidad, desde antes que el mundo existiera. La

---

Atanasio sobre la filiación adoptiva (ca. 358):

Dios, primero siendo Creador, se convierte luego, como se ha dicho, en el Padre de los hombres, porque su Palabra vive en ellos. Pero en el caso de la Palabra, ocurre a la inversa; porque Dios, siendo su Padre por naturaleza, luego se convierte tanto en su Creador y Hacedor, cuando la Palabra se pone esa carne que fue creada y hecha, y se convierte en hombre. Porque, como hombres, al recibir el Espíritu del Hijo, nos convertimos en hijos a través de él, así que la Palabra de Dios, cuando él mismo se pone la carne del hombre, se dice que ha sido tanto creada como hecha. Si luego somos, por naturaleza, hijos [de Dios], entonces él es, por naturaleza, criatura y obra; pero si nos convertimos en hijos [de Dios] por medio de la adopción y la gracia, entonces también ha dicho la Palabra, cuando se hizo hombre por su gracia hacia nosotros, "El Señor me ha creado".

Cont. Arr., libro 2, párr. 61 (*NPNF*[2], tomo 4, 381)

---

gloria de Dios ha brillado desde la eternidad pasada a través de la amorosa presencia del Padre con el Hijo (y el Espíritu Santo, pero nuevamente Jesús no lo menciona aquí). Después de que Dios creara el mundo y a los seres humanos, su deseo para nosotros fue que pudiéramos compartir ese mismo amor glorioso con él y con los demás. Jesús pide que quienes lo sigan sean uno, de la misma forma que él es uno con el Padre.

La relación entre el Padre y el Hijo que Jesús describe aquí ofrece la base para la mejor reflexión sobre el concepto de theōsis, o la participación en Dios, por parte de la iglesia primitiva. Los cuatro Padres de la iglesia primitiva en los cuales me estoy enfocando principalmente —Ireneo en el segundo siglo, Atanasio en el cuarto, y Agustín y Cirilo de Alejandría en el quinto—, todos reconocen que la participación en Dios, o el "hacerse divino" incluye una variedad de aspectos, como hacerse incorruptible, como lo es Dios. Pero los cuatro reconocen que el aspecto principal de theōsis —y, por ende, el fondo del vínculo entre la vida de Dios y la vida humana— yace en nuestra adopción en la filiación de Cristo con el Padre. En el anterior recuadro con la cita de Ireneo, en la cual declara que quienes nieguen la realidad de la encarnación no tienen salvación, note que recibimos al Logos (Dios el Hijo) mismo al ser salvos. No es que simplemente recibamos algo que él nos da, porque el Hijo nos da su mismísimo ser. Y la esencia de este regalo de sí mismo es que nos convertimos en hijos e hijas de Dios. Somos adoptados a la misma relación que tiene con Dios el Padre —hacia su misma filiación con el Padre. La incorruptibilidad y la inmortalidad (al igual que otros beneficios de la salvación) fluyen del regalo del mismísimo Dios el Hijo; no son los aspectos primarios de *theōsis*.

Cirilo de Alejandría sobre la diferencia entre Cristo y los cristianos (ca. 425):

¿Debemos abandonar lo que somos por naturaleza y apuntar hacia la esencia divina e indecible, y debemos deponer la Palabra de Dios de su propia filiación y sentarnos con el Padre en lugar de él y hacer de su gracia que nos honra un pretexto para la impiedad? ¡Que jamás sea así! En cambio, el Hijo permanecerá de manera inalterable en esa condición en la que está, pero nosotros, adoptados a la filiación y dioses por gracia, no seremos ignorantes de lo que tenemos.

Com. Jn., libro 1, cap. 9 (Pusey, 86, traducción modificada)

De igual forma, Atanasio une la participación en Dios al regalo de la filiación o adopción divina, y al hacer esto distingue cuidadosamente Dios el Hijo de los creyentes. En el recuadro anterior, note que el Logos, que siempre ha sido el Hijo natural de Dios, se hizo humano para que nosotros, que no somos hijos e hijas de Dios, pudiéramos

Cirilo de Alejandría sobre las similitudes entre Cristo y los cristianos (ca. 425):

Cuando dijo que la autoridad les fue dada por él, quien es, por natu-raleza, Hijo, para hacerse hijos de Dios, e introdujo por vez prime-ra lo que es la adopción y la gracia, pudo luego agregar sin temor [de malinterpretación] que eran engendrados de Dios, para que él pudiese mostrar la grandeza de la gracia que les fue conferida, uniendo en un compañerismo natural [oikeiotēs physikē] a aquellos que estaban separados de Dios el Padre, y elevar a los esclavos a la nobleza de su Señor, como resultado de su cálido amor por ellos.

Com. Jn., libro 1, cap. 9 (Pusey, 106, traducción modificada)

serlo. Somos creados como seres humanos y nos ha hecho divinos al ser partícipes en la relación del Hijo con el Padre. El medio para este fin fue la acción del Hijo al hacerse uno de nosotros a través de la

Agustín sobre la oración de Jesús para que los creyentes sean uno (ca. 410):

Él [Jesús] está declarando su divinidad, consustancial con el Padre […] a su manera, es decir, en la consustancial igualdad de la mis-ma sustancia, y quiere que sus discípulos sean uno en él, porque no pueden ser uno en sí mismos, divididos como están el uno del otro al colisionar sus voluntades y deseos, y la impureza de sus pecados. […] De igual manera que el Padre y el Hijo son uno no solo por la igualdad de sustancia, sino también por la identidad de voluntad, para que estos hombres, para quienes el Hijo es mediador con el Padre, puedan ser uno no solo por ser de la misma naturaleza, sino también al ser unidos en la comunión del mismo amor.

Trin., libro 4, cap. 12 (Hill, 161)

encarnación. Además, el recuadro justo arriba, donde cito a Agustín, muestra que él interpreta la oración de Jesús en Juan 17 de una manera muy análoga. Tal vez la reflexión más profunda sobre esta idea de la época de la iglesia primitiva viene del padre Cirilo de Alejandría, del quinto siglo, quien sigue a Ireneo y Atanasio al hacer la adopción hacia la relación del Hijo con el Padre el aspecto clave de la theōsis. Al igual que Atanasio, pero con mayor precisión, Cirilo identifica dos tipos de unidad entre el Padre y el Hijo. La primera es una unidad de sustancia, y el Padre y el Hijo no comparten este tipo de unidad con nosotros de ninguna manera. Sin embargo, la segunda es una unidad de amor o comunión que el Padre y el Hijo han disfrutado desde toda la eternidad justamente como resultado de su unidad de sustancia. Cirilo argumenta que Dios sí comparte este tipo de unidad con nosotros. En el recuadro anterior sobre la diferencia entre Cristo y los cristianos, note que Cirilo insiste en que no debemos, de ninguna manera, elevarnos al mismo nivel que Dios. En cambio, somos adoptados como hijas e hijos de Dios por gracia, no por naturaleza y esencia, como lo es Cristo. Y en el recuadro de arriba, sobre las similitudes entre Cristo y los cristianos, note que Cirilo nuevamente sostiene una distinción clara entre los cristianos y Dios, pero, al mismo tiempo, insiste en que somos partícipes en la comunión natural que existe entre el Hijo y el Padre. Según Cirilo, somos partícipes por gracia en la misma comunión o el mismo amor que las personas de la Trinidad comparten por naturaleza. Es por esta razón que Jesús puede pedir que los creyentes sean uno de la misma manera que el Padre y el Hijo son uno. El Padre y el Hijo son uno en dos maneras, y nosotros podemos ser uno con la Trinidad y los unos con los otros en una de esas dos maneras, al ser partícipes en la comunidad del amor.[12]

CONCLUSIONES

En este capítulo vimos con algo de detalle las importantes palabras finales de Jesús para sus discípulos antes de su muerte, y he argumentado que lo que Jesús dice aquí es clave para entender cómo la doctrina

---

[12] De hecho, Cirilo desarrolla sus propios términos técnicos para diferenciar estos dos tipos de unidad. Utiliza la palabra griega *idiotēs* para referirse a la identidad de la sustancia o naturaleza entre las personas de la Trinidad. El Padre, el Hijo y el Espíritu Santo comparten *idiotēs* (identidad de naturaleza) el uno con el otro porque son el mismo Dios, el mismo ser. Además, Cirilo utiliza la palabra *oikeiotēs* para referirse a la unidad del amor y la comunión que une a las personas de la Trinidad. Aún más impresionante es cómo Cirilo utiliza la frase *oikeiotēs physikē* o "comunión natural" para referirse a la unidad en amor que las personas de la Trinidad comparten justamente porque son de la misma esencia. Comparten *oikeiotēs physikē* (comunión natural) porque comparten *idiotēs* (identidad de naturaleza). Armado con esta distinción, Cirilo insiste que los cristianos no comparten la *idiotēs* (identidad de naturaleza) de la Trinidad de ninguna manera (lo cual sería panteísmo), pero a pesar de esto, sí somos partícipes en la *oikeiotēs* (comunión) con Dios. Para una comprensión extensa (explicación comprensiva) del uso de *idiotēs* y *oikeiotēs* por parte de Cirilo para presentar su entendimiento de nuestra participación en la comunión de Dios, ver Donald Fairbairn, *Grace and Christology in the Early Church*, Orxford Oxford Early Christian Studies (Oxford: Oxford University Press, 2003), cap. 3.

y la práctica cristianas se relacionan la una con la otra. El corazón de la fe cristiana es la relación eterna que ha caracterizado a las personas de la Trinidad, y Jesús describe de manera explícita la relación entre Dios el Padre y él mismo, Dios el Hijo. Esta relación une la vida de Dios a nuestras vidas justamente porque nuestras vidas están diseñadas para ser parte de esa relación. Y en lo que considero ser la mejor línea de pensamiento patrístico, nuestra participación en la relación Padre-Hijo está en el centro de lo que significa ser partícipes en Dios. Sin embargo, lo que Jesús dice aquí —al igual que lo que Padres de la iglesia como Ireneo, Atanasio y Cirilo escriben sobre Cristo— requiere mucha más explicación de la que he proporcionado aquí. Lo que dice da lugar a preguntas sobre Dios (¿cómo puede ser un Dios si el Padre y el Hijo son tratados de manera tan distinta?), sobre la diferencia entre el cristianismo y otras religiones (¿es el cristianismo realmente monoteísta, dada esta marcada diferencia entre el Padre y el Hijo?) y sobre lo que significa ser cristiano (¿realmente debemos estar en Dios?, ¿qué es lo que significa?). En el siguiente capítulo, trataré de responder a estas preguntas y explicar de manera más amplia el vínculo entre la vida de la Trinidad y la vida cristiana.

3

DE LA RELACIÓN PADRE-HIJO A LA TRINIDAD, Y DE REGRESO

Entre todas las religiones del mundo, solo hay tres grandes creencias que insisten en que hay un solo Dios. Estas son, por supuesto, el judaísmo, el cristianismo y el islam. Pero basado en lo que escribí en el capítulo anterior, parecería que el cristianismo no es del todo monoteísta. Una y otra vez, a lo largo del discurso del aposento alto, Jesús habla de su relación con el Padre de una manera que da la impresión que los dos parecen ser más dioses separados que un solo Dios. ¿Cómo es posible que haya un solo Dios si, de hecho, el Hijo se ve a sí mismo como un ser distinto al Padre, y también al Espíritu Santo? Esta es una buena pregunta, y este es el punto en el cual es cristianismo se separa de manera fundamental de sus primos monoteístas. De hecho, este es probablemente el punto más destacado del cristianismo en las mentes de los judíos y los musulmanes. Dicen que los cristianos no pueden ser monoteístas, porque si lo fueran, no afirmarían la Trinidad. De hecho, el hecho de que Jesús declarara ser Dios enfureció a los líderes religiosos judíos de su tiempo más que cualquier otra cosa que hubiera dicho,[13] y el Corán también habla extensamente en contra de la doctrina cristiana de la Trinidad.[14] Los cristianos le debemos al mundo algún tipo de explicación acerca de cómo podemos hablar de Dios como Padre, Hijo y Espíritu Santo mientras sostenemos que somos monoteístas. Y si lo que he escrito hasta aquí es correcto, entonces dicha explicación es muy necesaria. Si queremos entender en qué sentido los cristianos pueden ser uno con Dios, entonces primero debemos entender la forma o las formas en las cuales el Padre, el Hijo y el Espíritu Santo son uno.

PUNTOS DE PARTIDA PARA HABLAR DE LA TRINIDAD

Generalmente, la primera pregunta que uno se hace cuando trata de entender el concepto de Dios como una Trinidad es si debe empezar con Dios como uno o Dios como tres. De hecho, estos distintos puntos de partida son presuntamente las fuentes del modelo oriental y occidental de la Trinidad. Se ha dicho muchas veces que, desde los

---

[13] Ver en especial Mt 26:63-67; Jn 8:58; 10:30-33.
[14] Ver en especial el Corán 17:111; 19:88-92.

inicios de la historia cristiana, la iglesia occidental se ha enfocado en la unidad de Dios y la iglesia oriental se ha enfocado en la Trinidad de Dios. Además, se suele decir que Agustín solidificó esta corriente occidental a principios del quinto siglo, mientras que los capadocios del cuarto siglo —Basilio el Grande, Gregorio Nacianceno y Gregorio de Nisa— solidificaron la corriente oriental.[15] Debemos reconocer que, si uno empieza por el uno o por los tres, cambiará la manera de interpretar el flujo de la revelación bíblica de la Trinidad, y es apropiado en este punto dar un breve resumen de esa revelación.

No hay duda que el gran énfasis del Antiguo Testamento es la singularidad de Dios (el hecho de que, aunque existan muchos seres espirituales, no hay otro ser en o por encima del universo que sea merecedor del título "Dios") y la unidad de Dios (el hecho de que Dios no está dividido en sí, no está compuesto por partes que podrían separarse las unas de las otras, ni tampoco tiene tendencias competitivas). El tratamiento más extenso de la singularidad de Dios en toda la Biblia se encuentra en Isaías 43-45. En estos tres capítulos, el profeta menciona y explica la singularidad de Dios once veces (43:10-11; 44:6, 8, 24; 45:5, 6, 14, 18, 21, 22, 24). Otros pasajes notables en el Antiguo Testamento que resaltan la singularidad de Dios son Éxodo 15:11 (en el cual Moisés y Miriam cantan, "¿Quién, Señor, se te compara entre los dioses?"), Deuteronomio 4:32-40 (donde Moisés afirma: "El Señor es Dios arriba en el cielo y abajo en la tierra, y que no hay otro", vs. 39), 2 Samuel 7:22 (donde David le dice a Dios: "No hay nadie como tú, y que aparte de ti no hay Dios"), y 1 Reyes 8:60 (donde Salomón dedica el templo en oración: "Todos los pueblos de la tierra sabrán que el Señor es Dios, y que no hay otro"). La declaración más clara sobre la unidad de Dios en el Antiguo Testamento se encuentra en Deuteronomio 6:4-9, la famosa Shemá, donde Moisés le dice al pueblo: "Escucha, Israel: El Señor nuestro Dios es el único Señor" (vs. 4). Este pasaje era tan central en la fe del antiguo Israel que se repetía constantemente a lo largo de la vida y la adoración. La verdad acerca de la unidad de Dios es rara vez mencionada en otros lugares de la Biblia porque no era necesario que fuera mencionada. Este pasaje era, por sí mismo, el corazón del entendimiento de Dios en el Antiguo Testamento.

En contraste con esta clara evidencia de la unidad de Dios, la evidencia ofrecida sobre la Trinidad es bastante escasa en el Antiguo

---

[15] Para un buen resumen conciso de este punto de vista, ver Alister McGrath, *Historical Theology: An Introduction to the History of Christian Thought* (Oxford: Blackwell, 1998), pp. 61-72.

Testamento, y hay mucho debate acerca de si los pasajes en cuestión hacen referencia a la Trinidad. Por ejemplo, hay posibles indicaciones de la pluralidad de Dios en Génesis 1:26 ("Hagamos al ser humano a nuestra imagen"), Génesis 3:22 ("El ser humano ha llegado a ser como uno de nosotros") y Génesis 11:7 ("Será mejor que bajemos a confundir su idioma"), al igual que Isaías 6:8 (Dios pregunta: "¿A quién enviaré? ¿Quién irá por nosotros?"). Pero todos estos pasajes podrían interpretarse de otra manera —como que Dios está hablando con los ángeles o como un plural mayestático (es decir, Dios se refiere a sí mismo en plural de la misma manera en que un rey podría referirse a sí mismo así a pesar de ser una sola persona). Otra evidencia que podría apuntar a la Trinidad en el Antiguo Testamento es el uso de las palabras "Hijo", "Señor" o "Palabra", de tal manera que podría implicar que Hijo/Palabra/Señor fuera una persona distinta a Dios (Sal 2:7; 110:1; Dn 7:9-14). Además, hay referencias al "espíritu" en el Antiguo Testamento que podrían sugerir que el Espíritu es una persona (Gn 1:2; 6:3; Ne 9:20-30; Is 63:10). Generalmente, me refiero a este tipo de pasajes como posibles indicaciones de la Trinidad en lugar de declaraciones reales de que Dios sea una Trinidad.

No es hasta que llegamos al Nuevo Testamento que encontramos indicaciones claras de que el Hijo y el Espíritu son Dios, al igual que el Padre. Algunas de las declaraciones más directas en el Nuevo Testamento que indican que el Hijo (o Cristo) es Dios son Juan 1:1-5 ("el Verbo era Dios"), Filipenses 2:5-7 (Cristo era igual a Dios, pero se rebajó a sí mismo en la encarnación), Col 1:15-20 (Cristo es la imagen del Dios invisible) y Hebreos 1:1-3 (el Hijo es la representación exacta del ser del Padre). Debemos también notar los indicios de que Jesús se veía a sí mismo como Dios. Ejercía prerrogativas que solo Dios poseía, como la habilidad de perdonar pecados (Mt 9:1-7 y par. Mc 2:1-12; Lc 5:17-26), un poder mayor al de Belcebú (Mt 12:22-30 y par. Mc 3:2-27; Lc 11:14-23), el derecho a juzgar al mundo al final de la era (Mt 24:31-46) y el derecho a ser adorado (Jn 9:35-41). También utilizó el nombre divino "Yo Soy" (de Éx 3:14-15) para referirse a sí mismo (Mt 14:27; Mc 14:62; Jn 4:26; 8:24, 28, 58; 13:12; 18:5). Declaró ser uno con el Padre (Jn 10:30) y dijo que todo aquel que lo había visto, había visto al Padre (Jn 14:9). Parte de la evidencia relacionada con el Espíritu Santo como Dios viene de Mateo 12:32 y su paralelo Marcos 3:29 (blasfemar contra el Espíritu Santo es imperdonable), Hechos 5:3-4 (mentirle al Espíritu Santo implica mentirle a Dios) y 1 Corintios 3:16-17; 6:19-20 (Pablo llama a los creyentes "templos del Espíritu Santo" y "templos de Dios"). También debería compararse Isaías 6:9 y Hechos 28:25, Salmo 95:7-11 y Hebreos 3:7, así como también Jeremías 31:31-34 y Hebreos 10:15. En estos tres casos, el pasaje del Antiguo Testamento es introducido con una declaración como "el Señor dice", pero cuando es citado en el Nuevo Testamento, la introducción es algo como "el Espíritu dice".

¿El hecho que Dios primero haya revelado su unidad y luego su trinidad significa, entonces, que nuestra articulación de la doctrina de la Trinidad debería empezar por la unidad de Dios en vez de su trinidad? Se podría sostener esta postura, y precisamente eso es lo que gran parte de la teología occidental trinitaria hace. Tomamos las declaraciones del Antiguo Testamento sobre Dios como que se refieren a Dios en general, y luego, dentro de este Dios, distinguimos a las tres personas que son el Padre, el Hijo y el Espíritu. El problema con esto es que tiende a convertir a Dios en una idea, y la relación concreta entre las personas reales —Padre, Hijo y Espíritu Santo— suele perderse en la discusión de la idea de la "esencia" o "sustancia" de Dios. Otro aspecto del pensamiento trinitario occidental moderno que tiende a atenuar la dimensión personal de Dios es el uso de analogías para describir la Trinidad. Por ejemplo, decimos que Dios es tres en uno de la misma manera que el agua (que, con la temperatura y la presión adecuadas, puede existir en forma gaseosa, líquida y sólida). O decimos que Dios puede ser tres en uno de la misma manera que un hombre puede ser hijo, esposo y padre al mismo tiempo. Pero hay grandes problemas con estas analogías y otras similares. Es cierto que el agua puede existir como sólido, líquido o gas bajo presión atmosférica y temperaturas muy bajas, pero ninguna molécula de agua puede estar en los tres estados al mismo tiempo. Si la analogía del agua se lleva a su conclusión lógica, significaría que Dios cambia de un estado a otro, de una persona de la Trinidad a otra, en distintos momentos. De igual manera, la analogía del padre, hijo y esposo apunta a tres distintos tipos de relaciones que una persona puede tener con otros, y no a tres distintas personas en una relación la una con la otra.[16]

---

[16] El uso de analogías para explicar la Trinidad en la teología occidental tuvo su origen en *Trin.* de Agustín. Sin embargo, las analogías de Agustín, principalmente la de Amante-Amado-Amor (en libro 8, párr. 10-12) y Memoria-Entendimiento-Voluntad (en libro 14, párr. 5-11) son mucho más personales que las que nosotros usamos. Además, no se supone que sean descripciones de Dios; son intentos para poder comprender algo sobre la manera en la que somos llamados a reflejar a Dios. Él es una Trinidad indescriptible, pero vemos un poco de quién es al estudiar su imagen en nosotros mismos. El uso de analogías de Agustín es tan distinto del nuestro que probablemente "analogías" ni siquiera sea la palabra adecuada para describirlas en la manera de pensar de Agustín. Son más "similitudes" del Dios no creado en la humanidad creada.

A raíz de estos problemas, tal vez haya otra manera de explicar por qué la revelación bíblica comienza con la unidad de Dios. Recuerde que la sociedad del antiguo Oriente Próximo que se encontraba alrededor del antiguo Israel era casi universalmente politeísta. Dentro de este contexto politeísta, si Dios se hubiera revelado como Padre, Hijo y Espíritu Santo en el Antiguo Testamento, entonces los judíos habrían ciertamente entendido que esto significaba que había tres dioses distintos. El Padre, el Hijo y el Espíritu Santo habrían tomado entonces su lugar junto a Baal, Moloch, Asherah y los muchos otros dioses el antiguo Oriente Próximo. En otras palabras, es muy probable que no hubieran podido entender que las tres personas de la Trinidad son un solo Dios si Dios hubiera empezado a revelarse a sí mismo en estas tres personas. En cambio, era importante para Dios hacer un fuerte y repetitivo énfasis en que los "dioses" de las naciones alrededor de Israel no eran de ninguna manera el verdadero Dios; eran seres espirituales de menor rango (demonios, los llamaríamos). Solo una vez que la gente entendiera claramente que solo había un Dios verdadero, entonces podría empezar a entender el hecho de que este Dios era también, de alguna manera, tres personas.

Si estoy en lo correcto, entonces en vez de empezar con una unidad en general y luego utilizar analogías para describir la unidad y la trinidad de manera abstracta, debemos entender las representaciones de Dios en el Antiguo Testamento en referencia concreta a una persona, Dios el Padre. Luego, cuando llegamos al Nuevo Testamento, nos damos cuenta que este Padre tiene un Hijo y un Espíritu, y que estas dos son personas (y pueden, por ende, tener una relación con el Padre y uno con el otro), y también que no son dioses separados, sino que están unidos al Padre y uno con el otro para ser un solo Dios.

Una lectura cuidadosa del Nuevo Testamento parece confirmar esto. Los autores del Nuevo Testamento no utilizan la palabra *Dios* para referirse de manera abstracta a la esencia o sustancia de Dios, ni tratan al Padre, al Hijo y al Espíritu como tipos de subdivisiones dentro de Dios. En cambio, el Nuevo Testamento utiliza la palabra *Dios* primordialmente para referirse al Padre y, sobre esta base, afirma que el Hijo y el Espíritu también son Dios, y que realmente son el mismo Dios que el Padre. Por ejemplo, Pablo escribe en 1 Corintios 8:5-6: "Pues, aunque haya los así llamados dioses, ya sea en el cielo o en la tierra (y por cierto que hay muchos 'dioses' y muchos 'señores'), para nosotros no hay más que un solo Dios, el Padre, de quien todo procede y para el cual vivimos; y no hay más que un solo Señor, es decir, Jesucristo, por quien todo existe y por medio del cual vivimos". De la misma manera, en la famosa bendición con la que cierra 2 Corintios, Pablo escribe en 13:14: "Que la gracia del Señor Jesucristo, el amor de Dios y la comunión del Espíritu Santo sean con todos ustedes". De igual forma, en Gálatas 4:4-6, Pablo escribe que "Dios envió a su Hijo" y que "Dios ha enviado a nuestros corazones el Espíritu de su Hijo". En Efesios 4:4-6, Pablo afirma: "Hay un solo cuerpo y un solo Espíritu, así como también fueron llamados a una sola esperanza; un solo Señor, una sola fe, un solo bautismo; un solo Dios y Padre de todos, que está sobre todos y por medio de todos y en todos". En estos cuatro pasajes paulinos, el vínculo entre las personas de la Trinidad es muy fuerte, pero la palabra "Dios", cuando se utiliza sola, se refiere al Padre. La idea bíblica no es tanto que haya una esencia divina en la cual el Padre, el Hijo y el Espíritu son partícipes. En cambio, hay un solo Dios, el Padre, pero también hay otras dos personas que son iguales a él y están unidas a él, y la una a la otra, de tal forma que son un solo ser, un solo Dios.

LA TRINIDAD EN LOS PADRES DE LA IGLESIA

Esta es precisamente la forma en la que la iglesia primitiva entendió a Dios. De hecho, pienso que la distinción que hacen los académicos entre los capadocios (representando el llamado punto de visto oriental de la Trinidad) y Agustín (quien supuestamente dio lugar al punto de vista occidental sobre la Trinidad) es exagerada. Al leer *Sobre la trinidad* de Agustín, me parece que el marco fundamental básico es más parecido al de los capadocios que al de la iglesia occidental posterior.[17] Así que creo que la iglesia primitiva en conjunto empezó con la trinidad de Dios y el cambio de enfoque hacia la unidad de Dios como el punto de partida fue, primariamente, un desarrollo occidental posterior. Pero, sin importar si estoy en lo correcto sobre Agustín o no, claro está que esta fue la manera en la que gran parte de la iglesia primitiva entendió la Trinidad. A medida que los Padres buscaban articular la doctrina de la Trinidad entre el segundo y el cuarto siglo, su punto de partida era la identificación de la palabra *Dios* con el Padre. Por

---

[17] Es verdad que Agustín a veces parte desde la unidad de Dios (ver *Sobre la Trinidad*, libro 8, párr. 1, [Hill, 241], 3.21 [140], 5.3 [190] y 5.8 [194]. Pero, otras veces, parece partir desde la trinidad de Dios (especialmente en los libros 2-7, y más notablemente en 7.3 [221] y 7.8-9 [226-27]). Ver también 15.42-43 (428). Pienso que Agustín, en algunos aspectos construye el camino para la interpretación occidental de la Trinidad, pero su propia interpretación es más parecida a la de la iglesia primitiva oriental que a la de la iglesia occidental medieval posterior a él.

> *Tertuliano de Cartago sobre la distinción entre las tres personas (ca. 215):*
>
> Testifico que Padre, Hijo y Espíritu Santo no están separados el uno del otro. [...] Entiéndase, entonces, que digo que el Padre es uno, el Hijo es otro y el Espíritu es otro —toda persona no capacitada o perversa malinterpreta esta expresión como si mostrara distinción, y el resultado de esa distinción implica una separación del Padre, el Hijo y el Espíritu Santo.
>
> *Cont. Práx.*, cap. 9 (Souter, 46)

ejemplo, en el recuadro anterior de Tertuliano de Cartago (quien vivió durante el final del segundo siglo y a inicios del tercero en el norte de la África latina), note que Tertuliano presupone las distinciones entre las personas de la Trinidad. Insiste en que no están separadas (es decir, que no son tres dioses distintos), pero de todos modos señala que son distintas como personas.

Entonces, la gran pregunta no era si Dios incluía tres personas en sí mismo, sino si el Hijo y el Espíritu eran iguales a Dios el Padre (y, por ende, de alguna manera el mismo Dios que el Padre), o si eran inferiores al Padre en su forma de ser (y, por ende, simplemente seres semidivinos, ángeles o algo similar). Esta pregunta surgió de manera abierta en pleno siglo tercero, cuando el pensamiento de Orígenes de Alejandría empezó a causar controversia en la iglesia. Hay un número de aspectos problemáticos en el pensamiento de Orígenes, pero, para nuestro propósito, el problema más grande fue que subordinó el Hijo y el Espíritu al Padre.[18] Las enseñanzas de Orígenes fueron eventualmente condenadas, pero no fue hasta el año 553, y durante el final del tercer siglo y el comienzo del cuarto, que los seguidores de Orígenes llevaron este pensamiento más allá de la intención de su maestro. Uno de estos seguidores, Arrio, un presbítero de Alejandría en el cuarto siglo, insistió de tal manera en que el Hijo era inferior al Padre que lo llamó una criatura, y esto dio lugar a la controversia arriana que conlleva su nombre. Esta controversia llevó inicialmente a la reunión del consejo general de Nicea en el 325, la cual luego fue conocida como el Primer Concilio de Nicea. Este concilio condenó a Arrio y utilizó la palabra homoousios ("de la misma sustancia") para describir la

---

[18] Ver, por ejemplo, la declaración de Orígenes sobre la inferioridad del Hijo al Padre en *Prim. Prin.*, libro 1, cap. 3, párr. 5 (Butterworth, 33-34).

relación del Hijo con el Padre. El propósito de esta palabra era enfatizar la completa igualdad e identidad entre el Hijo y el Padre, pero la palabra resultó ser problemática porque algunos temían que pudiera sugerir que el Padre y el Hijo eran una sola persona. En el complicado resultado de Nicea, Atanasio era el líder de un grupo de obispos que creían firmemente que el Hijo tenía que ser, y que era, tan Dios como el Padre para poder darnos salvación. En el siguiente recuadro, vea el uso de la palabra homoousios ("propio de la esencia" en esta traducción) por parte de Atanasio y su insistencia en la diferencia entre una obra y un Hijo. Si Cristo fue una simple obra, una creación del Padre, entonces existió desde siempre. Pero, como Cristo era y es el Hijo, entonces debió existir siempre, o Dios no podría haber sido siempre el Padre. En medio de este razonamiento, vea nuevamente la presuposi-

---

Atanasio sobre la igualdad del Hijo al Padre (ca. 358):

Tomamos la Escritura divina, y luego debatimos libremente sobre la fe religiosa, y la colocamos como luz sobre un candelabro, diciendo: mismísimo Hijo del Padre, natural y genuino, propio de su esencia *(homoousios)*, Sabiduría única engendrada, y verdaderamente y únicamente Palabra de Dios es él; no una criatura ni obra, sino un retoño propio de la esencia *(homoousios)* del Padre. [...] Una obra es externa a la naturaleza, pero un hijo es el retoño propio de la esencia; por consiguiente, la obra no necesita siempre haber existido, pues el obrero la enmarcará a su tiempo. [...] Un hombre puede existir y ser llamado un creador, aunque las obras todavía no existieran; pero un hombre no puede ser llamado padre, ni puede serlo, a no ser que exista un hijo. [...] El Hijo, no una criatura de obra, sino propio de la esencia del Padre, siempre existe; ya que el Padre siempre existe, lo que es propio de su esencia debe existir siempre; y esta es su Palabra y Sabiduría. [...] Que el retoño no siempre esté con el Padre es una denigración de la perfección de su esencia.

Cont. Arr., libro 1, caps. 9, 29 (*NPNF*[2], tomo 4, 311, 323-24, traducción ligeramente modificada)

---

ción de que la palabra Dios se refiere al Padre, y la pregunta es si el Hijo es igual o menor que Dios, eterno o creado.

Para el año 362, la iglesia estaba en acuerdo general en que el Hijo era y es igual al Padre y, a partir de ese momento, la pregunta giró hacia el estatus del Espíritu Santo. Después de la muerte de Atanasio en 373,

Credo niceno constantinopolitano (381):

Creemos en un Dios, Padre, soberano sobre todo, creador del cielo y la tierra, de todas las cosas visibles e invisibles.

Y en un Señor Jesucristo, Hijo unigénito de Dios, engendrado del Padre antes de todos los siglos, luz de luz, Dios verdadero de Dios verdadero, engendrado, no creado, de la misma sustancia *(homoousios)* que el Padre, a través de quien todas las cosas fueron hechas, que por nosotros hombres y nuestra salvación bajó del cielo y fue encarnado por el Espíritu Santo y la virgen María y se hizo hombre, fue crucificado por nosotros bajo Poncio Pilato, sufrió y fue enterrado y resucitó al tercer día de acuerdo a las Escrituras, y subió al cielo, y está sentado a la diestra del Padre, y volverá con gloria a juzgar a los vivos y a los muertos y su reino no tendrá fin.

Y en el Espíritu Santo, el Señor, el que nos da la vida, que procede del Padre, que es adorado y glorificado junto al Padre y el Hijo, que ha hablado a través de los profetas. En la iglesia una, santa, católica y apostólica. Confesamos un bautismo para el perdón de los pecados. Esperamos la resurrección de los muertos y la vida del mundo futuro. Amén.

(Traducción de Fairbairn)

la carga del liderazgo cayó principalmente sobre los grandes capadocios: Basilio el Grande, Gregorio Nacianceno y Gregorio de Nisa. Basilio abordó el tema del Espíritu Santo y enfatizó que también era y es igual al Padre. En su tratado *Sobre el Espíritu Santo*, Basilio aborda la distinción entre el Padre, el Hijo y el Espíritu Santo como personas. Su argumento se basa en el hecho de que el Espíritu Santo posee las mismas cualidades y recibe los mismos títulos que el Padre y el Hijo, así que los tres deben ser iguales. Y como tales, son un solo Dios, aunque sean tres personas distintas. En el recuadro anterior, note que Basilio ve al Espíritu Santo como la fuente de nuestra santificación, y no podría ser tal fuente si no fuera Dios mismo. Note también que ve al Espíritu Santo como una persona y no solo como una fuerza o un poder de Dios, y que habla de la relación íntima entre el Espíritu y el Padre y el Hijo.

La iglesia primitiva, guiada por los capadocios y otros, consagró este entendimiento sobre Dios al ratificar su declaración de credo más significativa. Una primera versión de este credo (el Credo de Nicea) había sido establecida en el Primer Concilio de Nicea en el 325, y la versión extendida (técnicamente llamada Credo niceno-constantinopolitano, pero comúnmente conocida como Credo niceno) fue aprobada en el Segundo Concilio de Constantinopla en el 381. El recuadro anterior contiene el texto de este credo. Note que el punto de partida es la identificación de un Dios como el Padre y que el grueso del credo se enfoca en la igualdad entre el Hijo y el Espíritu Santo con el Padre. El entendimiento operativo sobre la Trinidad de este credo es que hay tres personas que son iguales y eternas y que son, entonces, un solo Dios. El Hijo y el Espí-

---

Basilio el Grande sobre el Espíritu Santo (ca. 375):

Si pensamos en el significado de su nombre, y la grandeza de sus obras, y la multitud de bendiciones que ha derramado sobre nosotros y toda la creación, nos es posible entender, aunque sea de manera parcial la grandeza de su naturaleza y su poder sin igual. Es llamado Espíritu: "Dios es Espíritu", y "el aliento [heb: Espíritu] de nuestras vidas, el ungido del Señor" *[N.B: Versión NBLA]*, es llamado Santo, así como el Padre es santo y el Hijo es santo. Para las criaturas, la santidad proviene de lo externo; para el Espíritu, la santidad constituye su naturaleza misma. Él no es santificado, sino que santifica. Es llamado bueno, así como el Padre es bueno; la esencia del Espíritu abraza la bondad del Padre. Es llamado justo —el Señor mi Dios es justo— porque es la verdad y la justicia personificada. [...] El Espíritu comparte títulos en común con el Padre y el Hijo; recibe estos títulos debido a su relación natural e íntima con ellos.

Esp. San., párr. 48 (Anderson, 76)

---

ritu son identificados con el Padre aun cuando son reconocidos como personas distintas. Pienso que esta es la forma en la que la iglesia primitiva, tanto en occidente como en oriente,[19] entendió a Dios en la Trinidad.

Pensemos en esto más detenidamente. Recuerde que, en el sermón del aposento alto, Jesús no habla solo de sí mismo, el Padre y el Espíritu como personas distintas, sino que también habla de esa distinción como algo eterno. Desde antes de los inicios del mundo, el Padre amaba al Hijo y ha estado "en" el Hijo. No se podría decir esto si las "personas" simplemente tuvieran roles distintos que el de Dios en relación a la humanidad, relaciones distintas a las que el único Dios tuvo con

---

[19] Es importante notar que los credos de origen occidental, como el Credo apostólico y el llamado Credo de Atanasio, también identifican al único Dios como el Padre y luego declaran que el Hijo y el Espíritu son el mismo Dios.

otros seres personales o apariencias distintas a las que Dios asumía en distintos momentos. No se puede hablar de amor y relaciones a no ser que se esté hablando de distintas personas, así que las distinciones entre las personas son indicadores de quién ha sido Dios siempre, desde toda la eternidad. Así que, en vez de pensar en términos de Uno que de alguna manera también es tres, debemos pensar en Tres que siempre han estado en relación uno con el otro, y están unidos de tal forma que son un solo Dios en lugar de tres dioses distintos. He argumentado que esta es la manera en la que el mismo Nuevo Testamento describe a Dios, y era uno de los aspectos más fundamentales que los Padres de la iglesia reconocieron sobre los testigos bíblicos.

Además, debemos tomar en cuenta que esta manera de comprender la Trinidad es fundamental para la lectura de las palabras de Jesús en Juan 13-17. Si el vínculo entre la teología y la vida cristiana realmente es la *theōsis*, y si la *theōsis* se entiende como nuestra participación en la relación del Hijo con el Padre, entonces realmente debe haber una relación eterna entre el Padre y el Hijo como personas distintas para que Dios pueda compartir esta relación con nosotros cuando nos salva. La doctrina de la Trinidad no es una abstracción cuya conexión con la vida cristiana es débil o incluso inexistente. Al contrario, la doctrina de la Trinidad es la puerta hacia el entendimiento de la vida cristiana. Un Dios que estuviera totalmente solo no habría tenido nada relacional que ofrecernos al salvarnos; podría habernos ofrecido simplemente un estatus ante él o algo parecido. Pero como Dios ha existido eternamente en un compañerismo entre tres, hay compañerismo en Dios, en el cual nosotros también podemos ser partícipes.

Sin embargo, aunque este concepto de la Trinidad fuera fundamental para que la iglesia primitiva entendiera la vida cristiana, tal vez le parezca que entender esto sea completamente imposible. ¿Cómo podrían tres personas distintas que han estado en una relación amorosa eterna el uno con el otro ser posiblemente el mismo Dios? Esta es, sin duda, una pregunta difícil, pero intentemos responderla.

LUCHANDO CON LA DOCTRINA DE LA TRINIDAD

Para poder entender esta aparente imposibilidad, veamos por un momento a dos seres humanos que tienen mucho en común —por ejemplo, unos gemelos idénticos. Si hiciéramos una lista de las características que los gemelos comparten sería una lista larga. Tienen una apariencia muy similar y seguramente comparten hábitos y gestos similares. Y, más importante, tienen el mismo ADN. Pero, a pesar de esas similitudes, los gemelos no tienen cada característica en común. Para decir lo obvio, no tienen el mismo cuerpo. En la mayoría de los casos, las personas que los conocen bien se dan cuenta de que no son exactamente iguales. Casi nunca tienen personalidades idénticas o siquiera parecidas. No son el mismo ser a pesar de tener el mismo ADN porque, a pesar de su plano genético, no comparten todas las mismas características.

Pero, ¿qué pasaría si existieran dos (o, para ir más directo al punto, tres) personas que tuvieran todas las mismas características? Por supuesto que esto no sería posible si habláramos de personas humanas porque tres personas humanas no podrían compartir el mismo cuerpo. Pero pasemos de la analogía de gemelos o trillizos idénticos a personas divinas que no tienen un cuerpo físico. ¿Qué pasaría si hubiera tres personas que son infinitas, sin cuerpos físicos, omnipotentes, omniscientes y demás? Si uno pudiera enumerar absolutamente todas las características que estas personas poseen, y si cada característica es común entre las tres, entonces, ¿en qué sentido se podría decir que son seres separados? Por supuesto que, para nosotros, es difícil imaginar cómo pueden ser personas individuales si tienen todas sus características en común, así que uno podría querer inclinarse a decir que solo parecen ser tres personas distintas. Retomaré este problema más adelante, pero por ahora el punto es que, si es posible que tres personas tengan cada característica en común y sean a la vez personas individuales, entonces no podemos decir que son seres separados.

Esto es lo que declara la Biblia acerca del Padre, el Hijo y el Espíritu Santo. Según la Biblia, hablar de Dios es hablar de un ser espiritual infinito que posee ciertas características que son descritas a lo largo de las Escrituras. Estas características descritas en la Biblia —amor perfecto, santidad perfecta, omnisciencia, omnipotencia— no son, de ninguna manera, una lista exhaustiva de todas las cualidades que Dios posee, pero nos dan una imagen bastante clara de su carácter como para poder separarlo de manera clara de otros seres espirituales.[20] El Antiguo Testamento deja muy en claro que hay un solo ser que posee

---

[20] Prácticamente cualquier libro de texto occidental de teología presentará una explicación extensa acerca de las características de Dios. Las que menciono en esta oración son simplemente las características más cruciales para el punto que estoy desarrollando aquí. Entre los muchos pasajes bíblicos que hablan sobre las características de Dios, ver: todopoderoso —Gn 17:1; 18:1-14; 28:3; 35:11; 43:14; 48:3; Éx 6:3; Jer 32:17-27; Ez 10:5; Dn 3:17; Lc 1:37—; omnisciente —Job 28:23-24; Sal 147:4-5, Hech 1:24; Heb 4:13—; amor perfecto —Sal 103:17; 136; Is 43:4; Jer 31:3; 1 Jn 4:8, 16—; santidad perfecta —Is 5:16; 6:3; 45:21; Ap 4:8.

todas estas características (muchas veces llamadas "atributos" en el lenguaje teológico occidental): Dios el Padre. Pero luego el Nuevo Testamento afirma de manera explícita aquello que el Antiguo Testamento simplemente menciona de manera indirecta: que, además del Padre, hay otras dos personas, el Hijo y el Espíritu, que también poseen las mismas características y son, de alguna manera, el mismo Dios que el Padre. Así que la Biblia describe a tres personas divinas que son idénticas en cuanto a características o atributos, a pesar de que, como veremos más adelante, hay otras formas de distinguirlas a pesar de tener el mismo conjunto de atributos divinos. Los teólogos describen esto diciendo que poseen una misma "sustancia", "naturaleza" o "esencia", o simplemente que son un solo Dios.

De hecho, al final del periodo patrístico, el padre sirio del octavo siglo Juan Damasceno deja este punto muy en claro en el pasaje que cito en el siguiente recuadro. Note que aquí la "naturaleza" de Dios no es una entidad en sí misma; es un conjunto de características (atributos, en términos occidentales) que definen lo que significa ser Dios. Una persona que posee todas estas características bíblicas es Dios. Pero tres personas que poseen todos los mismos atributos divinos no son tres seres separados: son un solo Dios.

Juan Damasceno sobre la Trinidad (ca. 750):

La Palabra de Dios, en cuanto que subsiste en sí mismo, es distinto a Él de quien tiene su subsistencia. Pero, como exhibe en sí mismo aquellas mismas cosas que son discernidas en Dios, entonces es idéntico en su naturaleza a Dios. […] Por las tres Personas entendemos que Dios no es compuesto y sin confusión; por la consustancialidad de las Personas y su existencia la una en la otra y por la indivisibilidad de la identidad de voluntad, operación, virtud, poder y, por así decirlo, movimiento, entendemos que Dios es uno. Pues Dios y su Palabra y su Espíritu son en realidad un Dios.

Fe Ort., libro 1, cap. 6, 8 (*FC*, tomo 37, 174, 185)

Si esto es cierto, entonces debemos volver a la pregunta que hice anteriormente: ¿cómo puede considerarse a personas que son idénticas como personas distintas? Aquí hay dos cosas que deben destacarse. En primer lugar, el hecho de que el amor sea una característica de Dios (ver especialmente 1 Jn 4:8) implica que Dios hace algo: ama. Pero, ¿a quién ama? Bueno, nos ama a nosotros, por supuesto. Pero no siempre hemos estado aquí. De hecho, ningún ser en el universo ha estado siempre aquí, ya que el mismo universo no siempre ha estado aquí. Pero la Biblia indica que Dios ha sido un ser de amor desde toda la eternidad. El mismo hecho de que esto sea cierto implica que, aunque Dios sea un solo ser, sigue habiendo alguna distinción entre personas para que una persona pueda amar a otra. La Biblia también nos muestra que esta distinción es triple. Hay tres personas que se han amado la una a la otra desde toda la eternidad: El Padre, el Hijo y el Espíritu.

El segundo punto que vale la pena enfatizar es que, aunque las personas son idénticas en términos de características, no son idénticas en la manera en la que se relacionan la una con la otra. El Hijo es engendrado del Padre, y el Espíritu Santo procede del Padre (y posiblemente también del Hijo).[21] Es decir, la conexión entre el Hijo y el Padre no es idéntica a la conexión entre el Espíritu Santo y el Padre, a pesar de que las tres personas posean características idénticas y a pesar de estar involucrados en la misma relación de amor y compañerismo. La distinción que estoy haciendo aquí entre "relación" y "conexión" es pequeña, pero a la vez importante. Utilizo aquí la palabra *relación* de la misma manera que la utilizo a lo largo del libro, en un sentido de compañerismo y comunión. Utilizo la palabra *conexión* para referirme a la forma en la cual cada persona de la Trinidad está asociada a las otras. Por ende, se puede decir que la relación que comparten los tres es la misma —una comunión de amor ejemplificada por el compañerismo entre el Padre y el Hijo descrita en el sermón del aposento alto, pero compartida también por el Espíritu. Sin embargo, la conexión del Padre con el Hijo no es exactamente la misma conexión que tiene con el Espíritu, y estos distintos tipos de conexiones son clave para distinguir a las tres personas de la Trinidad.

Teológicamente hablando, las conexiones que distinguen a las personas se conocen como propiedades, y las características que las hacen idénticas (o, en lenguaje teológico, "de la misma naturaleza")

---

[21] Uno de los debates históricos más grandes entre la iglesia oriental y la occidental ha girado en torno a la pregunta de si el Espíritu Santo procede solamente del Padre o si procede del Padre y del Hijo. La versión original del Credo niceno declaró simplemente que el Espíritu Santo procede del Padre. (Ver el recuadro anterior que cita este credo). En la España del siglo sexto, la frase "y del Hijo" (una sola palabra en latín —*filioque*) fue agregada al credo. Esta versión alterada del Credo se hizo común en occidente durante el siglo nueve, aunque no fue aprobada por el Papa hasta el siglo once. La controversia alrededor de este tema estaba en auge a mediados del siglo nueve.

se conocen como atributos.[22] Las tres personas poseen los mismos atributos, así que son de una misma naturaleza (ya que la naturaleza es el conjunto completo de los atributos que definen lo que significa ser Dios), así que son un solo Dios en lugar de tres dioses distintos. Pero el Padre y el Espíritu no son las personas engendradas de la Trinidad; solo el Hijo es engendrado. En otras palabras, él ha tenido una conexión eterna al Padre como Hijo, no como entre hermanos o alguna otra cosa. De manera análoga, el Padre y el Hijo no son las personas procedentes; solo el Espíritu procede. Dicho de otra manera, no tiene una conexión filial al Padre de la misma manera que la tiene el Hijo, sino que es una conexión procesional; él sale ("procede") del Padre para cumplir con su voluntad.[23] Si se ven estas conexiones desde el otro lado, se podría decir que el Padre es el engendrador del Hijo y el espirador del Espíritu Santo (es decir, el que exhala o envía el Espíritu Santo).

AMOR, UNIDAD Y LA SINGULARIDAD DEL CRISTIANISMO

Obviamente, la Trinidad es el misterio más grande de la fe cristiana, y unas cuantas páginas —o incluso unos cuantos libros o unas cuantas bibliotecas— no son suficientes para hacerle justicia a tal misterio. Sin embargo, espero que a estas alturas quede claro que el cristianismo es monoteísta, pero el monoteísmo del cristianismo es muy distinto al del judaísmo o el islam. El monoteísmo cristiano afirma la presencia de tres personas eternas y divinas que están unidas de tal manera que son un solo Dios y cuyo amor entre sí es la base de toda la vida humana.

---

[22] Para una excelente discusión patrística más reciente acerca de las propiedades que distinguen a las personas divinas, ver Juan Damasceno *Fe Ort.*, libro 1, cap. 8 (*FC*, tomo 37, 176-88).

[23] Sobre la base de las ideas de engendrar y proceder, algunos de los Padres de la iglesia argumentaban que la forma de distinguir a las personas era a través del concepto de fuente o causa. El Padre es la única fuente o principio de la divinidad, y el Hijo y el Espíritu son Dios porque son causados por el Padre (ver, por ejemplo, *No Tres Dioses* [Rusch, 159-60] de Gregorio de Nisa). En contraste, otros argumentaban que la idea de causa hacía difícil poder mantener la igualdad eterna y completa del Hijo y el Espíritu (ver, por ejemplo, *Dir.* 29, párr. 2 de Gregorio Nacianceno [Wickham, 70]). Pienso que es mejor hablar de las personas como iguales y distinguirlas simplemente según los distintos tipos de conexión que tienen el Hijo y el Espíritu con el Padre —engendrar versus proceder. Para una discusión excelente sobre las complejidades de este tema, ver capítulo 8 de Thomas F. Torrance, *The Trinitarian Faith: The Evangelical Theology of the Ancient Catholic Church* (Edimburgo: T & T Clark, 1988).

Estas personas no están separadas —eso significaría que son distintos dioses—, pero, como personas, son distintas, y es esta distinción la que hace posible que Dios comparta amor en sí mismo desde toda la eternidad. Además, esta forma de entender a Dios tiene implicaciones importantes en la manera en la que se describe la unidad entre Dios y los cristianos, la unidad que Jesús pide en Juan 17. Volvamos ahora a esa unidad y veámosla con más detalle.

Entre los distintos tipos de unidad mencionados en el capítulo anterior, hay dos que son altamente significativos para fines religiosos. El primero es lo que a veces llamamos la unidad de sustancia, y el segundo podría llamarse unidad de comunión o compañerismo. Una unidad de sustancia implica que prácticamente no hay una diferencia sustancial entre las dos entidades que están unidas. Básicamente, ambas son una misma cosa. Cuando el misticismo oriental (que también se está haciendo cada vez más popular en el mundo occidental hoy en día) habla de unidad o singularidad, es a esto a lo que se refiere. El problema de las personas no es que estén desunidas del universo o lo que pueda llamarse "dios". (Pongo la palabra *dios* entre comillas porque el pensamiento místico oriental no piensa en Dios en ningún sentido monoteísta. "Dios" no es un ser distinto del universo, sino más bien un espíritu impersonal y que domina todo dentro del universo). En cambio, el problema es simplemente que las personas no se dan cuenta de su unidad fundamental con el universo. Así que la tarea religiosa es reconocer que somos uno con el cosmos, conectarnos con la divinidad que vive dentro de nosotros, materializar el "ser" que es "dios". Este tipo de unidad tiende a difuminar la diferencia entre las personas y "dios" y convierte la búsqueda espiritual en un intento de conectarnos con nosotros mismos en lugar de un intento de conocer a Dios, quien es diferente de nosotros. Existe, pues, un tipo de preocupación por el "yo" dentro del misticismo oriental que es especialmente atractivo para los occidentales contemporáneos. Este tipo de espiritualidad es atractiva para nuestra creencia de que somos los seres más importantes del universo al confirmar que somos, de hecho, uno con el mismísimo espíritu del universo.

En gran contraste con ese tipo de unidad, una unidad de compañerismo mantiene la distinción entre las personas que están unidas y ve el vínculo entre ellas en términos personales y relacionales. Este tipo de unidad es uno de amor y queda claro que, en su oración en Juan 17, Jesús está hablando acerca de este segundo tipo de unión. Pero, para poder comprender esta oración de manera más completa —y, por ende, para poder comprender el mismo cristianismo de manera más completa—, se debe reconocer que ambos tipos de unidad están presentes entre las personas de la Trinidad, pero Dios comparte solo una de estas con los creyentes. Dios posee tanto una unidad de sustancia como una unidad de compañerismo. Las personas de la Trinidad son un solo Dios justamente porque comparten la misma naturaleza o esencia, o para decirlo de la misma manera que lo hice anteriormente, tienen todos sus atributos o características en común. Pero este no es el único tipo de unidad que las personas de la Trinidad comparten; también comparten una unidad de amor, de compañerismo, la cual es posible precisamente porque son distintas como personas. Son idénticas en cuanto a sustancia y atributos (características), pero se relacionan entre ellas como personas distintas. Entonces, pueden estar y están unidas la una a la otra dando y recibiendo amor.[24]

Cuando Jesús pide que los cristianos seamos uno de la misma manera que el Padre y el Hijo son uno, está hablando de este segundo tipo de unidad. No solo somos personas distintas, sino también somos seres distintos a Dios. No somos lo mismo que Dios de manera fundamental, y aquello que buscamos no puede encontrarse simplemente conectándonos con una alegada divinidad dentro de nosotros mismos. El cristianismo afirma, entonces, que no podemos y no logramos jamás hacernos uno con Dios en sustancia. Decir que sí sería una blasfemia, ya que negaría la singularidad total de Dios, su total superioridad a todas las cosas que ha creado, incluyendo los seres humanos. (Así que la idea patrística de *theōsis* significa enfáticamente que no nos unimos a Dios en sustancia). Pero, al mismo tiempo, Padre, Hijo y Espíritu Santo también tienen una unidad de compañerismo. Esto es lo que Dios comparte con nosotros. Esto es lo que Jesús pide que todos los creyentes tengamos. Esto es lo que une nuestras vidas a la vida de Dios, y esto es lo que pienso que la mejor línea patrística quiere decir al hablar de *theōsis*. Según el cristianismo, fuimos creados para compartir esto.

En este punto, las religiones místicas orientales reducen efectivamente a Dios al nivel del universo. El atractivo de este tipo de espiritualidad se encuentra en el hecho de que pone a los seres humanos a la misma altura que el espíritu más alto que existe. Pero este es un atractivo engañoso, ya que rebajar a "dios" a nuestro nivel, no nos eleva a nosotros; simplemente nos da un falso sentido de nuestra propia importancia. En contraste, el judaísmo y el islam mantienen la

---

[24] Este es el punto que Cirilo de Alejandría hace al utilizar la palabra *idiotēs* (unidad por naturaleza) y *oikeiotēs* (compañerismo).

distinción entre Dios y todo lo que ha creado, pero no ofrecen a los seres humanos más que un estatus de siervos para los propósitos de Dios. O si hablan de "compañerismo con Dios", no le dan el mismo significado que el cristianismo. Solo el cristianismo afirma que hay amor y compañerismo en Dios. Solo el Dios cristiano tiene ese tipo de compañerismo para compartir con la humanidad. Así que el cristianismo es el único que está dispuesto a decir que las personas son y siempre serán inferiores a Dios, pero, al mismo tiempo, no estamos destinados a ser simples siervos. Estamos destinados a ser "amigos" de Cristo, como dice en Juan 15. Estamos destinados a permanecer como criaturas y, por ende, ser inferiores a Dios, pero al mismo tiempo ser partícipes en el compañerismo y el amor que han existido desde toda la eternidad entre las personas de la Trinidad. Esta es una espiritualidad más profunda, más personal y más intensa que lo que el misticismo oriental o los demás grandes monoteísmos del mundo tienen para ofrecer. Jesús, la Biblia y la fe cristiana declaran que esto es para lo que los seres humanos estamos destinados, aunque la mayoría de los cristianos no lo reconozcan por completo. O, mejor dicho, es para quien estamos destinados. Este Dios que comparte este tipo de compañerismo dentro de sí nos ofrece su mismísimo ser de esta forma, y él es el centro de la vida como fue diseñada.

CONCLUSIONES

En este capítulo, traté brevemente de ubicar lo que Jesús dijo en el sermón del aposento alto dentro del más amplio contexto de la doctrina cristiana en general. Entender a Dios como una Trinidad está íntimamente unido al entender cristiano de lo que Dios quiere para la humanidad, y siento que los escritores de la iglesia primitiva han verdadera y poderosamente articulado esta conexión. Como resultado de esta discusión, espero que haya quedado en claro que el cristianismo no es simplemente una religión entre muchas creencias equivalentes. La visión de la vida, la visión del lugar que la humanidad ocupa en el universo y la visión de lo que (o, mejor dicho, quien) recibe la persona espiritual son muy distintas en el cristianismo en relación con otras religiones. Cristo se niega a colocarse en una fila de opciones religiosas intercambiables. Lo que él ofrece a las personas —participar en el compañerismo que él y el Espíritu han compartido con el Padre desde toda la eternidad— ni siquiera es una opción en las otras religiones. Para ponerlo de otra forma, el tipo de salvación que Cristo nos da no es ofrecida —o siquiera posible— en otras religiones, y si la Biblia es cierta, este tipo de salvación es la única que realmente existe. La salvación o el cielo fuera de Cristo es imposible precisamente porque la salvación es Cristo; la salvación es nuestra participación en la relación que Cristo tiene con su Padre eterno.

Se podría argumentar que en los capítulos dos y tres de este libro me he enfocado tanto en la relación entre el Padre y el Hijo que he dejado de lado a la tercera persona de la Trinidad, el Espíritu Santo. Parte de la razón es porque, en general, la Biblia no dice mucho de él. El Espíritu es el inspirador de las Escrituras, y así como inspiró a los autores bíblicos a registrar la Palabra de Dios, normalmente no dirigía la atención a sí mismo. En cambio, dirigió nuestra atención hacia las otras dos personas de la Trinidad, el Padre y el Hijo. Debido a la relativa falta de referencia de la Biblia sobre el Espíritu Santo, no es de sorprender que las Escrituras tampoco digan mucho acerca de la relación del Espíritu Santo con el Padre y el Hijo. Podemos presuponer que lo que Jesús dice específicamente acerca de su relación con el Padre puede también aplicarse de manera análoga a su relación con el Espíritu Santo y la relación del Espíritu con el Padre, pero las Escrituras no dicen nada al respecto de manera directa.

Además, debemos reconocer que la tarea del Espíritu en cuanto a nosotros no es tanto ejemplificar la relación entre las personas de la Trinidad, sino más bien llevarnos a esa relación. A pesar de que ciertamente comparte la misma relación amorosa y eterna con el Padre como el Hijo, no es la persona a la que miramos para poder describir la relación trinitaria. En cambio, es el que nos une a esa relación. Así que, a medida que este libro avance, tendré la oportunidad en varios momentos de volver a hablar sobre cómo el Espíritu Santo nos une a la relación que se comparte entre las tres personas trinitarias, pero que la Biblia describe principalmente como la relación Padre-Hijo. Espero que estas discusiones venideras en diferentes lugares acerca del Espíritu Santo llenen el vacío que ha quedado debido a mi falta de atención a él hasta aquí.

En este punto, podría fácilmente preguntarse: ¿qué significa ser partícipes en el compañerismo que existe entre las personas de la Trinidad? ¿Qué significa que estemos en Cristo de la misma manera que el Padre y el Hijo están el uno en el otro? Aquí nos vamos más profundamente hacia el misterio fundamental de la fe cristiana, y pienso que sería mejor preguntarnos no tanto qué es lo que significa para nosotros, sino más bien cómo es el hecho de ser partícipes en esta relación. ¿Cómo se ve en la vida diaria que los seres humanos reflejemos y compartamos el amor que existe entre las tres personas de la Trinidad? Si el compañerismo de Cristo con su Padre realmente es el hilo conductor de la fe cristiana, entonces, cuando somos partícipes en esa relación, ¿cómo somos aquí en la tierra? Estas son las preguntas que tomaremos en cuenta en el capítulo 4 de este libro.

4

Un reflejo de la relación Padre-Hijo

En este capítulo, antes de ver la forma como la vida humana fue diseñada para reflejar la relación entre el Padre y el Hijo, es aconsejable empezar con un análisis del inicio de la historia de la humanidad, antes de que el pecado interrumpiera las intenciones de Dios. Una vez que hayamos visto a la humanidad como fue creada originalmente, me gustaría que dirijamos nuestra atención hacia la sociedad contemporánea para poder describir algunas de las más grandes diferencias entre la vida como Dios la diseñó y como es ahora. Es así que espero poder exponer mi debate acerca de cómo es nuestra participación en el compañerismo que ha existido eternamente entre el Padre, el Hijo y el Espíritu.

EL ESPÍRITU, LA IMAGEN DE DIOS Y LA HUMANIDAD EN EL INICIO

El libro de Génesis habla sobre el principio del universo y la vida humana. Génesis 1 contiene un relato del día a día de cómo Dios creó todas las cosas, culminando con la creación de los seres humanos en el sexto día. Leemos: "Y dijo: 'Hagamos al ser humano a nuestra imagen y semejanza. Que tenga dominio sobre los peces del mar, y sobre las aves del cielo; sobre los animales domésticos, sobre los animales salvajes, y sobre todos los reptiles que se arrastran por el suelo'. Y Dios creó al ser humano a su imagen; lo creó a imagen de Dios. Hombre y mujer los creó" (Gn 1:26-27). Hay varios puntos en este pasaje que son controversiales, pero trataré de llegar a algunas conclusiones sin pasar mucho tiempo innecesario en las controversias. En primer lugar, es bastante seguro que "imagen" y "semejanza" son sinónimos. Algunos autores patrísticos y algunos académicos modernos han intentado verlas como si fueran distintas, pero lo más probable es que se usen más o menos de manera intercambiable.[25] En segundo lugar, no queda

---

[25] Entre los autores patrísticos que distinguieron "imagen" y "semejanza", Orígenes es el más famoso. En un comentario sobre Gn 1:26-27, escribe que los seres humanos fueron creados a la imagen de Dios, pero que son llamados a alcanzar la semejanza divina a través de sus propios esfuerzos. Ver *Prim. Prin.*, libro 3, cap. 6, párr. 1 (Butterworth, 245).

exactamente claro cuáles características de los seres humanos constituyen la imagen de Dios en nosotros. Algunos han sugerido que es
nuestra habilidad de razonar, otros dicen que es nuestro libre albedrío, otros han señalado nuestra naturaleza espiritual y otros hasta
han especulado que es nuestra trinidad (cuerpo, alma y espíritu) como
imagen de la Trinidad. Pero la Biblia no especifica en ningún lugar lo
que implica la imagen de Dios.

En tercer lugar, sin importar en qué consista la imagen de Dios,
claro está que esta imagen separa a los seres humanos del resto de la
creación. Somos, de alguna manera, distintos al resto de las criaturas
que Dios ha creado, y esa distinción es la que nos califica para poder
gobernar sobre el resto de la creación. De hecho, la imagen de Dios (sea
lo que fuere exactamente) no solo nos distingue de los animales y las
plantas (que están obviamente por debajo de nosotros en la escala de la
creación); también distingue a los seres humanos de los ángeles. Aunque los ángeles son seres espirituales y están más "cerca" de Dios que
los seres humanos (su tarea principal es rodear a Dios y adorarlo),[26] las
Escrituras nunca mencionan que fueran creados a la imagen de Dios.
(Como lo dijo uno de mis estudiantes, de manera que fue de mucha
ayuda, los ángeles son superiores a las personas en "altura", pero no
significa que sean más parecidos a Dios que nosotros). Solo los seres
humanos tienen esta distinción, y todos los seres humanos llevan la
imagen de Dios. El pasaje tiene el propósito explícito de declarar que
los seres humanos, masculinos y femeninos, son creados a la imagen
de Dios.

Además, el hecho de que los seres humanos exhibamos la imagen
de Dios no simplemente nos distingue del resto de la creación, sino
que también nos distingue de Dios y, al mismo tiempo, nos une de
manera explícita al Dios que nos creó a su imagen. Hay tres sitios en
el Nuevo Testamento donde los autores bíblicos se refieren al Hijo (o
Cristo) utilizando el lenguaje de la imagen. En 2 Corintios 4:4, Pablo
se refiere a Cristo como "la imagen de Dios", y en Colosenses 1:15 se
refiere a Cristo como "la imagen del Dios invisible". De manera similar, Hebreos 1:3 declara: "El Hijo es el resplandor de la gloria de Dios,
la fiel imagen de lo que él es". Estos tres pasajes nos recuerdan que,

---

En claro contraste, Atanasio y Cirilo de Alejandría (entre otros) insisten en que "imagen"
y "semejanza" son sinónimos que describen cualidades que Dios le dio a la humanidad
en el momento de la creación. Ver Atanasio, *Encar.*, cap. 13 (Thomson, 165-67) y Cirilo,
Sol Dog., párr. 3 (Wickham, 195).

[26] Ver, por ejemplo, Sal 103:20; 148:2, Is 6:1-4; Ap 5:11-12.

aunque hayamos sido hechos a la imagen de Dios, no somos la imagen exacta de Dios. La imagen exacta es Cristo, el Hijo.[27] Pero, aun así, más que cualquier otra criatura, tenemos el propósito de reflejar al Hijo, de ser las imágenes creadas que muestran la verdadera imagen de Dios por medio de nuestras vidas. Eso quiere decir que hay un vínculo directo entre los seres humanos y Dios el Hijo.

El Hijo es la imagen eterna y no creada de Dios, y ha comparti-do eternamente el compañerismo con su Padre (y el Espíritu). Ade-más, una de las formas en las que compartió este compañerismo con el Padre fue cumpliendo la voluntad del Padre a través de la creación y el sustento del universo (ver Jn 1:1-5; Col 1:15-20; Heb 1:1-3). La huma-nidad es la imagen creada de Dios y fue inicialmente llamada a ejercer dominio sobre el universo (Gn 1:28). Si la función original de la huma-nidad era ejercer un rol dentro de la creación similar al que el Hijo ejer-ció sobre la creación, y si la humanidad y el Hijo están vinculados por la posesión de la imagen de Dios, entonces se podría inferir de manera razonable que los seres humanos también estuvieron originalmente destinados a ser partícipes del compañerismo del Hijo con el Padre. El pasaje no lo dice de manera directa, pero la analogía cercana entre los roles del Hijo no creado y los seres humanos creados, junto con el vín-culo que Jesús luego crearía entre su propia relación con el Padre y los creyentes, sugiere de manera potente que los portadores creados de la imagen estaban destinados a ser partícipes en el compañerismo que la imagen no creada ha disfrutado junto a su Padre. Si es así, entonces podemos entender el compañerismo que Adán y Eva disfrutaron con Dios antes de la Caída específicamente como su participación en el propio compañerismo del Hijo con Dios.

Además de este vínculo directo entre los seres humanos y Cristo, también parece haber un vínculo entre la humanidad y el Espíritu San-to en descripciones de la creación. Hemos visto que Génesis 1 nos da un vistazo general de la creación como un todo, culminando con la creación de la humanidad al final del capítulo. Génesis 2 nos permite una mirada más detallada a la creación de los seres humanos y, como parte de este tratamiento profundo, el versículo 7 dice: "Y Dios el Señor formó al hombre del polvo de la tierra, y sopló en su nariz hálito de vida, y el hombre se convirtió en un ser viviente". La mayoría de los Padres de la iglesia, al igual que la mayoría de los académicos

---

[27] Atanasio reflexiona sobre la diferencia entre el Hijo como la imagen exacta de Dios y los seres humanos como las imágenes creadas en *Encar.*, párr. 13 (Thomson, 165-67).

modernos, ven a Génesis 2:7 como Dios dándole un alma a Adán.[28] Sin embargo, este pasaje es atractivamente similar a las palabras de Jesús después de su resurrección. Juan 20:21-22 nos dice: "'¡La paz sea con ustedes!' —repitió Jesús. 'Como el Padre me envió a mí, así yo los envío a ustedes'. Acto seguido, sopló sobre ellos y les dijo: 'Reciban el Espíritu Santo'". Note que, en ambos pasajes, Dios/Jesús sopla sobre Adán/los discípulos. A raíz de estas similitudes, Génesis 2:7 puede significar que Dios sopló no el aliento de vida, sino el Espíritu de vida (es decir, el Espíritu Santo) en Adán de la misma manera que Jesús sopló luego sobre los discípulos, como una manera de comunicarlos con el Espíritu Santo. El paralelismo entre los pasajes de Génesis y Juan es asombroso, y la línea de pensamiento de la iglesia primitiva que considero ser la más fructífera para nosotros hoy sí considera que estos pasajes son paralelos. Esta línea de pensamiento argumenta que en Génesis 2:7, Dios dio a Adán el propio Espíritu Santo, vinculándolo así al Hijo a cuya imagen fue creado y llevándolo a ser partícipe en el compañerismo en la Trinidad. De la misma manera, cuando Dios vuelve a dar el Espíritu a través de la redención, está restaurando a las personas a un estado similar a la participación original en la vida de la Trinidad que

---

Cirilo de Alejandría sobre Génesis 2:7 y Juan 20:22 (ca. 435):

Siendo que él [Adán] no debería ser tan solo racional con la aptitud para hacer el bien y lo correcto, sino también un participante en el Espíritu Santo, él [Dios] sopló sobre él para que tuviera marcas más brillantes de la naturaleza divina en él, el aliento de la vida. Este es el Espíritu dado a través del Hijo a la creación racional, que la moldea hacia la forma más sublime, es decir, divina. […] La acción de Cristo fue una renovación de ese primer regalo y del aliento soplado sobre nosotros, llevándonos nuevamente a la forma inicial de santidad y elevando la naturaleza del hombre como un tipo de primicia entre los santos apóstoles hacia la santidad concedida a nosotros inicialmente en la primera creación.

Sol. Dog., pár. 2 (Wickham, 189-91, traducción ligeramente modificada)

---

[28] Para una antigua defensa exhaustiva de la idea de que este versículo se refiere al hecho de que Dios le da un alma a Adán, en lugar de darle el Espíritu Santo, ver Agustín, *Ciud. Dios,* libro 13, cap. 24 (Bettenson, 540-46). Comentaristas modernos normalmente presuponen que el pasaje se refiere a dar un alma y no consideran la posibilidad de que pueda referirse a Dios dando el Espíritu Santo.

la humanidad perdió como resultado de la Caída. En el siguiente recuadro, Cirilo de Alejandría visualiza el vínculo más cercano posible entre Génesis 2:7 y Juan 20:22 al argumentar que la santidad que reciben los discípulos después de la resurrección es la participación en el Espíritu Santo y que esta es la misma santidad que Dios inicialmente le concedió a Adán, también a través de la participación en el Espíritu Santo.

Si esta línea de pensamiento patrístico está en lo correcto, entonces Adán y Eva, como fueron originalmente creados, fueron partícipes de manera directa en la persona del Espíritu Santo y reflejaron en forma de creación al Hijo no creado, la imagen exacta y perfecta de Dios. Entonces, la humanidad como fue originalmente creada, estaba directa y personalmente vinculada a la Trinidad. De hecho, aun si Génesis 2:7 no se refiere al soplo del Espíritu sobre la humanidad, otros detalles sobre la historia de la creación ofrecen vínculos con la Trinidad. En Génesis 2:15-17, Dios le da a Adán el mandamiento de no comer el fruto de un determinado árbol. Como hemos visto, los mandamientos son oportunidades para amar a Dios. Así como el Hijo obedece al Padre en Juan 15:10, los seres humanos también fueron llamados a amar a Dios siendo obedientes. Al hacerlo, las personas podrían ser partícipes en la relación del Hijo con su Padre. Además, esta participación en la relación Padre-Hijo no fue diseñada para ser únicamente vertical, sino que las personas fueron diseñadas para compartir ese mismo compañerismo entre ellas también. Génesis 2:18 indica que aun cuando Adán estaba rodeado por la presencia de Dios y por todas las maravillas que Dios había creado, seguía "solo" en un sentido que, de alguna manera, "no es bueno" (una frase sorprendente en medio de un relato de la creación repleta de las frases "era bueno" y "era muy bueno"). Así que Dios creó a Eva de la costilla de Adán, la dio a Adán como su esposa (Gn 2:21-22) y les ordenó a ambos que fueran fructíferos y se multiplicaran (Gn 1:28). Estos pasajes dan pistas de que Dios tenía la intención de que los seres humanos compartieran su presencia tanto con Dios como entre ellos. Incluso quiso asegurarse de que hubiera más personas para que pudieran compartir su presencia entre ellos. Para expresar esto en los términos que he estado desarrollando en este libro, la relación entre las personas de la Trinidad era tan valiosa que Dios creó personas a su imagen para ser partícipes de esa relación. Esta participación estaba diseñada no solo para ser compartida por medio de la relación de las personas con Dios, sino también por medio de las relaciones entre los seres humanos. La humanidad estaba inicialmente vinculada a Dios y llamada a reflejar la imagen de la relación del Hijo con el Padre. La vida humana como fue diseñada por Dios, como Dios la creó inicialmente, era la vida en la Trinidad.

LA VIDA EN LA TRINIDAD: ANTES Y AHORA

Lo que acabo de escribir presenta dos posibles problemas. Primero, sigue siendo muy abstracto y carente de detalles concretos. Como nos hemos preguntado antes, ¿cómo es o qué significa ser partícipes en el compañerismo de la Trinidad? Segundo, ciertamente suena demasiado idílico para encajar perfectamente con lo que sabemos de la vida de hoy en día. Por consiguiente, me gustaría que dirijamos nuestra atención desde la descripción bíblica (y de la iglesia primitiva) de la vida antes de la Caída hacia la vida de la sociedad occidental actual. Pienso que el contraste entre la vida como la conocemos y la vida que Dios diseñó nos ayudará a entender de mejor manera cómo debió haber sido (¡y sigue siendo!) la vida en la Trinidad.

Seamos honestos: la vida ordinaria implica mucho caos. Lidiar con padres, hijos, hermanos, amigos, parientes, maestros, estudiantes, parejas, compañeros de trabajo y demás puede ser un reto en el mejor de los casos y, en el peor, llevar a una completa guerra verbal. Lidiar con fechas límite, preocupaciones financieras y el eterno conflicto entre lo que necesitamos y lo que queremos puede ser desgastante en el mejor de los casos y, en el peor, debilitante. Para la gran mayoría de nosotros, sin importar nuestra edad o etapa de vida, la existencia implica aguas turbias. Y sospecho que cuando vemos el caos que muchas veces domina nuestras vidas diarias, tendemos a pensar que la única manera de lidiar con él es eliminarlo o tolerarlo en silencio. Como muchos sabemos, ninguna de estas opciones funciona particularmente bien, ya que el caos normalmente no permanece eliminado, y normalmente no somos capaces de quedarnos callados para siempre al respecto. En lo que resta de este capítulo, me gustaría sugerir que estas dos opciones no son ni las únicas ni las mejores. El caos no necesita ser ni eliminado ni tolerado; puede ser redimido. Y redimir el caos de la vida normal requiere que reconozcamos que esta vida, especialmente esta vida, está diseñada para ser un reflejo del amor entre el Padre y el Hijo.

La palabra *redimir* significa "comprar algo de nuevo", y la idea es que algo que ha sido tomado es devuelto al dueño legítimo. Cuando digo que el caos de la vida diaria puede ser redimido, a lo que me refiero es que hay algo que el caos nos ha quitado y que es posible que las personas lo vean restaurado, que vean la vida regresar a cómo

Dios originalmente la diseñó. ¿Qué es ese algo? En pocas palabras, es la perspectiva. El caos que enfrentamos en nuestro diario vivir parece ser interminable y carente de significado porque hemos perdido la única perspectiva que puede darle significado. Mientras analizamos esta perspectiva juntos, me gustaría dividir mi argumento en cuatro partes: la trascendencia, la paz, el valor del trabajo y el comportamiento de las relaciones humanas.

La trascendencia con un aspecto diferente. Muchas veces se dice que una de las necesidades humanas más básicas es el sentido de trascendencia. Todos tenemos la necesidad de creer que lo que hacemos es importante, que nuestras vidas son importantes. Es por eso que muchas veces hablamos de nuestra necesidad de "ser parte de algo más grande que nosotros mismos". Pero una de las maneras en las que la sociedad moderna occidental ha drenado el sentido de trascendencia de las personas es atando esa trascendencia a cosas que, generalmente, son difíciles de alcanzar. Dele una mirada a las páginas de la revista *People*, la sección *Parade* del periódico dominical o las innumerables páginas web dedicadas a personas famosas, y llegará rápidamente a la conclusión de que lo que pensamos que convierte a una persona en trascendente es ser una celebridad. Adulamos a estrellas de películas, atletas y mujeres y hombres que se levantaron por mérito propio y ganaron fama y fortuna, y que ahora están determinados a demostrarle al mundo que son tan importantes como parecemos creer que son. Es más, también adulamos a personas que no se levantaron por su propio mérito, sino que nacieron ya con estatus de celebridad.

¿Cómo nos afecta este culto a las celebridades? En primer lugar, distorsiona por completo nuestro sentido de proporción. La ruptura de una relación romántica entre una actriz y su pareja es más trágica que la nuestra, que la de nuestro compañero de cuarto o la de nuestro vecino. Perdemos de vista rápidamente lo importante, o no importante, que son ciertas cosas cuando nos zambullimos en la adoración de nuestras celebridades favoritas. Pero nuestro culto a las celebridades tiene un efecto aún más insidioso sobre nosotros. Nos manda un mensaje constante y subliminal de que no somos realmente importantes. La gran mayoría de nosotros nunca aparecerá en la portada de la revista *People*, a nadie fuera de nuestro círculo cercano de amigos le interesará que hayamos ganado el concurso de porristas, a qué universidad vamos, con quién nos casamos o si a nuestros hijos les gusta su nueva escuela. La gran mayoría de nosotros no veremos nuestro nombre impreso en el periódico más de un puñado de veces en nuestras vidas, y, aun así, no será en la sección *Parade*. La gran mayoría de nosotros no veremos un millón de dólares; no se hará un desfile en nuestro honor, ni pasaremos el resto de nuestras vidas en las orillas de una isla tropical, ni siquiera nos quedaremos en una linda habitación de un hotel sobre la playa durante la vacación de primavera o en la mejor suite en un barco de crucero para darnos esas vacaciones únicas en nuestras vidas. Y nuestra sociedad nos envía un mensaje de texto diario que dice: "No eres tan importante como las personas que sí pueden hacer esas cosas".

Entonces, ¿qué hacemos? Como no podemos hacer lo necesario para convertirnos en celebridades, tratamos de aferrarnos a las celebridades. El muchacho adolescente espera fuera de la cancha para que el jugador de básquetbol le firme la playera, la joven enamorada sigue a su actor favorito de manera tan devota que él tiene que sacar una orden de restricción contra ella y las personas se paran alrededor de la máquina de café en la oficina para hablar sobre el giro inesperado más reciente en su programa de drama favorito sin tomarse un momento para darse cuenta de que los personajes involucrados en ese giro inesperado ni siquiera son personas reales, sino personajes de un programa televisivo. Si nuestra sociedad va a decirnos que no somos importantes y que no podemos hacer lo necesario para hacernos importantes, entonces nos sentimos determinados a volvernos virtualmente importantes, a fingir que de alguna manera tenemos una conexión con las personas que nuestra sociedad nos dice que son importantes. Las conexiones son, por supuesto, imaginarias. Pero, sobre este punto, las razones para declarar que las actrices y los atletas son importantes también son bastante triviales en el amplio espectro de las cosas. Y en la sociedad que inventó la realidad virtual y que parece considerarla más importante que la realidad real, hay algo tristemente acertado en el hecho de que encontramos nuestro sentido de trascendencia en una conexión imaginaria con un personaje imaginario en un mundo que existe solo en el set de una película de Hollywood.

Ahora, es posible que piense que los últimos párrafos son injustos para la dimensión artística de las películas, la televisión o incluso el deporte. Lo entiendo. Tal vez piense que constituyen una crítica demasiado exagerada de nuestra cultura. Lo entiendo. Pero mi propósito al escribir esos párrafos no ha sido simplemente criticar. En cambio, mi propósito aquí es mostrar que debajo de la superficialidad de la celebridad virtual yace algo muy importante, específicamente la idea que se encuentra enterrada en nosotros de que, para ser importantes, debemos aferrarnos a alguien que es importante. Vea atentamente la progresión de los últimos párrafos: lo que hace importantes a las personas en su propio derecho es algo que está lejos del alcance de la mayoría de nosotros. Así que, para la mayoría de nosotros, la única manera de ser importantes es estar conectados a otra persona que sí es significativa. Y, aunque la manera en la que expresamos esta idea está completamente sesgada, la intuición fundamental que se encuentra por debajo es precisamente correcta. El cristianismo nos enseña que nuestra importancia no reside en lo que logremos o hagamos; reside en aquel a quien pertenecemos.

Este es exactamente el punto en el que la discusión sobre Génesis 1-2 se hace tan crucial. La implicación del relato de la creación es que no necesitamos hacer nada para alcanzar la trascendencia, sino que ya poseemos una importancia más grande que cualquiera de los otros seres creados, por la simple virtud de haber sido hechos a la imagen de Dios. Le pertenecemos a él. Somos semejanzas creadas del Hijo no creado. Somos partícipes (o, al menos, Adán y Eva lo eran) en el compañerismo que ha caracterizado a las personas de la Trinidad desde toda la eternidad. No hay nada que necesitemos hacer —en realidad, nada que podamos hacer— para hacernos más importantes de lo que ya somos.

La importancia no yace en lo que uno logra por su propia cuenta. Sí depende de la persona a quien uno está conectado. Pero todos poseen una importancia verdadera porque todos han sido creados a la imagen de Dios. No hay nadie más a quien uno pueda aferrarse que pudiera darle más importancia que la que uno ya posee por virtud de esta conexión con Dios. Además, este significado está vinculado a la creación, no al hecho de que una persona siga a Cristo. No solo los cristianos somos intrínsecamente importantes ante los ojos de Dios. Todas las personas portan la imagen de Dios de una manera que los une los unos a los otros y los distingue del resto de los seres del universo.[29] No necesitamos estar en un carrusel persiguiendo celebridades. No necesitamos fama ni conexiones a personas famosas. Ya tenemos algo más grande, una conexión directa con Dios, y esta conexión es la fuente de la verdadera importancia. Al tratar de comprender el hecho

---

[29] La Biblia afirma que, aunque la imagen de Dios en la humanidad se distorsionó con la Caída, no fue destruida. Todos los seres humanos poseen la imagen de Dios, sin importar qué tan llenos de pecado o qué tan distanciados de Dios estén. Ver Gn 9:6, que explica que asesinar es malo porque Dios hizo a los seres humanos a su imagen. También ver Stg 3:9, que dice: "Con la lengua bendecimos a nuestro Señor y Padre, y con ella maldecimos a las personas, creadas a imagen de Dios". La severidad de estas ofensas contra otras personas está unida al hecho de que todas las personas siguen siendo portadoras de la imagen/semejanza de Dios.

de que esta conexión nos da la oportunidad de ser partícipes y reflejar la relación intratrinitaria de Dios, la vida empieza a mostrarse bajo una nueva luz. El trabajo que realizamos, las relaciones humanas que tratamos de formar, el éxito que tratamos de alcanzar —todas estas cosas no deberían ser intentos de lograr la trascendencia por nuestra propia cuenta. En cambio, podemos verlas por lo que son: oportunidades para trabajar sobre las implicaciones de la trascendencia que ya poseemos como personas creadas a la imagen de Dios, personas destinadas a compartir su presencia gloriosa.

Otro tipo de paz. Durante el sermón del aposento alto, Jesús habla de la paz en dos ocasiones distintas. La primera se encuentra en Juan 14, justo después del pasaje sobre el amor obediente que ya vimos. Jesús les dice a sus discípulos: "Todo esto lo digo ahora que estoy con ustedes. Pero el Consolador, el Espíritu Santo, a quien el Padre enviará en mi nombre, les enseñará todas las cosas y les hará recordar todo lo que les he dicho. La paz les dejo; mi paz les doy. Yo no se la doy a ustedes como la da el mundo. No se angustien ni se acobarden" (Jn 14:25-27). Hay tres cosas en este pasaje que requieren explicación. En la última oración, los verbos para "angustien" y "acobarden" son más específicos en el griego que en el español. La idea es que los discípulos ya están acobardados; sus corazones ya están angustiados. Jesús no les está diciendo que eviten sentirse angustiados; les está diciendo que dejen de sentirse angustiados y acobardados.[30] Así que la paz que les ofrece aquí a los discípulos (y a nosotros) es el antídoto para el miedo y la ansiedad que los discípulos ya sienten. Por supuesto que, para nosotros, así como también para los discípulos, la vida diaria está llena de momentos que producen ansiedad. Las preocupaciones sobre si terminaremos la secundaria o la universidad con nuestra cordura intacta, si podremos pagar las facturas, si nuestra familia logrará terminar el día sin excesos de temperamento o si los niños estarán bien nos rodean todo el tiempo. Y, junto con ellas, vienen mezcladas otras preocupaciones más grandes, como si el mundo en el que nuestros nietos crecerán será tan seguro como el que nosotros conocimos y si los ideales que nosotros consideramos importantes (sean los que fueren) sobrevivirán una generación más, ya que el mundo parece estar destruyéndolos. Estamos temerosos y ansiosos gran parte del tiempo. Y muchos de nosotros quisiéramos que estas preocupaciones simplemente desaparecieran. Pero no desaparecen, y parece que Jesús no quiere que lo hagan, lo que nos trae al segundo punto notorio de este pasaje.

---

[30] Esta es la fuerza de los imperativos negativos presentes *mē tarassesthō* y *mēde deiliatō.*

Jesús no dice simplemente que nos da paz. Dice: "*Mi* paz les doy". Y explícitamente dice que esa paz, su paz, no es un tipo de paz que el mundo pueda ofrecer. Cuando el mundo sí logra ofrecernos algo de paz (lo cual, seamos honestos, no ocurre frecuentemente), la paz que nos da es meramente negativa —la ausencia de hostilidad y conflicto evidente. Lo mejor que el mundo puede esperar es una tregua, y esta es parte de la razón por la cual la mayoría de nosotros estamos condicionados a pensar que lo mejor sería eliminar los conflictos, las preocupaciones y los factores estresantes de la vida. Pero Jesús nos está ofreciendo algo distinto aquí: no la eliminación de la tormenta, sino la promesa de que uno puede encontrar paz en medio de ella. Y este tipo de paz es mucho más valiosa que una simple tregua. Allí donde solo hay una tregua, las hostilidades ciertamente volverán, así que, en el mejor de los casos, puede ser solo temporal. Pero la calma en medio de la tormenta puede ser más profunda y permanente ya que no depende de factores externos. Esta es la clase de paz que Jesús promete a quienes lo siguen.

El tercer punto importante sobre este pasaje es que la paz que Jesús ofrece está conectada directamente al ministerio del Espíritu Santo dentro de una persona. Jesús hace una sutil distinción entre la forma en la que les ha estado enseñando a sus discípulos y la forma en la que el Espíritu Santo les enseñará una vez que empiece a vivir en cada uno de ellos. Jesús enseña externamente, por medio de palabras. Este tipo de enseñanza es invaluable, pero lo que lo hace aún más invaluable es que el Espíritu Santo trabaja internamente, precisamente para recordarles a las personas aquellas partes de las enseñanzas de Jesús que más necesitan recordar en un momento dado en sus vidas. Y a medida que enfrentan los aspectos menos pacíficos de la vida desde ese momento, el Espíritu Santo les recordará lo que aprendieron para que, aun cuando la tormenta pase sobre ellos, puedan ser personas que están en paz con Dios y consigo mismas. De la misma manera, los cristianos de hoy en día aprendemos las enseñanzas de Jesús a través de la Biblia, y el Espíritu Santo precisamente nos recuerda lo que debemos tener en cuenta para ser mujeres y hombres de paz. La esencia de este pasaje es, entonces, que Dios da una paz mucho más personal y significativa que lo que la mayoría de nosotros podría esperar —una paz interna que no depende de eliminar las fuentes de estrés y hostilidad.

Pero, ¿cuál es la naturaleza de esta paz? ¿Qué es exactamente lo que debemos recordar para mantener la calma en tiempos de tormenta? Jesús aborda esta pregunta en el segundo pasaje que habla sobre la paz, que se encuentra al final del sermón del aposento alto, justo antes de su oración sacerdotal. Al final de Juan 16, los discípulos finalmente comienzan a entender lo que Jesús está diciendo, y afirman creer que él vino de Dios. Jesús se regocija, pero, al mismo tiempo, se encuentra extrañamente sombrío. Dice: "Miren que la hora viene, y ya está aquí, en que ustedes serán dispersados, y cada uno se irá a su propia casa y a mí me dejarán solo. Sin embargo, solo no estoy, porque el Padre está conmigo. Yo les he dicho estas cosas para que en mí hallen paz. En este mundo afrontarán aflicciones, pero ¡anímense! Yo he vencido al mundo" (Jn 16:32-33).

Recuerde que Jesús está a punto de ser arrestado, juzgado y crucificado. Aun así, su mente no está ocupada con estos eventos inminentes, sino que está pensando en el hecho de que sus propios discípulos lo dejarán solo cuando sea enviado a morir. Los hombres a quienes ha dedicado más o menos tres años de su vida, los hombres que acababan de proclamar que sabían que él vino de Dios, están a punto de abandonarlo. Las palabras de Jesús "me dejarán solo" son inquietantes en su aflicción, ya que lo que muchos de nosotros tememos aún más que el caos y el conflicto es el aislamiento. Las personas que nos rodean pueden ser fuentes de estrés, frustración y hostilidad, pero muchos de nosotros tememos su ausencia mucho más que sentirnos molestos por su presencia. Y, al parecer, Jesús también lamenta la soledad, el abandono al cual está a punto de enfrentarse. Sin embargo, el gran consuelo de Jesús al enfrentar el abandono es que no estará solo porque Dios el Padre estará con él. Vea lo profundamente personales que son aquí sus palabras: no dice "el Padre" ni "nuestro Padre"; dice "*mi* Padre". Para él, la máxima fuente de paz —y, en realidad, la única fuente de paz en su más grande momento de angustia— es su relación con su Padre.

Inmediatamente después de esta confesión personal tan conmovedora, Jesús dirige nuevamente su atención a los discípulos. Les ha dicho estas cosas de sí mismo para que los discípulos puedan tener paz en él. Note que esto va más allá de lo que dijo sobre la paz previamente en su discurso. Aquí, Jesús dice específicamente que la paz se encuentra en él, y está a punto de utilizar un lenguaje similar al que usó cuando oró por sus discípulos en Juan 17. Para Cristo, la paz en medio del abandono viene de estar en Dios el Padre. Para las personas, la paz en medio del aislamiento o el caos viene de estar en Cristo. Para unir esto a lo que vimos anteriormente sobre el sermón del aposento alto, la paz que Cristo nos da a los cristianos es una paz que fluye de la participación de las personas en la relación de Cristo con Dios Padre.

Jesús termina el sermón del aposento alto recordando a sus discípulos que en este mundo afrontarán aflicciones, y dice: "Pero,

¡anímense! Yo he vencido al mundo". La nota triunfal con la que cierra aquí es bastante contraria a la severa tristeza de unas oraciones más atrás. Pero Jesús no está hablando de un tipo de victoria militar sobre todos aquellos que se oponen a él. (La Biblia indica que dicha victoria vendrá, pero no hasta el final de la historia).[31] Al contario, aquí indica que ha provisto una manera de trascender el caos y el conflicto que caracterizan la vida en este mundo. La victoria y la paz no implican eliminar el mundo o sus conflictos, ni tampoco que los cristianos salgamos del mundo por completo. En cambio, la victoria es una de perspectiva, de actitud. Podemos vivir por encima del caos porque estamos en Cristo, de la misma manera que él puede enfrentar el abandono de sus amigos más cercanos porque está en el Padre.

De estos dos pasajes del sermón del aposento alto podemos ver que estar en Cristo, ser partícipes en el compañerismo del Hijo con el Padre, nos da una perspectiva radicalmente nueva sobre el estrés de la vida. Nuestra tendencia es desear que este estrés sea quitado, eliminado. Pero no puede quitarse el caos de la vida, y aun si fuera posible, no lo quisiéramos eliminado. Mientras estemos rodeados de otras personas, existirán fuentes de conflicto, preocupación y estrés. Eliminar ese estrés implicaría alejarnos de otras personas, y es seguro que eso sería más difícil que cualquier dificultad de interacción humana. En cambio, el caos debe ser redimido, y parte de esa redención viene cuando reconocemos que las relaciones imperfectas, estresantes y conflictivas que forman parte de nuestras vidas están conectadas a una relación perfecta, armoniosa y amorosa —la relación entre el Padre y el Hijo. Las relaciones que tenemos con otras personas son, por supuesto, reflejos muy imperfectos de esa relación —después de todo, el agua lodosa no da lugar a un reflejo perfecto. Pero, de todos modos, esas relaciones tienen el propósito de ser reflejos, y reconocer este hecho puede ayudarnos a ver a través del lodo con un poco más de claridad, a prestar atención a la relación perfecta que nuestras relaciones imperfectas reflejan. Y al mirar esa relación, encontramos la paz que necesitamos para poder continuar con estas relaciones con un nuevo sentido de esperanza. "En *mí*", dice Jesús, "hallen paz".

Trabajar hacia un fin diferente. ¿Por qué trabajan las personas? Cuando hago esa pregunta, con la palabra *trabajo* no me refiero solamente al tipo de trabajo por el cual uno es remunerado, sino también las tareas escolares, criar hijos, limpiar la habitación o el apartamento, la casa y el patio, estar al día con la correspondencia y otros asuntos

---

[31] Ver, por ejemplo, Dn 2:44-45; 7:19-27; Zac 14; Ap 19-20.

adicionales. Me refiero a atender todas las responsabilidades que conlleva la vida. ¿Por qué hacemos todo eso? Muchas personas podrían
responder que trabajamos porque necesitamos dinero para pagar las
cuentas y hacemos todo lo demás porque no podemos pagarle a otra
persona para que se ocupe de ellas. Pero, ¿es realmente esa la única
razón? Si una pareja se hiciera independientemente rica de manera
instantánea, ¿dejarían realmente sus trabajos, le pagarían a otra persona para que cuidara a sus hijos, la casa y el patio, y se irían a vivir
a una isla inhabitada por el resto de sus vidas? Lo dudo. De hecho,
sospecho que ninguno de nosotros renunciaría a todas sus responsabilidades simplemente porque el dinero ya no es un problema. ¿Por
qué no? Porque, hasta cierto punto, la razón por la que trabajamos es
porque esas cosas son importantes para nosotros. Aun si el dinero ya
no fuera una preocupación, todavía nos sigue importando cómo nos
va en la escuela o en la universidad o en nuestros estudios de posgra-
do, o por lo menos consideramos que ese diploma que llega al final
es lo suficientemente importante como para dedicar varios años de
nuestras vidas a adquirir ese pedazo de papel. Cómo resultarán nuestros hijos es tan importante que prácticamente ninguno de nosotros le
cedería la responsabilidad de ocuparse por completo de ellos a otra
persona, sin importar qué tan ricos fuéramos. Y si el dinero de repen-
te ya no fuera un problema, muchos de nosotros ni siquiera dejaría-
mos nuestros trabajos, o si renunciáramos, buscaríamos otro trabajo
que nos pareciera más satisfactorio. Trabajamos, nos ocupamos de los
deberes diarios, en parte porque hay un sentido de importancia en lo
que hacemos.

Mencioné anteriormente algunas de las razones por las cuales
consideramos que esos deberes y esas actividades son importantes.
Estamos tratando de demostrar que somos importantes o tenemos la
necesidad de sentirnos necesitados o queremos convencer a otros (o a
nosotros mismos) de que lo que hacemos es importante. Pero, si está
de acuerdo con lo que escribí anteriormente acerca de la trascendencia, entonces admitirá que todo el tema del trabajo debe ser revisita-
do desde el enfoque del hecho de que somos creados a la imagen de
Dios. No tenemos que esforzarnos hasta morir para ser importantes;
ya somos importantes. No necesitamos ser la estrella de básquetbol
o el mejor alumno de la clase o ganar la carrera profesional para ser
ricos y famosos para que seamos importantes una vez que llegue-
mos a la cima. Ya somos importantes. No necesitamos ser cercanos al
jefe para que una conexión con la persona que tiene el poder nos dé
importancia. Entonces, ¿cómo deberíamos ver nuestro trabajo, tanto el

remunerado como todos los demás deberes que la vida nos trae? Sería tentador decir que, ya que nuestra importancia es un hecho y, como nuestro sentido de valor propio o identidad no están unidos a lo que hacemos ni a lo mucho que trabajamos, entonces no es necesario que nos esforcemos tanto. Si nuestra importancia no está ligada a nuestro trabajo, entonces nuestro trabajo no es importante, así que, ¿para qué tomarnos la molestia? A lo largo de la historia del cristianismo, críticos tanto dentro como fuera de la iglesia han usado ese argumento contra la fe cristiana. Si la salvación o la plenitud realmente son un regalo, si somos valiosos solo porque Dios nos ha dado tal valor y, por ende, uno no necesita esforzarse, entonces, ¿cuál es el incentivo para que una persona viva fiel y correctamente? Se ha dicho muchas veces que las personas no serían tan devotas como son si no creyeran que esa devoción es necesaria para su bienestar espiritual.

De hecho, una lectura superficial de la Biblia parece apoyar este tipo de actitud indiferente hacia el trabajo. En Juan 6, justo después de la famosa historia en la que Jesús alimenta a las cinco mil personas, la gente va a buscarlo. Al encontrarlo, Jesús señala que su única motivación para buscarlo era que simplemente querían otro almuerzo gratis, y dice: "Trabajen, pero no por la comida que es perecedera, sino por la que permanece para vida eterna, la cual les dará el Hijo del hombre" (Jn 6:27). Aparentemente, las personas están un poco avergonzadas de que él haya notado sus intenciones tan fácilmente, así que empiezan a prestar atención. Preguntan qué es lo que deben hacer para hacer las obras de Dios. Jesús les responde: "Esta es la obra de Dios: que crean en aquel a quien él envió" (Jn 6:29). Esta respuesta parece sugerir que las personas no deberían hacer nada; simplemente deberían creer en Cristo. Y, de hecho, muchos cristianos están convencidos de que no necesitan hacer nada, que ni siquiera deberían hacer nada. Creen que no necesitan ser justos porque la salvación es totalmente regalada. Pero las personas que ven al cristianismo de esta manera están pasando por alto dos puntos importantes. Primero, están perdiendo de vista la sutileza de lo que Jesús está diciendo aquí. Está utilizando la palabra "trabajen" en el sentido de "busquen". Su crítica hacia ellos es que simplemente están buscando alimento físico cuando deberían estar buscando alimento espiritual y eterno. Lo único por lo que realmente vale la pena esforzarse es por aquello que Dios nos da: alimento espiritual que viene de una relación con Cristo. Ese alimento llega a nosotros cuando creemos en Cristo. Así que la "obra de Dios" —el tipo de deseo o esfuerzo que le agrada a Dios— es anhelar a Jesús y confiarle nuestra vida.

Lo segundo que las personas muchas veces pasan por alto es que cuando las palabras de Jesús (aquí y en cualquier otro lado) le llegan a una persona, esa persona se convierte en cualquier cosa, menos alguien pasivo y apático. De hecho, pasa justamente lo contrario. Una relación con Cristo es tan liberadora que inspira a una persona a trabajar más arduamente y por cosas distintas, en lugar de dar a la persona una excusa para no hacer nada. Uno de los mejores ejemplos de este tipo de transformación es el apóstol Pablo, quien era un perseguidor entusiasta de los cristianos hasta que Cristo lo noqueó (literalmente) en Hechos 9 y reconfiguró su identidad entera con la increíble verdad de que este Jesús, a quien Pablo estaba persiguiendo, era, de hecho, Dios. Casi veinte años después de este evento, Pablo lo ve en retrospectiva en relación a un debate sobre la resurrección de Cristo. Escribe que después de que Jesús resucitó de la muerte, apareció a muchas personas y, por último, se le apareció a Pablo. Y continúa: "Admito que yo soy el más insignificante de los apóstoles y que ni siquiera merezco ser llamado apóstol, porque perseguí a la iglesia de Dios. Pero por la gracia de Dios soy lo que soy, y la gracia que él me concedió no fue infructuosa. Al contrario, he trabajado con más tesón que todos ellos, aunque no yo, sino la gracia de Dios que está conmigo" (1 Cor 15:9-10). Debemos identificar dos cosas en este pasaje. Primero, Pablo no está aceptando nada del crédito por su transformación desde su conversión al cristianismo. Dice que la gracia de Dios fue la que lo transformó, convirtiendo a un perseguidor de la iglesia en uno de los más grandes predicadores del cristianismo. Segundo, el resultado de esta transformación ha sido que Pablo trabajó más arduamente que cualquiera de los otros apóstoles, mientras reconocía que era la gracia de Dios obrando con y a través de él. Esto es lo que sucede cuando una persona se convierte en un verdadero seguidor de Cristo. Esa persona no se vuelve complaciente o apática, sino que más bien se esfuerza para trabajar aún más ante el descubrimiento de que Dios está obrando con y a través de uno mismo. Convertirse en cristiano permite a la persona ver su trabajo (sea cual fuere el tipo de trabajo) de otra manera, como la oportunidad para que Dios obre a través de la persona.

Pablo deja en claro este punto al final del mismo capítulo. Después de una larga y conmovedora descripción de la resurrección, concluye que, cuando hayamos resucitado, la muerte finalmente "será devorada por la victoria" (1 Cor 15:54). Luego, escribe: "Por lo tanto, mis queridos hermanos, manténganse firmes e inconmovibles, progresando siempre en la obra del Señor, conscientes de que su trabajo en el Señor no es en vano" (1 Cor 15:58). La primera parte del pasaje anima a los cristianos a mantenernos firmes al afirmar y vivir por la resurrección. Nada puede movernos de la verdad de que Cristo ha resucitado y que nosotros también resucitaremos de la muerte. La seguridad sobre el futuro (de nuestra resurrección) se encuentra enraizada en el pasado (el hecho cumplido de la resurrección de Cristo). Al ver tanto el pasado como el futuro, los cristianos pueden encontrar la motivación que necesitan para trabajar arduamente en las tareas que Dios les ha dado. Luego, como un último pedazo de motivación, Pablo nos recuerda que nuestro trabajo en el Señor no es en vano, y este recordatorio requiere un poco de explicación. ¿Por qué el trabajo de los cristianos no es en vano? El contexto de este capítulo nos muestra que no es en vano porque es una extensión de la obra de Dios para acercar a las personas hacia él para que puedan creer en él y seguirlo, porque está unido al mismo obrar de Dios de guiar a otras personas hacia sí mismo, y porque es trabajar en pos del máximo propósito de Dios de traer la resurrección final de los cristianos para que puedan estar con él para siempre.

Pero, además de estos puntos, hay otra razón por la cual el trabajo de los cristianos no es en vano: porque es un trabajo "en el Señor". Aquí encontramos de nuevo esa frase que vimos en el sermón del aposento alto. Jesús había dicho que está en el Padre y que el Padre está en él. Jesús también dijo que los creyentes están en él de la misma manera que él está en el Padre. Aquí Pablo escribe que los creyentes trabajan "en el Señor", y está claramente haciendo referencia a la misma idea de la cual Jesús había hablado antes. Cuando somos partícipes en el compañerismo que caracteriza a las personas de la Trinidad, también tenemos el privilegio de ser partícipes en el trabajo que esas personas realizan. Estamos en el Señor, así que trabajamos en el Señor. Y eso quiere decir que nuestro trabajo —lejos de hacerse insignificante— es de extrema importancia. Somos las personas a través de las cuales el amor entre el Padre y el Hijo es expresado aquí en la tierra hoy en día, y somos también las personas a través de las cuales los propósitos de Dios se cumplen hoy en día. De la misma manera que Jesús amó a su Padre al hacer el trabajo de su Padre, nosotros también amamos al Padre, al Hijo y al Espíritu al cumplir la obra de Dios en el mundo.

Nuevamente, recordemos la pregunta que formulé anteriormente: ¿cómo es que las personas son partícipes en la relación que existe en la Trinidad? Hasta aquí, en este capítulo, hemos visto que ser partícipes en esta relación lleva a una transformación en nuestra perspectiva de tres grandes áreas: un nuevo sentido de importancia que no se basa en lo que hacemos, sino en nuestra conexión con Dios; un nuevo tipo de paz que es más que simplemente la ausencia de conflicto; y una nueva apreciación del trabajo como un medio por el cual demostramos el amor entre las personas de la Trinidad. Ahora debemos ver de manera más específica cómo estos cambios de perspectiva se manifiestan en nuestras amistades, nuestras familias, nuestros lugares de trabajo y nuestras iglesias. Me parece que un cambio de perspectiva no solo nos llevará a trabajar más y con mayor gozo, sino que también nos llevará a trabajar de manera distinta.

Las relaciones humanas en un plano distinto. Si tuviera que elegir una sola palabra para describir la forma en la que las personas normalmente interactúan entre sí, lastimosamente sería la palabra *manipulación*. Las personas parecen estar particularmente empeñadas en utilizar el sistema —y las unas a las otras— para su propio beneficio. Esto es tan común y aceptado que la frase "velar por uno mismo" es casi una insignia de honor en nuestros días. En las grandes empresas, la competencia por promociones es muchas veces tan intensa que sería casi imposible para una persona actuar de manera caritativa hacia la mujer del cubículo adyacente. Cualquier tipo de amabilidad demostrada hacia ella, cualquier intento de ayudarla con su trabajo, podría costarle a uno la oportunidad de avanzar en la carrera profesional, y hasta podría costarle el empleo. La búsqueda de poder personal guía la forma en la que uno se comporta con sus compañeros de trabajo, y una vez que uno avanza lo suficiente como para adquirir poder real sobre los demás, es casi esperado que uno lo utilice para conservar su posición al mantener a posibles usurpadores atrás. No es así en todas las empresas, pero es mucho más común de lo que nos gustaría admitir. Y la presión en el ámbito académico es igualmente intensa. Desde padres nerviosos preguntando a la maestra de segundo grado si su hija está siendo preparada lo suficiente para rendir en los exámenes estandarizados, hasta la implacable carrera por adquirir becas universitarias, desde sentir que una calificación de 8/10 en el historial académico de la universidad podría poner un fin a una carrera médica, hasta la realidad de "publicar o perecer" que persigue al investigador una vez que se convierte en docente universitario, la carrera está llena de presión desde todas las direcciones. Sin embargo, lo que es más desalentador es que este tipo de pensamiento no se queda solamente dentro del ámbito académico o laboral, sino también invade las relaciones familiares y de amistad. Esposas y esposos son, muchas veces, altamente expertos en manipular a sus parejas. Incluso los niños pequeños se convierten en maestros de ese arte al lanzar berrinches en momentos precisos y públicos sabiendo que sus padres les prometerán prácticamente lo que sea con tal de que se queden callados.

Aquí, como en cualquier otro lugar, se podría argumentar que estoy siendo exageradamente severo, y acepto la culpa. Hay empleadores que tratan de cultivar relaciones de colaboración entre sus empleados y hay empleados que trabajan juntos amablemente. Hay muchas personas que quieren jugar siguiendo las reglas y no solo manipularlas. Hay estudiantes que ven las relaciones con sus maestros y otros estudiantes como colaborativas en vez de indebidamente competitivas. Hay hijos que respetan y obedecen a sus padres. Pero, ¿son la mayoría? Pienso que no, sino que la mayoría de las veces, el sistema funciona a través del tipo de manipulación que he descrito en párrafos anteriores.

A estas alturas, es probable que usted esté listo para señalarme con el dedo y decirme: "Los cristianos creen que son mejores y no lo son". Aquí también acepto la culpa. La situación debería ser muy diferente en las iglesias, pero generalmente no lo es. Muchas iglesias están divididas en grupos que compiten por el poder con una agresividad que podría compararse con cualquier cosa que pudiéramos encontrar en el mundo laboral o académico. En muchas iglesias, las personas están más preocupadas porque la música siempre siga el estilo con el cual están más familiarizadas que porque la música esté dirigida a alabar a Dios. A veces los cultos se convierten en presentaciones para la edificación o el entretenimiento de las personas en lugar de oportunidades para que las personas se unan para alabar a Dios. Las jerarquías denominacionales pueden ser tan políticas como cualquier cosa que ocurra en la zona de Washington. Pero, por supuesto, hay muchas iglesias en las cuales las cosas no se manejan de esta manera. Sin embargo, a menudo las cosas funcionan así tanto en la iglesia como en la sociedad en general.

En una de sus críticas más feroces, el apóstol Santiago escribe: "Con [la lengua] bendecimos al Dios y Padre, y con ella maldecimos a los hombres, que están hechos a la semejanza de Dios. De una misma boca proceden bendición y maldición" (Stg 3:9-10). Tristemente, esta crítica resume la manera en la que muchas personas actúan frecuentemente, tanto dentro como fuera de la iglesia. Sin importar lo devotos que seamos, sin importar qué tanto adoremos a Dios, a veces (o muchas veces, o hasta habitualmente) actuamos de manera engañosa y manipuladora hacia los demás. Sin importar que los maldigamos de manera directa o no, nuestra manera de tratarlos a menudo resulta igual que maldecirlos. Santiago nos recuerda que esas personas fueron hechas a la semejanza de Dios, lo que quiere decir que hay una conexión intrínseca entre la forma en la que hablamos de Dios y la forma en la que hablamos de las personas, la forma en la que tratamos a Dios y la forma en la que deberíamos tratar a los demás. Nuestras acciones hacia los demás deberían nacer de nuestra reverencia a Dios, pero muchas veces este no es el caso. En una de las declaraciones más simples e inquietantes de la Biblia, Santiago pasa inmediatamente a decir: "Hermanos míos, esto no debe ser así" (Stg 3:10). Realmente, no debería ser así. Pero, si las cosas no deberían ser de esta manera, ¿cómo deberían ser entonces? ¿Cómo deberían ser las relaciones en casa, en la iglesia, en el ámbito académico y laboral?

Responder bien a esta pregunta requeriría muchos libros. Pero me gustaría intentar resumir brevemente una dirección en la cual podría encontrarse la respuesta. Habíamos visto que la noción de importancia en nuestra sociedad une la importancia de las personas a su habilidad, ya sea para ganar la carrera profesional por sí mismos o para adherirse a personas importantes. En contraste con esto, vimos que la Biblia insiste en que todas las personas son importantes por virtud de haber sido creadas a la imagen de Dios. Un corolario de esta idea es que todas las funciones que cumplen las personas, por lo menos todas las funciones legítimas, también son significativas. Si no es cierto que el hombre o la mujer que está en la punta de la pirámide es la única persona importante, entonces tampoco es cierto que el trabajo al final de la carrera es el único importante. De hecho, el trabajo al principio de la carrera es igual de significativo, igual de importante. Una vez, un famoso jugador de béisbol recordó a sus devotos seguidores que el trabajo que el recolector de basura realizaba era más necesario para el bienestar de la sociedad que aquel que él mismo realizaba. Los trabajos o los roles no deberían ser categorizados según la cantidad o carencia de importancia, ya que todos son importantes. El hecho de que tengamos roles distintos no significa que algunos seamos importantes y otros no.

El apóstol Pablo deja en claro este punto en dos pasajes (Ro 12:3-8; 1 Cor 12:12-26), en los cuales llama a la iglesia "el cuerpo de Cristo" y compara los distintos roles de las personas dentro de la iglesia con las funciones de las distintas partes del cuerpo humano. En ambos pasajes, Pablo revoca sutilmente la actitud de "no necesito las otras partes del cuerpo" o "soy más importante que otras partes del cuerpo", y en ambos pasajes nos recuerda a los cristianos que todas las partes del cuerpo son importantes, todas se necesitan entre sí. Anima a las personas a ejercer la función para la cual han sido dotadas de dones en lugar de alardear al respecto de que su función es mejor que la de otra persona o tratar de adquirir una función supuestamente mejor que la que ya tienen. Así que lo primero que debemos reconocer para que nuestras relaciones en casa, en la escuela, en la iglesia y en el trabajo se asemejen a lo que Dios espera, es que deben nacer de un entendimiento mutuo de que todos nosotros y todas las funciones que desempeñamos son importantes.

Este punto lleva directamente a algo que ya habíamos hablado: el hecho de que el Hijo se somete al Padre —lo obedece y cumple con su voluntad. En nuestra forma de pensar, esto significaría que el Hijo es inferior al Padre. Pero nuestra manera de pensar está equivocada en este aspecto. El Hijo no solamente es igual al Padre, sino que es idéntico a él en términos de características o atributos. Pero, aun así, se somete al Padre. Hacer esto no lo denigra en lo más mínimo; después de todo, sigue siendo Dios. De esto podemos reconocer no solamente que someterse u obedecer o seguir es importante, sino que seguir es tan importante como liderar. Dios el Padre que imparte y da el amor dentro de la Trinidad no es más importante o más significativo que Dios el Hijo que recibe ese amor y responde por medio de la obediencia a su Padre. En el siguiente recuadro, Agustín indica que, aunque el Padre y el Hijo son absolutamente iguales, todavía hay un sentido por el cual se podría hablar de una prioridad del Padre. En su esencia, ambos son iguales (al igual que el Espíritu Santo). Pero en la relación de cada uno

---

Agustín sobre la obediencia del Hijo al Padre (ca. 410):

Si [...] la razón por la cual se dice que el Hijo fue enviado por el Padre es simplemente que uno es el Padre y el otro es el Hijo, entonces no hay nada que nos impida creer que el Hijo es igual al Padre y consustancial y co-eterno, y aun así que el Hijo fue enviado por el Padre. No porque uno sea mayor y el otro menor, sino porque uno es el Padre y el otro es el Hijo; uno es el progenitor y el otro es el engendrado; el primero es de quien viene el enviado; el otro es el que viene del remitente. [...] Pues él no fue enviado en virtud de alguna disparidad de poder o sustancia o cualquier cosa en él que no fuese igual al Padre, sino en virtud de que el Hijo viene del Padre, no que el Padre viene del Hijo.

Trin., libro 4, párr. 27 (Hill, 172)

con el otro, el Padre tiene cierta prioridad —él envía, y el Hijo es enviado. Él dirige, y el Hijo obedece.

Debemos reconocer que la analogía entre la conexión Padre/Hijo y nuestra interacción con otras personas no es del todo completa. Somos seres separados unos de los otros, así como también personas distintas. No tenemos una unión completa de voluntad, una completa ausencia de competitividad, como sí es el caso entre las personas de la Trinidad. Dar y recibir, liderar y seguir no son tan fáciles entre nosotros como lo son entre el Padre, el Hijo y el Espíritu. Sin embargo, nuestras relaciones humanas deberían reflejar la relación entre las personas de la Trinidad. Como resultado, podemos y debemos reconocer que, entre nosotros, recibir, seguir y obedecer son tan importantes como dar, liderar y amar. (El hecho de que Jesús haya lavado los pies de sus discípulos también recalca este punto). La familia, la iglesia y el mundo necesitan líderes, pero también seguidores.

Cuando reconocemos que todas las funciones legítimas son importantes y que Dios el Hijo estuvo y está dispuesto a someterse a su Padre en amor obediente, este modo de pensar debería cambiar de manera radical nuestras actitudes hacia las relaciones en el hogar, en la escuela, en la iglesia y en el mundo. Seguir u obedecer es un llamado, un don, una función importante que Dios nos ha dado el privilegio de llevar a cabo. Liderar por el amor iniciativo es, de manera similar, un privilegio, pero no es más importante. Seguir es caminar siguiendo los pasos de Dios el Hijo, es vivir su relación con el Padre. Liderar es caminar siguiendo los pasos de Dios el Padre, es vivir su relación con el Hijo (y el Espíritu). Así que no es sorprendente que las cartas del Nuevo Testamento presenten debates extensos sobre los tipos de relación líder-seguidor que deberían caracterizar las relaciones entre esposos y esposas, padres e hijos, maestros y sirvientes (algo similar a los empleadores y empleados de hoy) y ancianos/pastores de iglesias y sus rebaños/congregaciones (ver Ef 5:21-6:9; Col 3:18-4:1; 1 P 2:13-3:7; 5:1-7 para ver algunos de estos debates). Esto no legitima la opresión de los seguidores por parte de los líderes y, de hecho, estos pasajes tienen algunas palabras fuertes dirigidas hacia los líderes que se aprovechan de sus roles de liderazgo para descalificar a otros. Tanto para los líderes como para los seguidores, el amor es la motivación que guía.

Con todo esto en mente, debemos reconocer que seguir no es algo que hacemos de mala gana y temporalmente mientras esperamos que sea nuestro turno para llevar la delantera —recuerde que el Hijo siempre se somete voluntariamente al Padre; no está simplemente esperando el momento en el que ya no tenga que obedecer. Y liderar tampoco es algo que hacemos con maldad o para nuestro propio beneficio —recuerde que la iniciativa del Padre es amar al Hijo y al Espíritu, compartiendo por completo sus propósitos con ellos, dándoles total participación en sus acciones. Al contrario, liderar y seguir son tareas apropiadas e iguales, siendo ambas necesarias para la salud de la familia, la iglesia, la escuela, la empresa, la sociedad, el mundo. Estas funciones son una cuestión de llamado; son un privilegio, una manera de reflejar algo de la interacción intratrinitaria propia de Dios en nuestras vidas diarias. Cuando las personas se dan cuenta de esto, la forma en la que realizan sus tareas diarias debería transformarse de manera significativa. Así es como debería ser. Así debería ser la vida en la Trinidad.

CONCLUSIONES

En este capítulo, he intentado dar un esquema general de cómo debió haber sido la vida al inicio de la historia humana y luego elaboré un poco más ese esquema en contraste con cómo luce la vida hoy en día y cómo debería ser según lo que el cristianismo declara. Aunque este esquema ha sido breve, espero que haya ofrecido lo suficiente para poder ver un poco cómo el amor entre las personas de la Trinidad debería manifestarse en actitudes y relaciones transformadas entre los seres humanos.

Aquí podrían hacerse dos preguntas. Primero, ¿cómo puede alguien vivir así? La respuesta a la pregunta está directamente relacionada con el Espíritu Santo, a quien tuve la oportunidad de mencionar varias veces en este capítulo. La clave para la vida como Dios la había diseñado originalmente era el poder del Espíritu Santo en Adán y Eva. Los seres humanos no eran capaces, y no se suponía que debieran ser capaces, de reflejar la relación Padre-Hijo por su cuenta. En cambio, Dios les dio el poder del Espíritu para unirlos a la Trinidad, para llevarlos a ser partícipes en la relación Padre-Hijo y permitirles reflejar esa relación en sus vidas diarias. Desde el comienzo, el Espíritu era la fuente de la vida humana, y el Espíritu hizo que la humanidad fuera capaz de reflejar la vida de Dios que las personas fueron llamadas a reflejar. Si Cirilo y otros teólogos de la iglesia primitiva están en lo correcto, lo que le dio vida a Adán fue el soplo del Espíritu Santo sobre él, pero aun si esta interpretación no es correcta, el poder del Espíritu Santo era clave para la vida inicial de la humanidad en la Trinidad.

La segunda pregunta obvia es por qué ya no vivimos así. Puesto de una manera simple, la razón es que perdimos el poder (y tal vez también la morada) del Espíritu y hemos perdido así nuestra participación en la vida de la Trinidad. No podemos reflejar una relación si no somos parte de ella, y la teología cristiana afirma que, como resultado de la Caída, la humanidad perdió la bendición original que Dios había dado a Adán y Eva. En cuanto esto sucedió, las relaciones entre las personas se volvieron manipuladoras en lugar de colaboradoras, egoístas en lugar de generosas. Como resultado, muchos de nosotros no tenemos esa perspectiva, esas actitudes o esas relaciones que Dios quería que tuviésemos. Hoy en día, incluso quienes llevan el nombre de Cristo no viven de manera consistente con el diseño de Dios. Tal vez los cristianos bajemos la mirada por la vergüenza resultante de esa inconsistencia, como yo lo hago muchas veces. A menudo los no cristianos señalan las vidas decididamente no transformadas que muchos cristianos vivimos como evidencia de que toda la historia de la teología cristiana no es cierta. Pero eso sería un error, ya que el cristianismo no es la única religión o filosofía que debe explicar por qué sus adherentes no viven a la altura de sus nobles ideales. Cualquier cosmovisión debe responder a esta pregunta. Y a través de su entendimiento de la Caída, el cristianismo tiene una respuesta convincente: la humanidad se alejó de Dios, abandonó la relación para la cual fue creada, se rebeló contra Dios. De alguna forma, la Caída es la parte más difícil del mensaje del cristianismo, no porque sea difícil de entender, sino porque sus implicaciones son difíciles de aceptar. En el capítulo cinco veremos, con la ayuda de los Padres de la iglesia, este tema difícil, pero crucial.

5

Nuestra pérdida de la relación del Hijo con el Padre

Concluí el capítulo cuatro afirmando que la razón por la cual nuestras relaciones y actitudes humanas no se asemejan mucho a lo que el cristianismo describe que deberían ser es que la humanidad perdió su participación en la relación del Hijo con el Padre. ¿Cómo sucedió esto? El cristianismo afirma sin reservas que esta pérdida es el resultado del pecado. Por supuesto que sería difícil para uno imaginarse una palabra más rechazada en nuestra sociedad que *pecado*. Expresa en términos concretos que algunas de las cosas que hacemos están mal y que somos responsables por el mal que hacemos. Es culpa nuestra y de nadie más. Hablar del pecado es admitir que, cuando las cosas salen mal, no siempre somos las víctimas. No tenemos reservas en señalar a otros, buscando culpar a los demás. No es de extrañarse que no queramos admitir el pecado o siquiera hablar de él.

EL PECADO:
UNA REALIDAD INCÓMODA, PERO INELUDIBLE

Sin embargo, si vamos a ser honestos, debemos admitir que ninguna otra palabra ofrece una explicación adecuada para lo que vemos a nuestro alrededor o dentro de nosotros mismos. ¿Por qué tratamos de manipular el sistema para nuestro propio beneficio en lugar de que sea para beneficio de todos? ¿Por qué las personas son muchas veces tan crueles entre sí? ¿Por qué las personas están dispuestas a derramar sangre tan apresuradamente por ideas o incluso por odios duraderos sin ideas claras detrás de ellos? Algunos han intentado argumentar que la influencia corruptiva de la sociedad se encuentra detrás de estas atrocidades, y ciertamente tienen algo de razón. La epopeya de Víctor Hugo en el siglo diecinueve, *Les Misérables*, cuenta la vida de Jean Valjean, un hombre que roba un pan para alimentar a su familia y se pasa el resto de su vida huyendo del persistente policía inspector Javert, quien está determinado a castigarlo. En esta historia, la sociedad es la que termina luciendo más pecadora que Valjean, quien es víctima de un sistema que lo llevó a la pobreza y luego al crimen. Ciertamente hay mucha verdad en el relato de Hugo. Hay una dimensión social y corporativa del pecado que corrompe a las personas y las lleva a hacer cosas malas. Pero debemos admitir que esta no es la historia completa. No pecamos simplemente porque la sociedad nos impulsa o incluso simplemente porque (como es el caso de Valjean) una necesidad desesperada nos lleva a hacerlo. Más allá de estas influencias, también encontramos el pecado oscuramente atractivo; hay algo en hacer el mal que nos resulta emocionante e intrigante. Cuando era adolescente, uno de los pasajes bíblicos que más me condenó por mi propia pecaminosidad era Proverbios 9:17-18, que dice: "Las aguas hurtadas son dulces, y el pan comido en oculto es sabroso. Y no saben que allí están los muertos; que sus convidados están en lo profundo del Seol".

En la iglesia primitiva, unos de los Padres que más indagó las profundidades del pecado fue Agustín, y probablemente su más profunda descripción del pecado viene de un relato de su propia vida. Cuando tenía dieciséis años, Agustín y un grupo de jóvenes robaron peras verdes del árbol de un vecino. Como el siguiente recuadro muestra, no había un motivo lógico para robar esas peras, no les daba a los muchachos ninguna ventaja hacerlo. Pero cuando recuerda este evento de su pasado, Agustín nos muestra una atracción profunda y oscura a hacer el mal por el simple hecho de hacer el mal. La mayoría de nosotros reconocerá que nos sentimos atraídos hacia el pecado por su propia naturaleza de la misma manera que lo sintió Agustín. Es difícil culpar

---

Agustín sobre el atractivo del pecado (ca. 398):

De lo que robé [peras], yo ya tenía, de hecho, bastantes y mucho mejores, y no tenía el deseo de disfrutar aquellas cosas que codiciaba robar, sino solamente disfrutar el robo y el pecado en sí. Había un árbol de peras cerca de nuestro viñedo, lleno de fruta que no era atractiva ni a la vista ni al paladar. […] Nos llevamos una enorme cantidad de peras, no para comerlas nosotros mismos, sino simplemente para lanzarlas a los cerdos. Tal vez comimos algunas de ellas, pero nuestro placer real yacía en hacer algo que era prohibido. […] Y ahora, oh Señor mi Dios, ahora que me pregunto qué placer hallé en ese robo, encuentro que no había belleza que me atrajera…. no me trajo felicidad, pues, ¿qué coseché de aquellas acciones que me sonrojan, especialmente el hecho de robar? No amé nada de ellas excepto el robo, aunque no puedo hablar de eso como "algo" que podría amar, y solo me sentí más miserable como resultado de él.

Conf., libro 2, caps. 4, 6, 8 (Pine-Coffin, 47, 49, 51)

solamente a la influencia de la sociedad cuando uno ve la atracción negativa del pecado.

Además, decir que las personas son en esencia buenas hasta que la sociedad las corrompe no le hace justicia al hecho de que el mal se manifiesta en las personas desde una edad muy temprana. Nos gusta pensar que los niños son inocentes y hasta angelicales, pero cualquiera que piense que los niños son angelicales no ha pasado mucho tiempo con ellos. Un amigo mío una vez describió el pecado como lo que sucede cuando dejas a dos niños en el mismo cuarto con un solo juguete. Mi experiencia me ha mostrado que no importa que haya cien juguetes en el mismo cuarto; en cuanto uno de los niños agarra uno de los juguetes, ¡el resultado será prácticamente el mismo! ¿Cómo aprenden los niños pequeños a ser tan malos? No necesitan aprenderlo; tienen una tendencia innata que los inclina a ser malos, al igual que nosotros. De hecho, en el recuadro anterior, Agustín insiste que hasta los recién nacidos pecarían si pudieran hacerlo. La razón por la cual no parecen

---

Agustín sobre la pecaminosidad de los infantes (ca. 398):

¿Quién puede recordarme los pecados que cometí de bebé? Ya que, ante tus ojos, ningún hombre es libre de pecado, ni siquiera el niño que ha vivido solo un día en la tierra. [...] No puede ser correcto para un niño, incluso de esa edad, llorar por todo, incluyendo las cosas que le podrían hacer daño; llegar hacia una rabieta contra sus mayores y quienes no están obligados a obedecerlo; y hacer su mejor esfuerzo para golpear y lastimar a otros que saben más que él, incluyendo sus propios padres, cuando no ceden ante él y se niegan a satisfacer caprichos que podrían serle dañinos. Esto muestra que, si los bebés son inocentes, no es por falta de voluntad de lastimar, sino por la falta de fuerza.

Conf., libro 1, cap. 7 (Pine-Coffin, 27-28)

---

hacer cosas malas no es porque sean inherentemente buenos, sino que no son físicamente capaces de causar mucho daño aún. Esta tendencia inherente a hacer el mal es lo que la Biblia llama pecado.

Nos guste o no, el pecado nos rodea todo el tiempo y empieza a manifestarse muy temprano en la vida de una persona como para poder atribuirlo por completo a la influencia de una sociedad corrupta. En cambio, algo está fundamentalmente mal en nosotros, y ese algo es una gran parte de la explicación del por qué no nos comportamos de la manera que Dios quisiera. Para ponerlo de manera brusca —tal como la Biblia lo hace—, todos somos pecadores y lo hemos sido durante toda nuestra vida.

LA CAÍDA: UN EVENTO REAL

Sin embargo, aunque hayamos sido así toda nuestra vida, la raza humana no siempre fue así. Cuando Dios creó a la humanidad, las personas eran partícipes en el amor entre el Padre y el Hijo, y también estaban compartiendo ese compañerismo entre ellos mismos. Algo salió trágicamente mal con la raza humana en algún momento de su temprana historia, y los efectos de esa tragedia —la Caída— se sienten en la pecaminosidad de cada persona que haya vivido desde entonces. Por supuesto, muchos académicos creen que la historia de Adán, Eva y la serpiente es mitológica. Argumentan que nunca hubo un momento en el que la humanidad fuera muy distinta de lo que es ahora, sino que esta historia es una manera literaria de indicar que somos pecadores. Puede que esa explicación sea verosímil, excepto por una cosa. Si decimos que Dios es bueno, como lo dice la Biblia, y si decimos que Dios tenía el plan original de que fuéramos partícipes en un compañerismo con él, y si luego decimos que la humanidad siempre ha sido pecadora y alejada de Dios, entonces estaríamos diciendo efectivamente que Dios no nos creó de la manera que tenía pensada originalmente. Decir esto sería ir en contra de todo lo que la Biblia dice sobre la capacidad de Dios para lograr los buenos propósitos que quiere alcanzar.[32] Además, si la humanidad siempre ha sido pecadora, entonces no seríamos realmente responsables por lo que hacemos —todo sería, en última instancia, la culpa de Dios. Volveríamos a ser víctimas nuevamente, en este caso, de un Dios que arruinó el trabajo de crearnos de la manera que tenía originalmente pensada. Pero si hay una cosa que la Biblia deja en claro, es que todos somos responsables de nuestro propio pecado.[33]

Si vamos a decir ahora que todos somos pecadores (y tanto la Biblia como nuestra propia experiencia nos llevan a decirlo), y si

---

[32] Entre los muchos pasajes en las Escrituras que indican la capacidad de Dios para lograr sus propósitos, ver especialmente Job 42:2; Sal 115:3; 135:6; Prov 19:21; Is 14:26–27; 55:10-11; Heb 6:13-20.

[33] El libro de Levítico es particularmente notorio por su enumeración de los pecados contra el Señor y la insistencia en que las personas que cometen estos pecados cargarán con su culpa. Por ejemplo, ver Lev 4–5. También ver Ez 18:19-29; Stg 2:10-11. Las personas son responsables por todo el pecado, ya sea grande o pequeño, sea intencional o no, sea activo o pasivo.

vamos a decir que la situación en la que nos encontramos no es la que Dios diseñó originalmente (recuerde la estremecedora declaración de Santiago 3:10: "Hermanos míos, esto no debe ser así"), entonces debemos reconocer que la raza humana no siempre ha sido así. Antes del relato de la Caída en Génesis 3 viene el relato de la creación de Génesis 1 y Génesis 2, y ese relato está lleno de las palabras de aprobación de Dios: "Era bueno". De hecho, Génesis 1 termina con la declaración: "Y vio Dios todo lo que había hecho, y he aquí que era bueno en gran manera" (Gn 1:31). Aunque Génesis 1-3 fue escrito según estándares de reportaje histórico muy diferentes a los nuestros y, por lo tanto, es posible que contenga elementos que llamaríamos míticos, no les hacemos justicia a estos capítulos cruciales si decimos que no describen eventos reales y si declaramos que la situación en la cual se encuentra la humanidad ahora es cómo las cosas han sido siempre. En cambio, Dios tuvo la intención de crear un mundo bueno donde las personas fueran partícipes en la relación entre el Padre y el Hijo, gobernaran sobre la creación, compartieran la relación Padre-Hijo los unos con los otros. Y la clara satisfacción que sentía Dios con lo que había creado al final de Génesis 1 indica que, de hecho, alcanzó su propósito. El pecado que encontramos tanto dentro de nosotros como a nuestro alrededor hoy en día no siempre estuvo allí. De alguna manera, la raza humana cayó en el desastre en el cual se encuentra

---

Atanasio sobre la condición humana previa a la Caída (ca. 315):

Pues Dios no solo nos creó de la nada, sino que también nos permitió por la gracia de la Palabra vivir una vida divina. Pero los hombres, alejándose de las cosas eternas y por medio del consejo del diablo virando hacia cosas corruptibles, fueron ellos mismos la causa de la corrupción en la muerte. Son, como dije antes, corruptibles por naturaleza, pero por la gracia de la participación de la Palabra podrían haber escapado de las consecuencias de su naturaleza si se hubieran mantenido virtuosos. Pues por parte de la Palabra que estaba en ellos, incluso la corrupción natural no los habría tocado [...]. Ya que esto [su viraje hacia cosas corruptibles] sucedió, los hombres murieron y, desde entonces, la corrupción tuvo un fuerte agarre sobre ellos, y era más poderosa que la fuerza de la naturaleza sobre toda la raza, incluso más ya que habían recibido con ellos la amenaza de Dios en cuanto a la transgresión de la ley.

Encar., párr. 5 (Thomson, 145)

ahora y cayó por culpa propia, no por culpa de Dios o siquiera por la intención de Dios. Por eso decimos que debió haber un evento en algún momento de la historia inicial de la humanidad que corrompió a la raza humana de tal manera que, desde ese terrible momento, todas las personas han sido pecadoras. Debió haber una Caída histórica hacia el pecado. En el recuadro anterior, Atanasio deja en claro que hubo un momento real en el que la humanidad no era caída, que esa humanidad pre-Caída era partícipe en Dios (lo que llamo ser partícipes en la relación del Padre con el Hijo) y que esa humanidad, bajo su propia voluntad, se alejó de esta condición por medio de un evento real, una transgresión.[34]

Tal vez todo esto le resulte difícil de asimilar. A mí también. Pero si aceptamos el hecho de que somos pecadores ahora, y si aceptamos la insistencia de las Escrituras en que Dios no quiso que fuéramos así, entonces debemos decir que en algún otro momento de la historia la raza humana cayó. Y guiados por esta lógica desagradable, pero bastante irreprochable, nos vemos forzados a tomar en serio el relato bíblico de un evento real que transformó a las personas desde la forma en la que Dios las diseñó originalmente hacia ser las criaturas pecadoras y rebeldes que hemos sido desde entonces. Así que, en este punto, le debemos nuestra atención a la Biblia, sin importar lo difícil que pueda ser aceptar lo que está diciendo al respecto. Veamos Génesis 3, el relato de la Caída de la raza humana en el pecado.

SERPIENTES, CORTINAS DE HUMO Y LA CAÍDA

Ya conoce la historia. Luego de que Dios creara a Adán y Eva y los colocara en el jardín, una serpiente aparece y trata de convencer a Eva

---

[34] La iglesia primitiva comprendió casi de manera unánime que Gn 1-3 implica una Caída histórica desde una condición previa de bendición. Había pocas excepciones, más notablemente Orígenes en el tercer siglo y Teodoro a finales del cuarto siglo y comienzos del quinto. Orígenes sostuvo firmemente la idea de una Caída de una más alta condición, pero creía que esta Caída fue pre-temporal, que sucedió antes del universo físico. Teodoro argumentaba que la idea de la Caída era un reflejo del hecho de que la humanidad siempre había sido mortal y pecadora y, de esta manera, Teodoro era parecido a los intérpretes modernos que argumentan que Gn 3 no implica una Caída histórica. De manera destacada, la iglesia condenó el pensamiento de Orígenes y Teodoro en el quinto concilio ecuménico de 553. Para la cosmovisión de Orígenes, ver *Prim. Prin.*, libro 1, cap. 8, párr. 1 y libro 3, cap. 1, párr. 21 (Butterworth, 66-68, 204). Es difícil acceder al trabajo de Teodoro, pero puede encontrar útil mi tratamiento de su línea de pensamiento. Ver Donald Fairbairn, *Grace and Christology in the Early Church*, Oxford Early Christian Studies (Oxford: Oxford University Press, 2003), p. 29-34.

de comer un fruto del único árbol del cual Dios le había dicho a Adán que no debían comer. Al principio, Eva pone algo de resistencia, pero luego termina cediendo, comiendo el fruto y ofreciéndoselo a Adán, quien también come de él (sin manifestar ninguna resistencia, por lo menos ninguna que se mencione en el texto). Luego, ambos tratan de ocultarse de Dios, discuten entre ellos, tratan de culpar a alguien más por su desobediencia y terminan siendo expulsados del jardín. Todo este relato se encuentra en Génesis 3. Es probable que también sepa que la serpiente, de alguna manera, representa a Satanás, un antiguo ángel que se rebeló y convirtió en el archienemigo de Dios, aunque puede que le sorprenda saber que uno tiene ir hasta el otro extremo de la Biblia para encontrar que la serpiente es específicamente identificada como Satanás (ver Ap 12:9). Además, es posible que haya escuchado que la desobediencia de la humanidad fue culpa de la serpiente. Ella engañó a Eva, Eva desobedeció y luego Adán no tuvo más opción que hacer lo mismo. Pero, en cuanto a este último punto, lo que escuchamos muchas veces es incorrecto. Veamos con atención qué fue lo que pasó.

Dios creó a Adán y Eva a su misma imagen, lo cual les dio una posición única y privilegiada en el mundo creado. Los seres humanos eran el logro coronado de la creación de Dios, los seres que más se parecían a él, los que él había diseñado para que gobernaran el universo. Adán y Eva también compartían la presencia de Dios y el propio compañerismo de Dios entre ellos. Tenían una mejor posición que cualquier otro ser creado, aunque todavía había cabida para que acogieran y fortalecieran sus relaciones tanto con Dios como el uno con el otro. La única manera en la que su parte podría haber sido mejor habría sido que fueran iguales a Dios, lo cual era y es imposible. Y la forma en la que podían retener esta grandeza otorgada por Dios era obedeciendo el único mandamiento que Dios les había dado. Dios es una entidad conocida para ellos; en realidad, lo conocen tan bien como se conocen a sí mismos. Tienen todos los motivos posibles para creerle. Él también dijo en Génesis 2:17 que, si Adán comía el fruto de aquel árbol, moriría. Ahora, puede que Adán no haya sabido qué era la muerte, pero debió darse cuenta de que era algo malo. Y Dios le dijo que, para evitarla, debía obedecer este mandamiento.

Compare esta historia de interacción con Dios con lo que Adán y Eva saben sobre la serpiente. Ella aparece en escena repentinamente, sin explicar de dónde salió. En cuanto aparece, empieza a tergiversar lo que Dios dijo. Le pregunta a Eva en Génesis 3:1 si Dios realmente dijo que no podían comer de ningún árbol en el jardín. Eva le responde en el versículo 2 que podían comer de cualquier árbol, excepto de uno, del cual no pueden comer, al cual no pueden ni tocar, ya que al hacerlo morirían. (Note que en Génesis 2:17, Dios no dijo que no podían tocar el árbol; Eva agregó esto). Luego, la serpiente dice: "¡No es cierto, no van a morir! Dios sabe muy bien que, cuando coman de ese árbol, se les abrirán los ojos y llegarán a ser como Dios, conocedores del bien y del mal" (Gn 3:4-5). Tomemos en cuenta tres aspectos al respecto de esta declaración. En primer lugar, un animal parlante (en quien no tienen motivo para confiar, ni para tomar en serio) está contradiciendo de manera directa todo lo que el Dios en quien tienen todas las razones para confiar les había dicho. Dios les dijo que morirían si comían esa fruta; la serpiente les dice que no. Aquí debemos reconocer que la culpa por la desobediencia venidera no recae solo en la serpiente. Ciertamente está tratando de engañarlos, pero su historia no tiene nada que sea digno de aprobación, mientras que la declaración de Dios sobre lo que sucederá sí la tiene. Adán y Eva pueden y deberían saber obedecer a Dios en lugar de a la serpiente.

El segundo aspecto importante sobre las palabras de la serpiente es que le presenta a Eva algo imposible como si fuera posible. No es posible que un ser creado se convierta en no creado. La no creación no es una cualidad que se adquiere; si no es algo que siempre se ha poseído, nunca podrá adquirir. Nunca ha sido ni será posible para un ser creado convertirse en Dios. (Recuerde aquí que cuando los Padres de la iglesia hablan de *theōsis* o deificación, no se refieren a que las personas puedan convertirse en dioses en esencia). Dios ya les había dado un mejor trato que a cualquier otro ser creado. No existía la oferta de una posibilidad de ascender. Pero cuando la serpiente le presenta a Eva esa imposibilidad, aparentemente ella es capaz de imaginarla como posibilidad. Casi se la puede escuchar diciéndose a sí misma: "Claro, tengo una situación maravillosa, pero, ¿podría ser mejor de alguna manera? Bueno, si fuera tan grandiosa como Dios, eso sería mejor". Olvidemos el hecho de que ser más grandiosa que Dios no es una posibilidad; ella puede imaginar que lo es. Y, al imaginarlo, se vuelve descontenta con su situación actual, aunque sea el mejor trato que una criatura pueda tener. El verdadero problema aquí no es comer una manzana o algún otro tipo de fruto. Es rebelarse contra Dios porque Adán y Eva se volvieron envidiosos de que Dios fuera más grande que ellos, y junto con su envidia apareció el descontento con su estatus de criatura y una desconfianza latente en lo que Dios había dicho.

El tercer aspecto importante sobre las palabras de la serpiente es que dice que, si Adán y Eva comen del fruto prohibido, conocerán el bien y el mal tal y como Dios los conoce. Aunque existe debate detrás de este pasaje, es importante saber que, en hebreo, la palabra "conocer" (*yāda'*) es mucho más fuerte que en español. Aquí pareciera que la serpiente se refiere a "conocer" en el sentido de "decidir". No está hablando simplemente de saber lo que es bueno o malo; está hablando de tener la autoridad para definir lo que es bueno o malo. Esta es la manera específica en la que declara que serán como Dios —ellos tomarán las decisiones sobre lo que se puede hacer o no en su pequeño reino. Pero esta no es una prerrogativa que los seres humanos tienen. Dios es quien determina lo que es bueno y lo que es malo; la tarea de las personas es vivir según lo que Dios ha determinado. Nuevamente, la serpiente está ofreciendo algo imposible. Está mintiendo, y como ya he enfatizado, no hay una buena razón por la cual Adán y Eva deban creerle.

Al reflexionar sobre este pasaje, Agustín reconoció que, en su raíz, la desobediencia de la humanidad no solo surgió de la tentación ofrecida por la serpiente, sino también del orgullo que los volvió insatisfechos con su condición de creados y, por ende, los llevó a desconfiar de Dios. En el siguiente recuadro, vea que Agustín considera la bendición original de Adán y Eva como una participación en Dios. Ellos ya eran

---

Agustín sobre la Caída (ca. 420):

Podemos ver entonces que el Diablo no habría atrapado al hombre por medio del pecado obvio y abierto de hacer lo que Dios le había prohibido si el hombre no hubiera ya empezado a complacerse a sí mismo. Es por eso que también se deleitó con la declaración: "Serán como dioses". De hecho, habrían podido ser dioses de mejor manera si se hubieran sujetado en obediencia a la base suprema y real de su ser, si no hubieran creado su propia base en orgullo por sí mismos. Pues los dioses creados no son dioses por su verdadera naturaleza propia, sino por la participación en el verdadero Dios. Al aspirar a más, un hombre es disminuido, cuando él elige ser autosuficiente y se aparta de aquel quien es realmente suficiente para él. Entonces este es el mal original: el hombre se refiere a sí mismo como su propia luz, y se vuelve de aquella luz que haría del mismo hombre una luz si su corazón estuviera puesto en ella. Este mal vino primero, en secreto, y el resultado fue otro mal, el cual fue cometido abiertamente.

Ciud. Dios, libro 14, cap. 13 (Bettenson, 573)

---

deificados —ya eran "dioses"— en el sentido de ser partícipes en la relación entre el Padre, el Hijo y el Espíritu Santo. Tratar de ser como Dios por sus propios medios más allá de esa participación era y es imposible. Cuando Adán y Eva trataron de ser dioses por su propia cuenta, se deterioraron en lugar de ser mejorados. Y, en el fondo de esta Caída, se encontró el orgullo que llevó a la desconfianza.

Aparte de ese orgullo y la falta de confianza en Dios que resultó de él, no habría habido motivo para creer las mentiras de la serpiente. Aparte de este orgullo, no habría habido motivo para anhelar algo que poseían ya. Ellos no tenían que ser dioses, ya que ya eran partícipes en la relación del Hijo con el Padre. ¿Qué más podrían haber querido? Nada. Pero el orgullo y el descontento/desconfianza que resultó de él los llevó a hacer caso a la serpiente y desobedecer el único mandamiento que Dios le había dado. Agustín y otros Padres de la iglesia entendieron algo que a nosotros muchas veces nos cuesta entender: culpar a la serpiente por la desobediencia de la humanidad es una cortina de humo, una manera de desviar nuestra atención del problema real, de la verdadera fuente de culpa. No fue culpa de la serpiente que Adán y Eva pecaran; fue de ellos. Y tampoco es la culpa del diablo cuando nosotros pecamos; es nuestra. Apuntar el dedo hacia otro lado es una cortina de humo, y la Biblia no nos permitirá ocultarnos tras dicha cortina de humo.

¿Qué pasó cuando Adán y Eva pecaron? Para decir lo obvio, no se convirtieron en dioses. En cambio, todo aspecto de sus vidas y personalidades se pervirtió, se torció, se distorsionó de la manera en la que Dios los había creado. Antes habían compartido todo con Dios y entre ellos (Gn 2:25 afirma que ellos "estaban desnudos, pero ninguno sentía vergüenza"), pero ahora intentan esconderse el uno del otro, se preparan prendas para cubrirse, y tratan de esconderse de Dios refugiándose bajo unos árboles del jardín (Gn 3:7-8). Antes estaban en completa armonía con Dios y el uno con el otro (recuerde que al final de cada día de la creación en Gn 1, Dios veía que "era bueno", pero luego de la creación de la humanidad, vio que "era muy bueno" [Gn 1:31]), pero ahora ponen excusas ante Dios y tratan de culpar a alguien más por su pecado (Gn 3:11-13). Dios envía maldición sobre ellos, tomando dos aspectos centrales de sus vidas (cuidar el jardín y tener hijos) y convirtiéndolas en cosas dolorosas en lugar de gozosas. Le dice a la mujer: "Multiplicaré tus dolores en el parto, y darás a luz a tus hijos con dolor" (Gn 3:16). Y al hombre le dice: "¡Maldita será la tierra por tu culpa! Con penosos trabajos comerás de ella todos los días de tu vida" (Gn 3:17). En hebreo, la palabra para "dolor" en el versículo 16 y la palabra para "penosos trabajos" en el versículo 17 es la misma (*iṣṣābôn*). Como consecuencia del pecado humano, Dios altera los procesos naturales de la vida y, de alguna manera, hasta altera la tierra misma de tal forma que lo que había sido diseñado para ser gozoso, ahora sería trabajo duro y doloroso.

De manera más trágica, Dios los aliena de sí mismos, un hecho que está adecuadamente demostrado al expulsarlos del jardín que había hecho para ellos, colocando querubines en la entrada para asegurarse de que no volvieran (Gn 3:23-24). Dios les había dicho que, si desobedecían, morirían, y así fue. La Biblia habla de la muerte de dos formas. Primero está la muerte física, la separación del alma y el cuerpo y el deterioro consecuente del cuerpo. La segunda es la muerte espiritual, el alejamiento de Dios. Mientras Adán y Eva fueran obedientes, mientras mantuvieran su participación en la relación del Hijo con su Padre, no morirían ni física ni espiritualmente. Dios habría preservado sus cuerpos y almas intactos. Pero, al momento de su desobediencia, murieron espiritualmente y se separaron de Dios.[35] El cambio instantáneo y obvio en su personalidad entre Génesis 2:25 y Génesis 3:7 lo deja claro, al igual que Dios expulsándolos del jardín al final del capítulo. Y es seguro que Adán y Eva murieron físicamente. Evidentemente, Dios redujo su obra sustentadora por medio de la cual habría preservado sus cuerpos intactos, y les permitió iniciar la lenta marcha hacia la vejez, la muerte y el deterioro. La muerte de Adán es mencionada en Génesis 5:5.

Una vez más, aunque este relato suene mítico, tratarlo como una forma literaria de describir la condición permanente de la humanidad en lugar de verlo como un relato histórico de un cambio en la condición humana crea más problemas de los que resuelve. Es crucial afirmar que la humanidad es pecadora y separada de Dios y que este pecado/alienación no es culpa de Dios. Afirmar ambas partes de esa declaración requiere que uno admita que la condición actual de la raza humana es un distanciamiento radical de cómo Dios la creó y diseñó. La Biblia afirma que este distanciamiento ocurrió cerca del comienzo de la historia humana por medio de la desobediencia de nuestros

---

[35] Esta alienación no es una separación completa de Dios, ya que, si Dios quitara su presencia por completo, eso significaría también retirar su obra sustentadora, y las personas dejarían de existir. A lo largo de este libro, utilizaré las palabras *alienación* y *separación* para referirme a la condición de las personas después de la Caída, ya que estas palabras expresan la dimensión personal de la situación humana decadente. Nosotros, que fuimos diseñados para ser partícipes en la relación de la Trinidad, nos hemos distanciado a través de nuestro pecado de la manera personal y relacional de Dios.

primeros padres. Fue culpa de la humanidad, no de Dios, ni siquiera de la serpiente. Tratar de desviar la culpa hacia otro lado no es más que una cortina de humo, y no es hasta que uno permite que el humo se despeje que puede realmente empezar a pensar en la condición humana en el mundo de hoy.

LA HUMANIDAD POST-CAÍDA: NACIDOS MUERTOS

Más adelante en el libro de Génesis, se hace claro que la distorsión del carácter de Adán y Eva que resultó de la primera desobediencia también corrompió a sus descendientes. En la siguiente generación, Caín mata a su hermano Abel (Gn 4:8), y dentro de pocas generaciones, Dios lamenta que "todos sus pensamientos [los de la humanidad] tendían siempre hacia el mal" (Gn 6:5). Investigando estos capítulos y el pasaje relacionado Romanos 1:21-32, Atanasio comenta en el siguiente recuadro que la humanidad fue en decadencia tan rápidamente que, de generación en generación, las personas estaban empeorando. La raza humana pasó de ser todo aquello que Dios deseaba a ser un pálido reflejo de lo que solía ser. No sabemos cómo el pecado pasa de generación en generación, y existían varias perspectivas al respecto en la iglesia primitiva (ver el próximo recuadro para un excelente comentario de Agustín acerca de una de estas perspectivas), pero todos los que tengan hijos saben perfectamente que así sucede. Una vez que

---

Atanasio sobre el empeoramiento del pecado humano luego de la Caída (ca. 315):

Al principio, ellos [los seres humanos] fueron inventores del mal y trajeron sobre sí mismos la muerte y la corrupción; y al final se volvieron al vicio y superaron toda iniquidad, y no pararon en un mal, sino que inventaron cada vez más cosas nuevas, se volvieron insaciables en el pecado. Pues adulterios y robos se cometieron en todas partes; toda la tierra estaba llena de asesinos y violencia; no había preocupación por la ley, sino que había corrupción y vicio; y toda maldad, tanto aislada como en conjunto, fue cometida por todos. Ciudades entraron en guerra con otras ciudades, y los pueblos se levantaron contra pueblos; el mundo entero fue destrozado por sediciones y batallas; y todos competían en corrupción. Ni siquiera los hechos contra la naturaleza eran ajenos a ellos.

Encar., cap. 5 (Thomson, 147)

---

nuestros primeros padres perdieron la vida perfecta que habían recibido, todos sus descendientes —todos nosotros— nacieron en el estado en el cual ellos se encontraron luego de su caída.

Cuando la mayoría de nosotros pensamos en el pecado, probablemente tengamos en mente ciertas acciones específicas que son particularmente horrorosas. Pero la descripción bíblica del pecado es bastante más amplia que la idea que tenemos nosotros. El concepto general se expresa en una palabra hebrea (ḥāṭā᾽) que es utilizada aproximadamente seiscientas veces en el Antiguo Testamento y una palabra griega

> *Agustín sobre la transmisión del pecado (ca. 420):*
>
> Debido a la magnitud de esa ofensa [la Caída], la condenación cambió la naturaleza humana hacia algo peor; de tal forma que aquello que sucedió primero como un hecho de castigo en el caso de los primeros seres humanos, continuó en su posteridad como algo natural y congénito. Esto es porque la descendencia de hombre a hombre no es como la derivación del hombre de la tierra. La tierra era materia prima para hacer al hombre; pero en el engendrar de un ser humano, el hombre es el progenitor. Por ende, aunque la carne fue hecha de la tierra, la carne no es lo mismo que la tierra, mientras que el progenitor humano es lo mismo que el descendiente humano. Entonces, toda la raza humana estuvo en el primer hombre, y debía pasar de él a través de la mujer hacia su progenie, cuando la pareja casada recibió la sentencia divina de condenación. Y no fue el hombre como se creó inicialmente, sino en lo que el hombre se convirtió luego de su pecado y castigo, que fue engendrado, en cuanto concierne al origen del pecado y la muerte.
>
> *Ciud. Dios,* libro 13, cap. 3 (Bettenson, 512)

(*hamartanō*) utilizada aproximadamente trescientas veces en el Nuevo Testamento. Ambas palabras vienen del ámbito del tiro con arco y significaban lo mismo: "No alcanzar el objetivo". La Biblia deja en claro que uno puede perder su objetivo debido a su ignorancia de lo que debería estar alcanzando (ver Lev 5:15-16), apuntando deliberadamente a otro objetivo (ver Is 1:4) o apuntando hacia el objetivo correcto, pero sin poder alcanzarlo (ver 1 Sam 12:23). Otra palabra bíblica para pecado (ʿābar en hebreo o *parabainō* en griego) expresa la idea de transgredir, cruzar un límite que Dios ha establecido y nos ha prohibido cruzar. El hecho de que Adán y Eva comieran un fruto prohibido fue una transgresión (para otros ejemplos, ver Jeremías 34:18 y Daniel 9:11). Es como si Dios hubiera trazado una línea en la arena y hubiera dicho "No cruzar", pero las personas lo hicieran. Un tercer aspecto del pecado es rebelarse contra la autoridad de Dios (*paša'* en hebreo, *apeitheō* en griego) y, por ende, romper la relación que Dios anhelaba. Amós 1-4 contiene reiteradas referencias a las maneras en las que Israel se rebeló contra Dios. Un cuarto aspecto sobre el pecado en la Biblia es traducido como "iniquidad", y la palabra hebrea para esto (*'āwōn*) expresa la idea de torcer o distorsionar. El pecado no es simplemente una serie de acciones erróneas; es la distorsión o perversión de la personalidad entera de una persona (ver Job 33:9 y Proverbios 12:8 para ejemplos de esto).

Debería quedar claro, a partir de estos pasajes, que, ante los ojos de Dios, el pecado involucra a la esencia entera de la persona. La iglesia cristiana ha hablado durante mucho tiempo del pecado en "pensamiento, palabra y hecho" para enfatizar que implica más que solo nuestras acciones. Además, la iglesia habla de los "pecados de omisión", así como también de los "pecados de comisión", ya que la Biblia dice que es pecado no hacer lo correcto, al igual que lo es hacer lo incorrecto (ver Stg 4:17). Los pecados de algunas personas son más severos y obvios que los de otras, pero ya sea que una persona claramente rechace a Dios y todo lo que es bueno y verdadero, o silenciosamente ignore a Dios y las cosas buenas, o incluso busque a Dios y trate de hacer lo correcto, pero falle, ante los ojos de Dios, esa persona es pecadora. El apóstol Pablo deja esta tan incómoda verdad particularmente clara en dos pasajes de sus cartas. En Romanos, pasa aproximadamente dos capítulos (1:18-3:20) enfatizando que todas las personas, sin excepción, son pecadoras. Su conclusión sobre este tema es la siguiente: "Pues todos han pecado y están privados de la gloria de Dios" (Ro 3:23). Este pasaje deja en claro que pecar es no alcanzar el objetivo. El objetivo al que deberíamos apuntar es la gloriosa presencia de Dios, y todos nosotros, sin excepción, fallamos al objetivo de una manera u otra.

En otro pasaje importante, Pablo les escribe a las personas que ahora son cristianas acerca de sus vidas antes de la conversión:

> En otro tiempo ustedes estaban muertos en sus transgresiones y pecados, en los cuales andaban conforme a los poderes de este mundo. Se conducían según el que gobierna las tinieblas, según el espíritu que ahora ejerce su poder en los que viven en la desobediencia. En ese tiempo también todos nosotros vivíamos como ellos, impulsados por nuestros

deseos pecaminosos, siguiendo nuestra propia voluntad y nuestros propósitos. Como los demás, éramos por naturaleza objeto de la ira de Dios. (Efesios 2:1-3)

En este pasaje, "el que gobierna las tinieblas" es Satanás, a quien se dice que las personas pecadoras siguen. Note las distintas formas en las que el pecado es descrito aquí. Pablo escribe que seguimos los poderes de este mundo, que somos desobedientes, que satisfacemos antojos pecaminosos en lugar de buscar superarlos, que seguimos deseos y pensamientos pecaminosos. Pero las partes más llamativas de este sombrío pasaje son el principio y el final. Pablo dice que estábamos muertos en nuestras transgresiones y pecados y que éramos, por naturaleza, objetos de la ira de Dios. Sin importar lo mucho que Dios nos ame, sin importar lo mucho que él deseaba (y desea) que la raza humana sea partícipe en el compañerismo que tiene dentro de sí mismo, nuestro pecado nos ha alienado de él a tal punto que debemos ser descritos como espiritualmente muertos, aunque estemos física y emocionalmente vivos. Somos objeto de la ira de Dios debido a nuestra naturaleza pecadora. Nacemos espiritualmente muertos. Estas son palabras fuertes, pero por más difícil que nos sea aceptarlas, expresan de manera acertada lo desconcertantes que son los efectos del pecado.

Muchas veces las personas se oponen a las descripciones feroces de la humanidad pecadora, y una de aquellas objeciones es que, aunque todos seamos pecadores, la mayoría de nosotros no somos realmente *tan* malos. Se argumenta que los cristianos no tenemos derecho a decir que todos somos tan malvados como los Hitler, los Stalin y los Hussein del mundo. Esto es cierto, y el cristianismo no declara que todos son igual de pecadores. Si usted está familiarizado con el término teológico "depravación total", entonces es probable que también haya escuchado la idea errónea de que quiere decir que no hay nada de bueno en las personas. Pero esto no es lo que los teólogos quieren decir cuando utilizan este término, ya que una idea de esta naturaleza iría en contra de la verdad bíblica de que incluso las personas pecadoras siguen siendo portadoras de la imagen de Dios. Aún hay algo bueno en todas las personas. En cambio, la palabra *total* se refiere al hecho de que el pecado afecta todos los aspectos de una persona de una manera u otra. El punto no es que todos somos completamente pecadores, o que todos somos igual de pecadores. El punto es que todas las personas son pecadoras en sus acciones, palabras, pensamientos, emociones, voluntades —en todos los aspectos de su ser. Ninguna faceta del ser humano está libre de la devastación causada por la Caída de la humanidad. Pero, aun con esta malinterpretación corregida, las palabras de Pablo no dejan de ser realmente severas. ¿Por qué debería decirse que hemos nacido muertos, aun si somos, hasta cierta medida, pecadores? ¿Acaso no somos mejores que los Hitler y los Stalin?

En cuanto hacemos esta pregunta, debería quedar en claro que estamos aplicando una escala de referencia flexible. Nuestro estándar para lo que se considera rectitud "aceptable" se encuentra en algún punto entre Hitler y la Madre Teresa, e inconscientemente creemos que, mientras no seamos las peores personas del mundo, deberíamos pasar la prueba y ser aceptables para Dios. Pero recuerde que el objetivo, aquel al cual Dios nos ha llamado a apuntar, es la presencia perfecta y gloriosa de Dios. Fuimos creados para reflejar a y ser partícipes en el compañerismo de la Trinidad, para llevar a cabo perfectamente la relación entre el Padre y el Hijo. Como personas pecadoras después de la Caída, ya no hacemos esto. Perdimos el objetivo. Claramente, algunas personas lo pierden de vista más que otras, pero *todos* lo perdemos. A estas alturas, uno podría decir que vivir perfectamente según el estándar glorioso de Dios es una prueba demasiado difícil. Tal vez lo sea. Pero recuerde que Dios originalmente no impuso una prueba para la humanidad. En lugar de darle a la humanidad una prueba que debía aprobar para volverse aceptable para él, les dio a Adán y Eva la participación en el amor que une al Padre, al Hijo y al Espíritu. Lo único que debían hacer era permanecer en ese amor a través de la simple obediencia. Pero una vez que lo perdieron para sí mismos y para toda la raza humana que resultaría de ellos, la tarea de recuperarlo es algo que está completamente más allá de nuestras capacidades como seres humanos pecadores. De hecho, está tan lejos de nuestras posibilidades que Pablo nos describe como "muertos en nuestras transgresiones y pecados". No debilitados, no enfermos, sino muertos. ¿Puede una persona muerta recuperar la relación con Dios que ha sido perdida? ¿Pueden los muertos hacer algo para mejorar sus circunstancias? No. Cuando la Biblia declara que las personas están espiritualmente muertas, sugiere de manera bastante clara que no hay nada que podamos hacer para restaurarnos exitosamente a la condición en la cual Dios primero colocó a la raza humana. Cuando estábamos espiritualmente vivos, podríamos haber mantenido y desarrollado nuestro compañerismo con Dios a través del poder del Espíritu Santo. Pero, ahora que somos nacidos muertos, no podemos recuperar ese compañerismo mucho más de lo que un cadáver puede soplar y darse vida a sí mismo.

Nuevamente, esto no quiere decir que no haya nada bueno en las personas. Tampoco implica que los seres humanos sean incapaces de hacer cosas nobles o admirables. Pero el pecado ha torcido tanto nuestra esencia que, al tratarse de nuestra habilidad para reconstruir nuestra relación con Dios, no podemos hacer mucho más de lo que haríamos si estuviéramos realmente muertos. Y esto nos lleva a la pregunta urgente: ¿qué se puede hacer si hemos nacido muertos y no podemos hacer nada para ayudarnos a nosotros mismos? Dirijamos nuestra atención hacia esa pregunta.

UNA VERDAD QUE NOS MUEVE A LA HUMILDAD, PERO A LA VEZ NOS LIBERA: NO HAY NADA QUE *NOSOTROS* PODAMOS HACER

Una de las palabras más utilizadas por los cristianos es *salvación*. De hecho, la usamos tanto y hablamos de nuestra salvación en términos tan brillantes que muchas veces olvidamos que es una palabra profundamente negativa. Significa "liberación" o "rescate", e implica que las personas están en algún tipo de aprieto del cual no pueden sacarse a sí mismas. A uno de mis profesores veterotestamentarios le encantaba recordar a sus estudiantes que la palabra hebrea para salvación, *yĕšû 'â* (la cual también es el nombre hebreo de la persona que usted y yo llamamos Jesús), es la palabra escrita en la parte frontal de las ambulancias en Israel en la actualidad. De la misma manera que la ambulancia se apresura al lugar de un accidente para rescatar a los agonizantes, el cristianismo se trata fundamentalmente de rescatar a los que ya están muertos. Entonces, el uso de la palabra *salvación* implica que la tarea de restaurarnos para ser partícipes en la relación del Hijo con el Padre no es algo que podamos lograr; es algo que debe ser hecho por alguien más a nuestro favor. Y esto es perfectamente consistente con las palabras de Pablo en Efesios 2, cuando dice que estamos muertos en nuestras transgresiones y pecados. La verdad que nos mueve a la humildad es que, a pesar de que fue la misma raza humana la que se metió en este aprieto, no podemos hacer nada para sacarnos de él. La noticia gloriosa que viene de la mano de esa verdad y que nos mueve a la humildad es que no tenemos que sacarnos a nosotros mismos de ese aprieto, ya que el mismo Dios que nos creó entró al mundo para rescatarnos. Pero, antes de hablar de estas buenas noticias, debemos reflexionar sobre las implicaciones de decir que no hay nada que nosotros podamos hacer para rescatarnos a nosotros mismos.

Es muy difícil no hacer nada. O, dicho de otra manera, es difícil admitir que no hay nada que uno pueda hacer. En cualquier situación, en cualquier emergencia en la que podamos encontrarnos en nuestra vida diaria, queremos que haya algo que podamos hacer para mejorar las cosas. No poder hacer nada nos deja un profundo sentido de inutilidad, y a la mayoría de nosotros nos cuesta aceptar dicha inutilidad. Además, cuando hablamos de algo tan obviamente importante como nuestra capacidad de cumplir con el propósito para el cual fuimos creados, decir que no podemos hacer nada es un enorme golpe a nuestro orgullo. Insistimos en que debe haber algo que podamos hacer para mejorar nuestra situación, para corregir las cosas, para volver a como las cosas deberían ser. Nuestro sentido de autoimportancia se rebela en contra del cristianismo y su caracterización de nuestro nacimiento como muerto. ¿Verdad?

Pero note la expresión "nuestro sentido de autoimportancia" en la última oración. Recuerde que tendemos a atar nuestro sentido de importancia a lo que hacemos, pero el cristianismo no nos permite hacer esto. Al atar nuestra importancia al hecho de que cada uno de nosotros fue creado a imagen de Dios, la fe cristiana implica que la importancia no es algo que se pueda ganar; es algo que nos es dado por Dios. Este hecho es alentador porque significa que nadie puede despojarnos de nuestra importancia, ni que necesitamos ganar la carrera o hacernos amigos de las personas indicadas para adquirirla. Pero, al mismo tiempo, este hecho también nos mueve a la humildad. Nosotros no nos ganamos esa importancia; Dios pura y sencillamente nos la dio. Él no nos declaró importantes solo después de habernos visto hacer algo importante. No reconoció que somos importantes por nuestro propio mérito. En cambio, nos dio importancia y valor. De la misma manera, luego de la Caída, Dios no espera que la humanidad en general, ni que una persona en particular, haga algo tan grandioso que nos permita recuperar la importancia que él ya nos había dado anteriormente. Al contrario, aunque nos hayamos metido a nosotros mismos en un aprieto, él decidió considerarnos tan importantes que haría lo necesario para restaurarnos de vuelta a ese compañerismo que nos dio en la creación. Tanto cuando hablamos de nuestra creación original como cuando hablamos de nuestra necesidad de salvación, el cristianismo insiste en que nuestra importancia es algo que Dios nos ha otorgado. Y así, nuestro sentido de autoimportancia no debería estar atado al hecho de poder hacer algo para salvarnos a nosotros mismos de los efectos de la Caída.

De esta forma, el cristianismo nos lleva a adoptar una perspectiva de nuestra propia pecaminosidad que nos mueve a la humildad y, a la vez, nos libera. Nos mueve a la humildad porque nos hemos metido en un problema del cual, como personas nacidas muertas, no podemos sacarnos. Y muchas personas nunca logran comprender este punto de humildad. Aceptar dicha verdad que nos mueve a la humildad va en contra de nuestra naturaleza , así que no la aceptamos. Podemos, inconscientemente, convertir el cristianismo en un credo que se trata primordialmente de lo que debemos hacer, un conjunto de reglas que podemos seguir. El cristianismo sí involucra muchos principios morales y éticos, pero estos se encuentran más hacia la parte exterior de la fe en lugar de estar en el centro. Una de las razones por las cuales muchos cristianos logran llevar estos principios hacia el centro es porque desesperadamente queremos pensar que el cristianismo se trata de lo que hacemos, de lograr aquello que Dios nos pide. O, cuando no estamos dispuestos a admitir que no hay nada que podamos hacer para mejorar nuestra situación, podemos dirigirnos en otra dirección en lugar de hacia el cristianismo. Otras religiones están mucho más dispuestas a decirnos que podemos, deberíamos y debemos hacer esto o aquello para lograr nuestros propósitos. De hecho, el islam considera que la doctrina cristiana del pecado es una excusa y se enorgullece en decir que Alá no hace demandas poco razonables —se puede hacer lo que él espera que hagamos.[36] Admitir que no podemos hacer nada es, probablemente, lo más difícil que los seres humanos orgullosos puedan hacer.

Pero si este reconocimiento nos resulta difícil, es también el punto de inicio esencial de la fe cristiana, y una vez que podemos admitirlo, es una de las cosas más liberadoras que uno se pueda imaginar porque, por más que nuestro orgullo quiera decirnos que debe haber algo que podamos hacer, nuestra honestidad también nos dice que sea lo que sea que debamos hacer, no lo haremos de manera muy exitosa. Cualquier credo o filosofía que le sirve al orgullo humano designando tareas a través de las cuales podemos recuperar nuestra salvación también predispone a las personas a enfrentar un profundo sentimiento de fracaso cuando no son exitosos haciendo lo que han sido llamados a hacer. Y hablando en términos generales, las personas que son más honestas y más espiritualmente sensibles son quienes terminan siendo aplastadas por ese sentimiento de fracaso. Muchas personas son capaces de vivir bajo la ilusión de que les está yendo lo suficientemente bien, pero aquellos que toman los mandamientos en serio son quienes están llenos de sentimientos de culpa, frustración y desesperación debido a su incapacidad de recuperar el camino de regreso a Dios. Y son ellos quienes ven el terreno de manera acertada. Luego,

---

[36] Ver, por ejemplo, el Corán 6:153.

cuando estas personas finalmente comprenden de verdad que sí, que no pueden hacerlo por sí mismas, pero que no es motivo para sentirse desesperadas, es entonces que empiezan a respirar el aire liberador que viene de permitir a Dios hacer todo porque nosotros no podemos hacer nada. Solo cuando realmente nos apartamos de nosotros mismos y nuestra propia capacidad es que estamos listos para ver lo enorme que es la declaración del cristianismo de que Dios ha hecho por nosotros lo que no pudimos, ni podemos, ni podremos hacer por nosotros mismos. Admitir que no podemos hacer nada es difícil, pero es necesario y, más importante, es liberador.

En este momento debo hablar acerca de una objeción importante al cristianismo que se presenta muchas veces en relación a las ideas de las cuales he estado hablando en este libro. A lo largo de la historia del cristianismo y alrededor del mundo se ha criticado la exclusividad del cristianismo, su declaración de que solo los seguidores de Cristo pueden ser salvos. Esta declaración ha sido una vergüenza para muchos cristianos y muchos la han evitado o hasta negado. Para ponerlo de forma sencilla, ¿por qué no permite Dios que aquellos que siguen otras religiones o filosofías fielmente entren al cielo junto con los cristianos?

Esta pregunta tiene una gran carga emocional. Nuestra sensibilidad, nuestro sentido de bondad e incluso nuestro sentido de decencia nos llevan a querer responderla diciendo: "Sí, lo permitiría y de hecho lo hace". Y además de su ventaja emocional, esta pregunta tendría mucha tracción intelectual si el cielo fuera un lugar genérico en el cual cualquiera que se encuentre por encima de la curva de la bondad promedio sería bienvenido. Pero el cielo no es un lugar genérico. Hemos visto en Juan 17 que el cielo, la vida eterna, es conocer al único y verdadero Dios y Jesucristo a quien envió. La salvación es la participación de una persona en el compañerismo que une al Padre, al Hijo y al Espíritu. Decir que uno podría ser partícipe de este compañerismo siguiendo otra religión o simplemente siendo moral por cuenta propia sería decir que uno puede unirse a Cristo sin tener una conexión discernible con Cristo. Si la salvación es Cristo, ¡entonces decir que uno puede ser salvo alejado de Cristo sería lo mismo que decir que uno puede tener a Cristo sin tener a Cristo! Si entendemos de manera bíblica lo que es la salvación, entonces se hace dolorosamente obvio que uno no puede posiblemente tener este tipo de salvación sin estar unido a Cristo. Y el cristianismo declara que este tipo de salvación es la única que existe.

Además, preguntar por qué las personas no pueden ser salvas al seguir fielmente otras religiones es olvidar que las personas tampoco pueden ser salvas por sus propios esfuerzos al seguir el cristianismo.

Somos nacidos muertos, sin esperanza de poder salvarnos a nosotros mismos por nuestros propios medios. Nuestros esfuerzos para seguir los principios de la fe cristiana no pueden y no logran salvarnos. Decir que la raza humana está en un aprieto del cual no puede salir es decir que no hay una solución humana, ningún conjunto de reglas o principios humanos que puedan salvarnos, sin importar qué tan buenos sean estos principios o qué tan bien los sigamos. Así que, sin importar cuál sea el código ético —sea del islam o el confusionismo, el hinduismo o incluso el cristianismo—, nuestros esfuerzos para seguirlo no nos llevarán allí.

Para unir estos puntos, existen dos razones por las cuales seguir otra religión no nos traerá salvación. En primer lugar, sin importar qué tan bueno sea el código moral de una religión, no seremos exitosos en seguirlo por completo. En segundo lugar, otras religiones ni siquiera apuntan a lo que la Biblia dice que es el objetivo correcto —ser partícipes en el glorioso compañerismo entre el Padre y el Hijo. Apuntan hacia algún otro objetivo, algún otro tipo de salvación. Por estas dos razones, todas las personas, incluso las personas religiosas, pierden el objetivo de la gloriosa presencia de Dios cuando intentan alcanzar ese objetivo por su propia cuenta. Las palabras de Pablo que vimos anteriormente en este capítulo ahora vuelven a acecharnos: "Todos han pecado y están privados de la gloria de Dios".

CONCLUSIONES

En este capítulo hemos visto la Caída como un evento histórico real que alteró prácticamente la condición y la inclinación de la humanidad. Antes de la Caída, Adán y Eva eran partícipes en la relación Padre-Hijo, gobernaban sobre la creación y compartían el amor entre ellos. Como resultado de su orgullo, se sintieron descontentos con su condición de criaturas y buscaron no solo participar en Dios a través del Espíritu, sino también hacerse como Dios por su cuenta, fuera de la obra de Dios. Este orgullo los llevó a desconfiar de Dios y a actuar en abierta desobediencia, y el pecado de la humanidad torció y dañó la esencia humana. Todos los descendientes de Adán y Eva han nacido espiritualmente muertos, alejados de la relación Padre-Hijo y relacionándose entre sí como adversarios. Además, no hay nada que podamos hacer que nos pueda llevar de regreso a ese compañerismo con Dios.

Esta es, ciertamente, una fuerte medicina, muy difícil de tragar. Pero la desesperación que este capítulo parece buscar generar no es el fin de la historia. En el mismo libro en el cual Pablo escribe las amargas palabras "Todos han pecado y están privados de la gloria de Dios", también escribe: "Por lo tanto, ya no hay ninguna condenación para los que están unidos a Cristo Jesús, pues por medio de él la ley del Espíritu de vida me ha liberado de la ley del pecado y de la muerte. En efecto, la ley no pudo liberarnos porque la naturaleza pecaminosa anuló su poder; por eso Dios envió a su propio Hijo en condición semejante a nuestra condición de pecadores, para que se ofreciera en sacrificio por el pecado" (Romanos 8:1-3). Este es el resto de la historia, la esperanza que surge solo cuando somos lo suficientemente honestos para admitir que, estando solos, somos inútiles e incluso estamos muertos. Esta es la historia sobre la cual hablaré en profundidad en el capítulo siete. Pero, hasta entonces, es necesario examinar la manera en la que Dios obró en la humanidad entre la Caída y el envío de su Hijo al mundo. Los libros del Antiguo Testamento describen cómo Dios preparó al pueblo de Israel y al mundo para la llegada de Cristo. Este será el tema del capítulo seis.

LA PROMESA

Cómo Dios preparó el mundo para su Hijo

Entre las ironías de la teología cristiana yace el hecho de que una de las preguntas teológicas más cruciales —cómo uno debería ver los escritos del Antiguo Testamento en relación a Cristo— recibe poca atención en muchos libros de teología sistemática. Es muy común que estos libros salten desde la Caída directamente hasta la encarnación, dejando miles de años de la interacción de Dios con su pueblo prácticamente olvidados. La razón detrás de este sorprendente vacío es que la pregunta de cómo relacionar el Antiguo y el Nuevo Testamento generalmente se considera un tema de teología bíblica en lugar de teología sistemática en sí. Pero la diferencia entre estas dos disciplinas es algo arbitraria y, dada la naturaleza integrativa de este libro, es prudente analizar la historia del Antiguo Testamento como la forma en la que Dios preparó el mundo para la llegada de su Hijo.

Además, existe otra razón para tratar el periodo del Antiguo Testamento en un libro como este. Los teólogos de la iglesia primitiva estaban vitalmente interesados en el Antiguo Testamento y buscaban leer sus libros como documentos cristianos. La forma en la que lo hicieron es muchas veces criticada hoy en día, pero siento que parte de esas críticas no son justificadas. Creo que los Padres de la iglesia entendían algo importante acerca de cómo el Antiguo y el Nuevo Testamento se relacionaban y, por ende, hoy tenemos algo que aprender sobre cómo manejaron las escrituras hebreas. Pero, a la vez, pienso que los Padres cometieron algunos errores en la forma en la que vincularon el Antiguo y el Nuevo Testamento, así que mi exposición en este capítulo no los seguirá de manera exacta para nada. Para poder explorar el mundo de las conexiones entre el Antiguo y Nuevo Testamento, debo empezar con una discusión sobre las diferencias entre la forma en que los intérpretes modernos y los Padres han manejado la Biblia en general.

LA INTERPRETACIÓN BÍBLICA: ANTES Y AHORA

Entre los académicos y estudiantes actuales, el campo de la interpretación bíblica está divida en dos categorías muy distintas, pero sobrepuestas: exégesis y hermenéutica. La exégesis es la tarea a nivel micro, es comprender un pasaje en particular de las Escrituras de manera precisa dentro de su contexto original. Para ponerlo de manera sencilla, la pregunta que la exégesis busca responder es: ¿qué significaba este pasaje para su público original? La hermenéutica es la tarea a nivel macro, es ubicar un pasaje dado dentro del contexto del libro en el cual se encuentra, el grupo de escritos (Evangelios, cartas, narrativa histórica, poesía, profecía, ley) al cual pertenece, la Biblia en conjunto y las distintas tradiciones para interpretar la Biblia.

Para nuestro propósito en este momento, lo más importante a tomar en cuenta es que, en nuestra manera contemporánea de interpretar la Biblia, empezamos con la exégesis y solo después pasamos a la hermenéutica. Para elaborar esta idea, creemos que el punto inicial para comprender cualquier pasaje de la Biblia correctamente está en el contexto directo del pasaje. Vemos el fondo histórico del pasaje, su contexto literario, su estructura sintáctica en el lenguaje en el cual fue escrito y el uso preciso de las palabras importantes del pasaje. Estudiamos su contexto inmediato lo más cuidadosa y exhaustivamente posible antes de dejar ese pasaje para tomar en cuenta otros pasajes o ideas teológicas relevantes. Vamos de lo específico a lo general, y la razón por la que hacemos esto es porque creemos que empezar desde lo general nos llevaría a introducir nuestras propias ideas teológicas en el pasaje en lugar de leer el propio significado del pasaje fuera de su contexto. De hecho, la palabra *exégesis* significa "leer hacia afuera", a diferencia de *eiségesis*, que significa introducir nuestras propias ideas en el pasaje. En nuestras mentes, introducir nuestras propias ideas en el pasaje sería subjetivo e injusto para el pasaje o para la verdad que busca comunicar. Pensamos que solamente empezando con el pasaje en sí podemos ser objetivos y realmente entender lo que significa. El hecho de hablar de exégesis (en contraste con eiségesis) y luego de hermenéutica refuerza esta idea de que, para ser objetivos, debemos empezar con el texto y luego leer hacia afuera sus implicaciones teológicas en lugar de introducir nuestras nociones preconcebidas sobre el texto.

En este punto debemos reconocer que la manera en la que estamos tratando de asegurar la exactitud de la interpretación bíblica es fundamentalmente distinta a la manera en la que la iglesia primitiva realizaba la misma tarea. Los Padres no tenían reserva alguna en cuanto a introducir ideas teológicas preconcebidas en un determinado pasaje, siempre y cuando esas ideas provinieran de algún otro lugar de la Biblia. De hecho, consideraban que evitar cualquier intento de leer la Biblia de esta manera era anticristiano. Los Padres creían que la

Biblia entera era un libro sobre Cristo y, por ende, estaban determinados a leer cada pasaje de las Escrituras como si estuviera relacionado con Cristo, la relación del cristiano con Cristo o la relación de la iglesia con Cristo, ya sea de manera directa o indirecta. Cuando las personas modernas examinamos la interpretación bíblica de los Padres, no dudamos en acusarlos de ser alegóricos, de introducir en ciertos textos ideas que no están allí. Por ejemplo, insistimos muchas veces en que Cantar de los Cantares es un libro sobre el amor humano, no sobre el amor entre Cristo y la iglesia. Cuando los Padres lo leen como un libro acerca de la relación de Cristo con la iglesia, algunos de nosotros nos escandalizamos y señalamos esta interpretación como un motivo para no tomar en serio la exégesis patrística. Pero, evidentemente, olvidamos que en Efesios 5, Pablo explícitamente vincula la relación esposo-esposa con la relación de Cristo y su iglesia. Si esas dos relaciones son, de hecho, análogas, ¿por qué no podemos decir que un libro de la Biblia que claramente se trata de la primera relación también puede tratarse de la segunda? De igual manera, ¿por qué no podemos aceptar que Agar y Sara, además de ser mujeres históricas, eran también tipos que predijeron algo que Dios iba a hacer en el futuro, cuando Pablo dice específicamente en Gálatas 4:21-31 que este fue el caso? En ese caso, ¿por qué no podemos aceptar que el amor de Dios por Israel en el libro de Oseas reflejó, de alguna manera, el amor de Dios por su propio Hijo, cuando Mateo 2:15 une ambos al citar Oseas 11:1, "De Egipto llamé a mi Hijo"? En estos ejemplos podemos ver que el Nuevo Testamento indica que ciertos eventos, personas y relaciones en el Antiguo Testamento sí presagiaron realidades más grandes. Ya sea que el autor humano del pasaje en cuestión lo supiera o no, ya sea que el público humano original lo reconociera o no, el Espíritu Santo claramente creó una conexión entre aquellas personas y eventos del Antiguo Testamento y las realidades más grandes del Nuevo Testamento. Los pasajes del Nuevo Testamento que lidian con estos eventos nos perturban porque nos hacen pensar en la alegoría. Pero estos pasajes del Nuevo Testamento no molestaron para nada a la iglesia primitiva. En cambio, los Padres los vieron como la clave para descubrir las riquezas del Antiguo Testamento y exploraron las escrituras hebreas en busca de claves, presagios y predicciones de Cristo y la iglesia.

Vea cuidadosamente lo que sucede aquí. Al interpretar la Biblia, nosotros empezamos con el contexto inmediato del pasaje en cuestión, y normalmente nos negamos a permitir cualquier interpretación de ese pasaje que no pueda ser sacada del mismo pasaje. En claro contraste, ellos empezaron con toda la Biblia, con todo su mensaje y leyeron cada pasaje a la luz de ese mensaje. Nosotros empezamos con lo específico y nos vamos hacia lo general. Ellos empezaron con lo general y leyeron cada pasaje específico desde su comprensión del mensaje general y amplio de la Biblia. Nosotros y los Padres empezamos el proceso de interpretación desde lados opuestos del espectro contextual, y esta es parte de la razón por la cual somos tan rápidos en descalificarlos de alegorizadores. Ellos ven conexiones entre los pasajes bíblicos que nosotros no creemos que estén allí. Este hecho se muestra claramente en el pasaje de Ireneo que aparece en el siguiente recuadro. Su propósito aquí es refutar la interpretación bíblica de los gnósticos, herejes del segundo siglo que creían que había dos dioses distintos, uno del Antiguo Testamento y otro del Nuevo Testamento. Note que la crítica de Ireneo hacia su estilo de interpretación bíblica no está enfocada en los detalles; se concentra en el panorama general. Los gnósticos entienden el mensaje general de la Biblia de manera incorrecta, así que también se equivocan con los pasajes individuales.

Ireneo sobre la interpretación bíblica falsa (ca. 180):

> Su manera de actuar es como si uno, cuando una hermosa imagen de un rey ha sido construida por un talentoso artista utilizando gemas preciosas, tomara esta semejanza a un hombre y la hiciera pedazos, reacomodara las gemas y las uniera juntas para convertirlas en la forma de un perro o un zorro, y aun así ejecutado pobremente; y luego sostener y declarar que *esta* era la hermosa imagen del rey que el talentoso artista creó. [...] De la misma manera, las personas entretejen fábulas de ancianas y luego se empeñan, alejándose violentamente de su adecuada conexión, palabras, expresiones y parábolas cuando se encuentran, en adaptar los oráculos de Dios a sus ficciones infundadas.

Cont. Her., libro 1, cap. 8, párr. 1 (*ANF*, tomo 1, 326)

De hecho, los Padres fueron de lo general a lo específico de manera consciente e intencional. Acuñaron la frase "regla de fe", con la cual se referían a la totalidad de lo que la Biblia enseña y lo que la iglesia ha dicho sobre la Biblia. Luego leyeron todos los pasajes de la Biblia a la luz de esta regla de fe. En el siguiente recuadro de Ireneo, note que la clave para interpretar las parábolas (las cuales encuentra oscuras y, por ende, difíciles) es buscar declaraciones más claras en otros lugares de las Escrituras y no el contexto de las parábolas en sí. Y en el recuadro de Agustín, vea que cuando hay ambigüedad sobre cierto pasaje, uno debería primero consultar la regla de fe (a la cual describe como los pasajes más claros de las Escrituras y las declaraciones autoritativas de la iglesia al respecto), y solo cuando eso falla, entonces se debería consultar el contexto del pasaje. Aquí, Ireneo y Agustín ponen en concreta expresión lo que toda la iglesia primitiva hacía en la práctica: utilizar toda la Biblia y las enseñanzas de la iglesia basadas en la Biblia para interpretar cada pasaje individual. Esto no significa que uno debería simplemente consultar pasajes más claros sobre el mismo tema que el pasaje ambiguo. También significa que debe claramente ver todas las Escrituras —la imagen completa del rey, en la anterior ilustración de Ireneo— antes de poder interpretar cualquier pasaje individual correctamente.[37]

Ireneo sobre la interpretación de las Escrituras (ca. 180):

> Todas las Escrituras, que nos han sido dadas por Dios, serán encontradas perfectamente coherentes por nosotros; y las parábolas armonizarán con esos pasajes que son perfectamente claros; y aquellas declaraciones de las cuales el significado es claro servirán para explicar las parábolas; y a través de las muchas afirmaciones diversificadas [de las Escrituras] se escuchará una melodía armoniosa en nosotros, alabando con himnos al Dios que creó todas las cosas.

Cont. Her., libro 2, cap. 28, párr. 3 (*ANF*, tomo 1, 400)

Sin embargo, hay otra diferencia entre nuestra interpretación bíblica y aquella de los Padres de la iglesia más allá de ir desde lo específico hacia lo general o de lo general hacia lo específico. Como mencioné anteriormente, tendemos a aferrarnos a interpretaciones de un texto determinado que el autor humano del pasaje quiso expresar y que el público humano podía haber entendido al mismo tiempo. Pero mientras los Padres de la iglesia sacaban numerosas conexiones entre los Testamentos, dependían de su percepción de lo que el Espíritu Santo quería decir y no de lo que el autor humano podía saber o expresar.

---

[37] Para un tratamiento más detallado de la interpretación bíblica por parte de la iglesia primitiva, ver Donald Fairbairn, "Patristic Exegesis and Theology: The Cart and the Horse", *Westminster Theological Journal* 69 (2007): 1-19.

Agustín sobre la interpretación de las Escrituras (ca. 398):

Cuando palabras utilizadas literalmente causan ambigüedad en las Escrituras, debemos primero determinar si nosotros las hemos mal puntuado o malinterpretado. Cuando la investigación revela una incertidumbre en cuanto a cómo una locución debe ser apuntada o interpretada, se debería consultar la regla de fe ya que se encuentra en lugares más abiertos de las Escrituras y en la autoridad de la iglesia. [...] Pero si ambos significados, o todos ellos, en el caso de que fueran varios, permanecen ambiguos luego de que la fe haya sido consultada, entonces es necesario examinar el contexto de lo precedente y seguir las partes que rodean el lugar ambiguo.

Doc. Cris., libro 3, cap. 2 (Robertson, 79)

Queramos admitirlo o no, somos influidos por la idea de que la Biblia es primordialmente un libro humano, y nuestro afán por la intención del autor humano en su momento nos lleva al tipo de interpretación que adoptamos. Asimismo, también estamos influidos por la idea moderna de que la Biblia no es tanto un solo libro, sino una colección de relatos humanos no relacionados o escasamente relacionados entre sí acerca de la experiencia humana de Dios. La razón por la que debemos ver solo un pasaje de las Escrituras al interpretarlo es porque pensamos que otras partes de las Escrituras no son realmente relevantes para interpretar este determinado pasaje. Como evangélicos, rechazamos la idea de que la Biblia es primordialmente un libro humano, que es una colección de relatos dispares y que otros pasajes de la Escritura no son relevantes para la interpretación del pasaje que estamos viendo en un momento dado. Pero, aunque rechacemos estas premisas, ellas eran las premisas de los eruditos bíblicos que forjaron el método dominante para la interpretación bíblica que aplicamos hoy en día. Nos guste o no, los admitamos o no, somos influidos por un método de interpretación que trata a la Biblia como un conjunto de testimonios humanos no vinculados sobre el encuentro divino-humano.

LAS RAÍCES DE LA INTERPRETACIÓN PATRÍSTICA Y MODERNA DEL ANTIGUO TESTAMENTO

Como evangélicos, deberíamos notar que en este punto existe una importante incongruencia latente en nuestra situación. Aceptamos (aunque con cierta reserva) un método de interpretación bíblica que históricamente surgió entre aquellos estudiosos que rechazaron gran parte de nuestras convicciones centrales sobre la Biblia —que es de Dios, que es un libro que cuenta una sola historia, que sus diversos escritos están fundamentalmente vinculados, que su tema central es Cristo. Asimismo, sin pensar mucho en el tema, rechazamos la alegoría como una forma de interpretar la Biblia hebrea, una forma que se encuentra en el Nuevo Testamento y que fue ampliamente aplicada en la iglesia primitiva, aunque ese tipo de interpretación nace de las mismas convicciones que compartimos. Es realmente irónico que cuando un Padre de la iglesia que comparte todas nuestras convicciones básicas argumenta a favor de una conexión entre un pasaje del Antiguo Testamento y la realidad del Nuevo Testamento, rechacemos su argumento porque nuestros maestros en la escuela de interpretación moderna (maestros que no comparten nuestras convicciones) han categorizado dicha exégesis como alegoría. Y es aún más irónico que nuestra adherencia al método de sentido sencillo y no alegórico es tan intensa que el Nuevo Testamento en sí nos perturba cuando conecta los Testamentos de tal manera que nos parecen alegorías. Terminamos pensando que a Pablo y a Mateo les fue permitido manejar el Antiguo Testamento de esta forma porque fueron inspirados por Dios, pero ciertamente nosotros no debemos manejar el Antiguo Testamento de esta manera.

Si reconocemos la incongruencia de la cual he estado hablando, debemos ver entonces que hay más que "simple alegoría" sucediendo cuando los Padres de la iglesia interpretan el Antiguo Testamento. En contraste con los liberales modernos (quienes no veían un tema unificador en la Escritura) y en contraste parcial con los conservadores modernos (quienes tienden a organizar las Escrituras alrededor de conceptos tales como el pacto o las dispensaciones que han gobernado la manera en la que Dios trata con la humanidad), los Padres de la iglesia tendían a ver a Cristo como el hilo conductor, el tema unificador de las Escrituras. Nuevamente, este tema unificador pone el énfasis en un lugar bastante distinto al nuestro. Hoy en día, empezamos con nosotros mismos y preguntamos cómo Dios está relacionado con nosotros. Los Padres de la iglesia empezaron con Dios, y con Cristo específicamente, y preguntaron cómo podemos nosotros participar en Cristo. Esta es la razón por la cual prácticamente todo el pensamiento patrístico vio la *theōsis* —cómo la humanidad se hace, de alguna manera, partícipe en la vida divina— como el vínculo entre Dios y la humanidad. Asimismo, es por esto que una línea de pensamiento patrístico, la que siento que es más fructífera para nosotros hoy en día, entendió la *theōsis* en términos de la relación del Padre con el Hijo y vio nuestra participación en esta relación como el hilo conductor de la fe cristiana. Si uno hace teología como la hicieron los Padres de la iglesia, con las vidas de las personas trinitarias como el corazón, entonces uno buscará a esas personas trinitarias —especialmente al Hijo pre-encarnado— a lo largo del Antiguo Testamento.

Cuando identificamos que tanto nosotros, los evangélicos, como los Padres de la iglesia creemos que hay un tema unificador o un hilo conductor que une todas las Escrituras, y cuando reconocemos que la iglesia primitiva entendió este hilo conductor de una manera más enfocada en Dios que la nuestra, entonces tal vez estemos dispuestos a admitir que tenemos, potencialmente, mucho que aprender de la interpretación bíblica patrística. Si este es el caso, entonces es ahora apropiado considerar una ilustración extendida de la forma patrística de vincular el Antiguo y el Nuevo Testamento. Un ejemplo excelente viene de la *Demostración de la predicación apostólica* de Ireneo (escrita ca. 190), la cual es digna de atención por dos grandes razones. Primero, Ireneo fue el primer Padre de la iglesia en presentar una declaración extensa y positiva de la creencia cristiana en un contexto no polémico. Segundo, es uno de los mejores representantes iniciales de la línea de pensamiento que se enfoca en las dimensiones personales y relacionales de la salvación.

IRENEO COMO EJEMPLO DE LA INTERPRETACIÓN PATRÍSTICA DEL ANTIGUO TESTAMENTO

La *Demostración de la predicación apostólica* de Ireneo no tiene divisiones declaradas, pero su contenido se presta a sí mismo para una división bastante clara en dos partes. La primera es la exposición sobre la predicación apostólica y la segunda es su demostración sobre cómo este tipo de predicación es realmente bíblica porque el mensaje que los apóstoles predicaban fue predicho por los profetas hebreos. La primera parte puede dividirse en tres sub-secciones que describen: (1) las verdades centrales de quién es Dios y quiénes son los seres humanos ante Dios; (2) la historia por medio de la cual Dios preparó a la humanidad para la redención; y (3) la redención alcanzada por medio de Cristo. La segunda parte puede dividirse en cuatro sub-secciones, demostrando que los profetas del Antiguo Testamento predijeron: (1) la existencia eterna del Hijo; (2) el nacimiento humano del Hijo; (3) la vida humana, la muerte y la resurrección del Hijo; y (4) el llamado de los gentiles.[38] De esta estructura, se puede ver que Ireneo trata el Antiguo Testamento dos veces, una en términos de su preparación histórica del mundo para la encarnación y luego nuevamente por sus profecías específicas de Cristo. Claramente, el principio organizador para manejar el Antiguo Testamento es su presagio de Cristo. Más específicamente, la primera parte de la obra comienza con la Trinidad y luego describe la vida humana en términos de comunión con Dios o de ser partícipes en la vida de la Trinidad. Dentro de este marco trinitario, la idea central (basada en las comparaciones de Pablo entre Adán y Cristo en Ro 5:12-21 y 1 Cor 15:21-22) es que el Hijo recapitulará la humanidad, deshaciendo la desobediencia de Adán y restaurando a las personas en la comunión con Dios.[39] Luego, esta idea controla la interpretación de Ireneo de textos clave del Antiguo Testamento. Por ejemplo, después de la inundación, cuando Dios hace un pacto con Noé y exige la muerte como pena por asesinato, Ireneo elabora la razón que el texto bíblico nos da para esto. El texto de Génesis 9:6 simplemente dice: "Porque el ser humano ha sido creado a imagen de Dios mismo", pero Ireneo elabora sobre esto escribiendo, "y la imagen de Dios es el Hijo, de acuerdo a cuya imagen el hombre fue creado; y, por esta razón, Él apareció en los últimos tiempos, para dejar la

---

Ireneo sobre Cristo como la recapitulación de Adán (ca. 190):

¿De dónde viene, entonces, la sustancia del primer formado? De la voluntad y sabiduría de Dios y de la tierra virgen —"porque Dios todavía no había hecho llover sobre la tierra", dicen las Escrituras, antes de que el hombre fuera formado, "y no existía el hombre para que la cultivara". Así que de esta [tierra], mientras seguía virgen, Dios "formó al hombre del polvo de la tierra", el inicio de la humanidad. Entonces, el Señor, recapitulando este hombre, recibió el mismo arreglo de personificación que este [Adán], siendo nacido de la Virgen por la voluntad y sabiduría de Dios, para que Él también pudiera demostrar la semejanza de la personificación de Adán, y poder hacerse hombre, escrito en el principio, "a la imagen y semejanza de Dios".

Predic., párr. 32 (Behr, 61)

---

[38] Ver Behr, 18-23, para esta estructura.
[39] *Predic.,* párr. 6 (Behr 43-44).

imagen de sí mismo".[40] En las manos de Ireneo, la conexión entre el Hijo como la verdadera imagen de Dios y cada ser humano como una imagen creada de Dios no solo significa que los seres humanos son valiosos y, por ende, no deberían ser asesinados, sino que también

---

Ireneo sobre el Salmo 24 (ca. 190):

> David nuevamente dice lo mismo: "Eleven, puertas, sus dinteles; levántense, puertas antiguas, que va a entrar el Rey de la gloria", ya que las "puertas antiguas" son los cielos. Pero, ya que el Verbo descendió invisible a las criaturas, no les fue conocido a ellos en su descenso; [sin embargo] porque el Verbo fue encarnado, Él también ascendió, visible, en lo alto. Y habiéndolo visto, los principados, los ángeles inferiores, clamaron a aquellos en el firmamento: "Eleven, puertas, sus dinteles; levántense, puertas antiguas, que va a entrar el Rey de la gloria". Y cuando fueron sorprendidos y dijeron, "¿Quién es este Rey de la gloria?", aquellos quienes ya lo habían visto testificaron por segunda vez: "El Señor, el fuerte y valiente, el Señor, el valiente guerrero".

Predic., párr. 84 (Behr, 91)

---

algún día seremos hechos como Cristo en su recapitulación de la humanidad. De manera similar, Ireneo encuentra un paralelo impresionante entre la creación original de Adán y el nacimiento virginal de Cristo. En el recuadro anterior, note que Ireneo conecta de manera directa la creación de Adán de la tierra virgen y el nacimiento humano del Hijo de Dios de la virgen María. Este tipo de interpretación suele ser perturbadora para nosotros —la calificamos de alegórica—, pero deberíamos notar dos cosas al respecto. Primero, Ireneo no denigra de ninguna manera la exactitud histórica del relato de Génesis y, de hecho, la mayoría de los Padres de la iglesia afirman la precisión histórica de las narrativas que están describiendo, incluso cuando ven un significado adicional en esas narrativas más allá de la esfera histórica. Y segundo, note que lo que gobierna sobre esta interpretación —aquello que inhibe a Ireneo de introducir cualquier cosa que le plazca en el relato de Génesis— es el concepto bíblico de Cristo como el segundo Adán.

---

[40] *Predic.*, párr. 22 (Behr, 53-54).

Este tipo de interpretación se hace incluso más común en la segunda parte de la *Demostración de la predicación apostólica*, ya que aquí Ireneo escudriña el Antiguo Testamento para encontrar la mayor cantidad de referencias posibles a Cristo. En esta parte, Ireneo hace algunas conexiones entre los Testamentos que nosotros también hacemos, como afirmar que Isaías 7:14 e Isaías 9:6 predicen la encarnación del Hijo.[41] Hace algunas conexiones que algunos de nosotros aceptaríamos, pero que otros rechazarían, como ver dos de los tres visitantes a Abraham en Génesis 17 como ángeles, pero al tercero como el Hijo de Dios pre-encarnado.[42] Ireneo también hace conexiones entre los Testamentos que tal vez nos neguemos a aceptar, como encontrar en el Salmo 110 las verdades de que el Hijo ha existido antes de todo, que juzga a todas las personas y específicamente se opone a quienes lo odian, y que este Hijo es inmortal por virtud de ser un sacerdote eterno.[43] Interpreta el famoso pasaje del león junto al becerro (Is 11:1-11) como que aquellos que creyeron en Cristo han sido transformados y han abandonado la antigua animosidad existente entre ellos.[44] Interpreta Isaías 65:2 ("Todo el día extendí mis manos hacia un pueblo rebelde") como un símbolo de la cruz en lugar de una ilustración del amor de Dios por Judá.[45] Y en una interpretación que prácticamente todos nosotros rechazaríamos en la actualidad, insiste en el recuadro anterior que el Salmo 24:9-10 es una conversación entre los ángeles inferiores y superiores acerca del ascenso de Cristo.

EVALUANDO LA INTERPRETACIÓN DEL ANTIGUO TESTAMENTO POR PARTE DE LA IGLESIA PRIMITIVA

La forma en la que Ireneo maneja el Antiguo Testamento en la *Demostración de la predicación apostólica* es típica de la iglesia primitiva en general. Los Padres toman a Cristo como el tema controlador por el cual unen el Antiguo y el Nuevo Testamento, y son exuberantes en encontrar referencias a Cristo en el Antiguo Testamento. Hoy en día somos propensos a descalificar este tipo de interpretación como alegórica, en gran parte debido a nuestro miedo de que perderá sus raíces en los textos y resultará en interpretaciones falsas. Pero debe quedar

---

[41] *Predic.,* párr. 53-55 (Behr, 74-76).

[42] *Predic.,* párr. 44 (Behr, 68).

[43] *Predic.,* párr. 48 (Behr, 72).

[44] *Predic.,* párr. 61 (Behr, 80).

[45] *Predic.,* párr. 79 (Behr, 89).

claro que ni la interpretación de Ireneo ni la mayoría de los Padres de la iglesia es infundada. Su interpretación está basada en, y controlada por, su convicción de que toda la Biblia es un libro sobre Cristo. Así que regresamos a la diferencia central con la que iniciamos este capítulo: nosotros basamos (o, por lo menos, afirmamos basar) nuestra interpretación en los detalles de cada pasaje y su contexto; los Padres de la iglesia basaban su interpretación en el mensaje general de la Biblia. Pensemos un poco más en las implicaciones de este aparente impase.

Una forma de ver a los estilos interpretativos es preguntando si podrían llevar a errores o falsas interpretaciones. Claramente, la forma en la que los Padres de la iglesia manejaron el Antiguo Testamento es propensa a errores. Pero otra forma de ver el problema es admitir que todos los estilos interpretativos podrían llevar a errores y preguntar a qué tipo de errores podría ser propenso un determinado estilo. ¿Qué tipo de errores se tiende a cometer si se ve a toda la Biblia como señalando hacia Cristo? ¿Y qué tipo de errores pueden cometerse si no se ven conexiones entre los libros de la Biblia, o si se ve la conexión en términos de algo más periférico a la fe cristiana que Cristo? Cuando planteo las preguntas de esta manera, debería ser claro que los tipos de errores a los cuales los Padres de la iglesia son propensos no son tan peligrosos como aquellos a los cuales nosotros somos propensos. Sin importar qué tan exuberantes puedan haber sido, no estaban equivocados sobre la idea fundamental de las Escrituras, ya que estaban buscando esa idea fundamental por todas partes. Hoy, en cambio, algunos intérpretes insisten en que la Biblia tiene que ver con las experiencias de distintas personas en relación a Dios, lo cual puede llevar, ya sea a decir que cualquier tipo de experiencia con Dios es igual de válida, o decir que mi propia experiencia con Dios debe ser la norma para todos los demás. Otros intérpretes insisten en que la Biblia se trata de cómo se supone que deberíamos vivir una vez que somos redimidos, lo cual nos lleva a poner demasiado énfasis en nosotros mismos y prestarle poca atención a la relación entre las acciones de Dios y las nuestras. De igual manera, otros dicen que la Biblia tiene que ver con la posición legal de la humanidad ante Dios, lo que significa que le quitamos énfasis o ignoramos los aspectos personales de la salvación. Estas diferentes ideas erróneas acerca del objeto central de las Escrituras no son igualmente severas, así que los problemas a los que llevan no son igual de peligrosos. Pero todos ellos resultan en que dirigimos demasiado nuestra atención hacia áreas que no están en el centro de la fe. Y ninguna base en las herramientas de la exégesis puede prevenir que cometamos los errores a los cuales puedan llevar esas ideas erróneas, ya que los errores no nacen de las herramientas o los métodos; nacen de las presuposiciones con las cuales las personas utilizan las herramientas.

Con esto en mente, podemos reconocer que es menos peligroso discernir el mensaje central de la Biblia claramente, pero introducir ese mensaje de manera demasiado entusiasta en todos los pasajes, que leer cada pasaje individualmente sin tener un entendimiento profundo del mensaje central. Esta es la lección que podemos y debemos aprender de la iglesia primitiva. Admito abiertamente que los Padres de la iglesia eran bastante exuberantes y, por ende, profundizan demasiado en algunos pasajes del Antiguo Testamento. Pero, al mismo tiempo, creo que estaban en lo correcto en cuanto a lo más importante. Entendieron correctamente que la clave para hacer una buena interpretación es discernir todo el mensaje de las Escrituras correctamente, y vieron correctamente que la Biblia entera es, fundamentalmente, sobre Cristo. A raíz de esta lección fundamental, me gustaría pasar el resto de este capítulo elaborando un esquema para ver el Antiguo Testamento enfocado en Cristo, que cierra la brecha entre la Caída y la encarnación y que se mantiene fiel a las percepciones fundamentales de los Padres de la iglesia, al tiempo que evita algunos de los peligros en los cuales ellos cayeron debido a su exuberancia.

EL VÍNCULO ENTRE LOS TESTAMENTOS: LA PROMESA DEL HIJO

¿Cómo podemos, entonces, relacionar el Antiguo y el Nuevo Testamento utilizando la convicción fundamental de la iglesia primitiva de que el Antiguo Testamento se trata de Cristo? Creo que hay dos cosas a las que debemos prestar mucha atención: el hecho de que Cristo es el cumplimiento de toda la esperanza del Antiguo Testamento y el hecho de que, durante la historia de Israel, la manera en la que las personas entendían a Cristo se hacía cada vez más específica con el pasar del tiempo y la revelación progresaba. Me parece que si pensamos tanto en términos del cumplimiento final —Cristo— como en la revelación progresiva de quién sería Cristo, seremos capaces de relacionar los Testamentos de manera que sea fiel al mensaje de toda la Biblia; al mismo tiempo, seremos menos propensos a introducir demasiadas ideas en un determinado pasaje del Antiguo Testamento. Además, sugiero que un diseño útil de aplicar al hacer esto es la idea de una promesa. Poco después de la Caída, Dios le hizo una promesa a la humanidad de que una sola persona llegaría para deshacer los efectos de la Caída y llevar a la humanidad de regreso al compañerismo de la Trinidad. Luego, a lo largo del periodo del Antiguo Testamento, Dios reveló cada vez con más especificidad de dónde vendría esta persona prometida, por qué las personas la necesitarían, qué haría él y, más importante, que no sería solamente una persona humana, sino también una persona divina, el Hijo de Dios.

Creo que esta idea de la promesa es fundamental para el Antiguo Testamento y que es incluso más importante que el concepto de pacto o el tema de cómo Dios se relaciona con la humanidad en distintos puntos de la historia redentora. El concepto de promesa se enfoca en Dios, ya que es Dios quien hizo la promesa, y el contenido de la promesa es que Dios nos enviará a su propio Hijo. Así, la idea de promesa ofrece el contexto en el cual el tema de la relación de Dios con la humanidad es abordado. O, para ponerlo de otra forma, la promesa apuntala y provee la base para el pacto (o los pactos) de Dios con los seres humanos. Manteniendo el propósito de este libro de integrar la teología cristiana alrededor de la relación Padre-Hijo, me gustaría enfocarme solo en aquellos elementos del cumplimiento de la promesa directamente relacionados con la identidad de la persona prometida, el Hijo de Dios.

La promesa: una sola persona. Dios hace su promesa casi inmediatamente después de la Caída, al momento de pronunciar su maldición sobre la serpiente, Eva y Adán. Dios habla primero con la serpiente, diciéndole: "Por causa de lo que has hecho, ¡maldita serás entre todos los animales, tanto domésticos como salvajes! Te arrastrarás sobre tu vientre, y comerás polvo todos los días de tu vida. Pondré enemistad entre tú y la mujer, y entre tu simiente y la de ella; su simiente te aplastará la cabeza, pero tú le morderás el talón" (Gn 3:14-15). La palabra que aquí está traducida como "simiente" (zera') significa literalmente "semilla", y puede referirse a un solo descendiente o a todos los descendientes tomados en cuenta de forma colectiva. La pregunta interpretativa crucial en este pasaje apunta a saber si Dios está hablando de un descendiente o de los descendientes de Eva en general. Mientras que los comentaristas usualmente presuponen que la palabra se refiere a los descendientes de manera colectiva, también hay evidencia de que traductores judíos pre-cristianos de la Septuaginta (la traducción al griego de las Escrituras hebreas, las cuales iniciaron alrededor de 250 a. C.) entendían la palabra semilla en este pasaje como una referencia a una sola persona.[46] Adicionalmente, en

---

[46] La evidencia tiene que ver con el pronombre que se utiliza con la palabra *semilla*. En el hebreo, *zera'* es masculino, así que uno tendría que usar el pronombre masculino "el"

Gálatas 3:16, durante una discusión sobre la "semilla" (no una discusión de este pasaje, no obstante, sino de los pasajes posteriores de Génesis donde esta palabra es utilizada), Pablo insiste en que la palabra singular implica una sola persona, Cristo. Y no es de sorprender que esta es la forma en la que la iglesia primitiva también comprendió

Ireneo sobre Cristo como el cumplimiento de Génesis 3:15 (ca. 180):

Él, por tanto, en su obra de recapitulación, sumó todas las cosas, tanto haciendo guerra contra nuestro enemigo como aplastando a aquel quien en el inicio nos llevó cautivos en Adán. […] Pues desde ese tiempo, él, quien debía nacer de una mujer, [específicamente] de la Virgen, a la semejanza de Adán, fue predicado como quien observa la cabeza de la serpiente. Esta es la semilla de la cual el apóstol dice en la epístola a los Gálatas: "La ley fue añadida por causa de las transgresiones hasta que viniera la descendencia a la cual se hizo la promesa". Este hecho queda exhibido bajo una luz incluso más clara en la misma epístola, cuando entonces dice: "Pero, cuando se cumplió el plazo, Dios envió a su Hijo, nacido de una mujer".

Cont. Her., libro 5, cap. 21, párr. 1 (*ANF*, tomo 1, 548-49)

---

este mensaje. En el recuadro anterior, Ireneo no solo interpreta la palabra *semilla* como referencia a una sola persona, Cristo, sino que también ve una referencia al nacimiento virginal en el hecho de que la persona prometida es llamada la semilla de la mujer en lugar de la semilla de Adán. Al inicio de la historia humana, poco después de la Caída, Dios hizo la promesa de que una persona vendría de los descendientes de Eva y que *este* hombre, esta persona, aplastaría la cabeza de Satanás. Desde el inicio, las personas debían reconocer que no somos capaces de restaurarnos a nosotros mismos al compañerismo de la Trinidad. En cambio, debíamos esperar la semilla prometida, la persona a quien Dios enviaría.

(*hû'*) si uno quería hablar de un descendiente o de todos ellos. Pero en griego, la palabra para "semilla" (*sperma*) es neutra, así que, si uno desea usar esta palabra para referirse a todos los descendientes, la sigue con el pronombre personal neutro "ello" (*auto*). En contraste, si uno quiere utilizar la palabra "semilla" para referirse a un solo descendiente, se utiliza un pronombre masculino o femenino: "él" (*autos*) o "ella" (*autē*). En este pasaje, la Septuaginta utiliza el pronombre masculino *autos*, indicando que la "semilla" se refiere a un solo descendiente masculino de Eva.

La persona prometida: una bendición para el mundo. En el cumplimento progresivo de la promesa, el siguiente gran paso llega en Génesis 12. Dios se le aparece a Abram mientras vive en Harán (lo que actualmente es el norte de Iraq) y le dice que abandone su pueblo y país por otra tierra (Canaán, la cual luego sería llamada Israel). Al mismo tiempo, Dios le hace la siguiente promesa a Abram: "Haré de ti una nación grande, y te bendeciré; haré famoso tu nombre, y serás una bendición. Bendeciré a los que te bendigan y maldeciré a los que te maldigan; ¡por medio de ti serán bendecidas todas las familias de la tierra!" (Gn 12:2-3). Varios aspectos de esta promesa son notables, pero, para nuestro propósito, el más significativo es que los descendientes de Abram constituirán una nación que Dios bendecirá para que esa nación bendiga a todos los pueblos (equivalente a lo que llamaríamos "grupos de personas" o "grupos étnicos" en la actualidad) del mundo. Abram y sus descendientes no serán los únicos bendecidos. En cambio, la nación será el canal por medio del cual Dios bendecirá a todas las familias del mundo. Así que haber elegido a Abram y a sus descendientes no fue un medio para excluir al resto de la humanidad: el propósito fue bendecir a todo el mundo a través de Abraham.

Vea que en este pasaje no aparece la palabra *semilla*, así que no hay un vínculo explícito entre la promesa de Génesis 3:15 y la promesa que Dios le hace a Abram. Sin embargo, más adelante en el libro de Génesis, Dios repite esta promesa otras cuatro veces, de una manera u otra: a Abram (cuyo nombre sería luego cambiado a Abraham —ver Gn 17:5) en Génesis 18:18 y 22:18; a su hijo Isaac en Génesis 26:4; y al hijo de Isaac, Jacob, en Génesis 28:14. Significativamente, en los últimos tres de estos cuatro pasajes, la repetición de la promesa incluye la palabra *semilla*. Luego de que Dios pidiera a Abraham el sacrificio de Isaac, le dice: "Como has hecho esto, y no me has negado a tu único hijo, juro por mí mismo —afirma el Señor— que te bendeciré en gran manera, y que multiplicaré tu descendencia como las estrellas del cielo y como la arena del mar. Además, tus descendientes conquistarán las ciudades de sus enemigos. Puesto que me has obedecido, todas las naciones del mundo serán bendecidas por medio de tu descendencia" (Gn 22:16-18). Luego, en la repetición de la promesa a Isaac y luego a Jacob, el lenguaje es casi el mismo: los descendientes serán numerosos, y todas las naciones serán bendecidas por medio de la semilla/descendencia.

Si se leyeran estos pasajes solamente en relación con Génesis 12:2-3, entonces naturalmente se entendería que se refieren a los descendientes de Abraham en general. La semilla de Abraham será abundante —una gran nación vendrá de él— y, a través de esta gran nación, Dios bendecirá a todas las naciones del mundo. Sin embargo, la introducción de la palabra *semilla* en estos pasajes cuando no estuvo presente en Génesis 12 sirve para unir esta promesa directamente a la promesa anterior de Génesis 3:15, y *esa* promesa era que una sola persona, un solo descendiente, vendría de los descendientes de Eva para aplastar la cabeza de la serpiente. A raíz de esta conexión explícita, debemos entender la promesa de una gran nación como un medio para cumplir la promesa de una sola semilla. La única persona a la que el mundo debe esperar no solo vendrá de los descendientes de Eva (toda la raza humana), sino específicamente de los descendientes de Abraham, ciertamente de Isaac (no de su medio hermano Ismael) y de Jacob (no de su hermano Esaú). Jacob es, por supuesto, el padre de la nación de Israel, pero no es Israel en sí la que bendecirá al mundo. En cambio, la persona prometida que vendrá de esa nación bendecirá a todo el mundo.

La persona prometida: un rey del linaje de David. Gran parte de la revelación de la promesa de Dios en el Antiguo Testamento tiene que ver con lo que esa persona hará por la necesidad de que las personas sean perdonadas por sus pecados, y este es parte del propósito de la ley del Antiguo Testamento que fue dada después del éxodo de Egipto. Sin embargo, con el objetivo de concentrarnos solo en la revelación de la persona prometida, debemos ahora dirigir nuestra atención al período de la monarquía temprana. Luego de que David se convirtiera en rey de Israel alrededor del año 1010 a. C. y alcanzara la paz en su reino, construye su palacio y luego expresa su deseo de construir una casa para Dios, un templo permanente para remplazar el tabernáculo. En 2 Samuel 7, Dios envía al profeta Natán para elogiar a David por este deseo y para avisarle que su hijo, Salomón, sería quien construiría el templo. Natán le dice a David:

> Pero ahora el Señor te hace saber que será él quien te construya una casa. Cuando tu vida llegue a su fin y vayas a descansar entre tus antepasados, yo pondré en el trono a uno de tus propios descendientes, y afirmaré su reino. Será él quien construya una casa en mi honor, y yo afirmaré su trono real para siempre. Yo seré su padre, y él será mi hijo. Así que, cuando haga lo malo, lo castigaré con varas y azotes, como lo haría un padre. Sin embargo, no le negaré mi amor, como se lo negué a Saúl, a quien abandoné para abrirte paso. Tu casa y tu reino durarán para siempre delante de mí; tu trono quedará establecido para siempre. (2 Sam 7:11-16)

Nuevamente, la palabra *semilla* (traducida aquí como "descendientes") une este pasaje a las revelaciones previas de la promesa. Este pasaje se refiere inmediatamente al hijo de David, Salomón, quien construiría el templo y a quien Dios disciplinaría cuando hiciera algo malo. Pero, básicamente, esta profecía va más allá de Salomón hasta la persona prometida en Génesis 3:15. Esta persona vendrá del linaje de David (no solo de la nación de Israel en general) y será un rey cuyo reino durará para siempre. Además, Natán dice que Dios será el padre de esa persona y que él será un hijo para Dios. Esto se refiere de manera general a David, Salomón y el resto de sus descendientes, pero se refiere específicamente y preeminentemente a la persona prometida. Esta es probablemente la primera pista en el Antiguo Testamento de que la semilla prometida será el Hijo de Dios. Nuevamente, no se podría esperar que David reconociera el significado de llamar a su descendiente un hijo para Dios, pero desde la perspectiva privilegiada de Cristo, podemos ver que el cumplimiento final de esta profecía realmente es la segunda persona de la Trinidad.

La persona prometida: Dios en sí. A medida que la historia de Israel avanza, el pueblo cae cada vez más en el pecado y es castigado con la división de la monarquía en dos reinos en el 931 a. C., la Caída del reino del norte ante los asirios en el 722 a. C. y, finalmente, la destrucción de Jerusalén y la Caída del reino del sur ante los babilonios en el 586 a. C. Mucha de la literatura profética durante este periodo consiste en llamados de atención de Dios al pueblo por su desobediencia y advertencias de que deben regresar a él o sufrir el castigo resultante. Los profetas también le prestan mucha atención a la obra que la persona prometida realizará,[47] y más importante, para nuestros propósitos, empiezan a declarar más claramente que él será más que tan solo un hombre. Los dos ejemplos más notables de esta tendencia se encuentran en Isaías 9 y Miqueas 5, ambos escritos en el siglo ocho.

Isaías 9 es una profecía sobre cómo las tinieblas y la oscuridad en la cual han caído las personas finalmente serán desechas por el nacimiento de un niño que se convertirá en un rey eterno. Isaías 9:6-7, uno de los versículos más famosos del Antiguo Testamento, dice: "Porque nos

---

[47] Ver especialmente Is 52:13-53:12; Jer 31:31-34. En el primer pasaje, el siervo (la semilla de la promesa) cargará sobre sí las debilidades, aflicciones, transgresiones e iniquidades de todas las personas. En el segundo pasaje, la profecía del nuevo pacto hace referencia a los aspectos previos de la promesa: el pueblo de Dios será santo, él será su Dios y ellos serán su pueblo, todas las personas conocerán a Dios y Dios perdonará los pecados de las personas.

ha nacido un niño, se nos ha concedido un hijo; la soberanía reposará sobre sus hombros, y se le darán estos nombres: Consejero admirable, Dios fuerte, Padre eterno, Príncipe de paz. Se extenderán su soberanía y su paz, y no tendrán fin. Gobernará sobre el trono de David y sobre su reino, para establecerlo y sostenerlo con justicia y rectitud desde ahora y para siempre. Esto lo llevará a cabo el celo del Señor Todopoderoso". Nuevamente, la conexión aquí entre este pasaje y las declaraciones anteriores de la promesa es clara. El niño prometido que reinará sobre el trono de David y cuyo reino nunca terminará es la persona prometida en Génesis 3:15, implicada en Génesis 12, prometida en 2 Samuel 7. Pero, lo que es realmente notable en este pasaje, es que dos de los nombres de esta persona serán "Padre Eterno" y "Dios Todopoderoso". Sobre la base de esos nombres, la persona prometida no solo será un hijo, sino que será el Hijo, la segunda persona de la Trinidad. El bebé que nacerá será Dios mismo.

Igual de impactante es otro famoso pasaje, Miqueas 5:2. Durante la discusión de una seria amenaza sobre Israel, el profeta habla de un gobernante que llegará para pastorear a su pueblo y darles protección. Miqueas 5:2 dice: "Pero de ti, Belén Efrata, pequeña entre los clanes de Judá, saldrá el que gobernará a Israel; sus orígenes se remontan hasta la antigüedad, hasta tiempos inmemoriales". Los judíos entienden que esta es una profecía de que la persona prometida (ahora llamada Mesías, que significa "ungido") nacería en Belén (ver Mt 2:1-8). Pero aún más notable que la primera mitad de este versículo es la segunda parte. Miqueas dice que el gobernante que vendrá de Belén será uno cuyos "orígenes se remontan hasta la antigüedad, hasta tiempos inmemoriales". La frase traducida aquí como "hasta la antigüedad" puede expresarse de manera más precisa como "de días de eternidad".[48] Además, la palabra para "saldrá" y "orígenes" es la misma: el punto de Miqueas es que saldrá una persona que ha estado saliendo desde toda la eternidad.[49] Su lenguaje aquí es similar a la posterior declaración de Juan el Bautista: "Después de mí viene un hombre que es superior a

---

[48] La nota de texto de la versión NVI hace este punto. La palabra en cuestión, 'ôlām, es la misma palabra utilizada dos veces en Sal 90:2, traducida como "de eternidad a eternidad tú eres Dios".

[49] Los comentaristas contemporáneos están mucho menos dispuestos que la iglesia primitiva a interpretar estos pasajes del Antiguo Testamento como una referencia a la deidad del Mesías. Aquí, como en otros lugares, la interpretación moderna pregunta lo que los lectores iniciales podrían haber entendido, pero la interpretación patrística trae hacia el panorama la posterior revelación de quién era Cristo e insiste en que estos pasajes prefiguraban esa revelación posterior.

mí, porque existía antes que yo" (Jn 1:30). Tanto Miqueas como Juan hablan de alguien que viene después, pero que ya ha existido antes; es decir, implican que la persona que nacerá ha existido eternamente y es, por ende, Dios.

CONCLUSIONES

En este capítulo hemos visto que, ante los ojos de los Padres de la iglesia (a diferencia de muchos intérpretes bíblicos modernos), la interpretación adecuada del Antiguo Testamento requiere que se tenga un claro entendimiento de todo el mensaje de la Biblia, para así poder leer cada pasaje individual sobre la base de ese mensaje general. Además, hemos visto que la iglesia primitiva veía casi unánimemente ese mensaje central como Cristo. Así, Cristo es el vínculo entre el Antiguo y el Nuevo Testamento, así como la relación de Cristo con su Padre es el vínculo entre la vida divina y la vida cristiana, entre las acciones de Dios y la acción humana. He argumentado que, aunque la exuberancia de la iglesia primitiva por buscar a Cristo en el Antiguo Testamento llevó a la exégesis errónea de algunos pasajes, los Padres tuvieron razón en su presuposición general de que el vínculo entre los Testamentos debería ser Cristo.

Además, traté de desarrollar en este capítulo la revelación paulatina de la promesa que se cumple en Cristo. Al hacer esto, he utilizado pasajes que los Padres de la iglesia (y, en realidad, la gran mayoría de los creyentes durante la historia del cristianismo) han visto que se refieren de manera directa a Cristo. Sin embargo, también he intentado mostrar que no se necesita saber el fin de la historia para poder ver a Cristo en el desarrollo de la revelación del Antiguo Testamento. En cambio, las personas deberían haber podido, desde el principio, reconocer que Dios ha prometido una persona en la cual deberían poner su esperanza. A medida que pasaba el tiempo, Dios dejó en claro que esta persona vendría de Abraham, de Israel y luego del linaje de David. Dios dejó en claro que las personas necesitarían a esta persona para alcanzar el perdón de sus pecados y recibir el reino eterno. Y, finalmente, Dios empezó a revelar más y más que esta persona sería divina, que sería Dios. Ya con la revelación más completa en el Nuevo Testamento quedando atrás, podemos (y los Padres de la iglesia lo hicieron) ver en retrospectiva y reconocer que las referencias en el Antiguo Testamento a un "hijo" eran referencias al Hijo, la segunda persona de la Trinidad. Pero, mientras los judíos no podrían haberlo adivinado en ese tiempo, ya que hasta entonces solo habían recibido pistas de la

Trinidad, recibieron las claves suficientes para reconocer, de alguna manera, que esta persona que Dios enviaría era Dios mismo.

Como resultado, podemos ver que el vínculo entre el Antiguo y el Nuevo Testamento es más fuerte de lo que los intérpretes modernos reconocen. Además, podemos afirmar que nuestro criticismo común de la interpretación patrística del Antiguo Testamento no siempre es justificado, ya que, si mi enfoque en la idea de una persona prometida es correcta, entonces la manera adecuada de hacer la conexión entre los Testamentos es mucho más parecida a la forma en la que los Padres de la iglesia la hacían que a la forma en la que nosotros típicamente lo hacemos. De principio a fin, la Biblia es la historia del amor de Dios por su pueblo, un amor por el cual ha prometido enviar a una persona por medio de la cual todas las naciones del mundo serán bendecidas. Esta persona, como ahora sabemos, es Cristo. El amor que llevó a Dios a prometernos a este Cristo, como ahora sabemos, es el amor que el Padre y el Hijo han compartido desde toda la eternidad. Dios nos prometió a Cristo para compartir con nosotros el amor que comparte con su Hijo. Los varios milenios de historia del Antiguo Testamento sirvieron para preparar a Israel y al mundo para reconocer y recibir a este Hijo cuando llegara al mundo. Y esa entrada de Dios el Hijo al mundo es el tema del cual hablaré en el capítulo siete.

7

LA ENCARNACIÓN

El Unigénito se convierte en el Primogénito

Ahora que hemos visto la conexión entre el Antiguo y el Nuevo Testamento y, por ende, la forma en la que Dios preparó al mundo para la llegada de su Hijo, estamos listos para volver a la pieza central de su historia, los eventos que yacen en el corazón de lo que el cristianismo llama *redención*. Esta palabra hace referencia al hecho de que, debido a nuestro pecado, nos hemos vuelto esclavos de un amo ajeno, y debemos ser comprados de vuelta para poder ser restaurados a nuestro amo legítimo, Dios. Dividiré este tratamiento de la redención en dos capítulos, enfocando este en la encarnación y la vida de Cristo, y el siguiente en la muerte y resurrección de Cristo. Así que es hora de ver el Evangelio de Juan, ya que Juan es quien mejor explica la encarnación, el hecho por medio del cual Dios el Hijo llegó a la vida humana haciéndose un ser humano real sin dejar de ser Dios. Mientras buscamos entender las enseñanzas de Juan con la ayuda de los Padres de la iglesia, me apoyaré bastante en Atanasio y Cirilo de Alejandría, los más grandes maestros de la iglesia sobre la encarnación y, probablemente, los mejores representantes de la línea de pensamiento patrístico que estoy elaborando en este libro.

DIOS ENVÍA A SU HIJO

Juan empieza su Evangelio con algunas de las palabras más memorables de toda la Biblia: "En el principio ya existía el Verbo, y el Verbo estaba con Dios, y el Verbo era Dios. Él estaba con Dios en el principio. Por medio de él todas las cosas fueron creadas; sin él, nada de lo creado llegó a existir. En él estaba la vida, y la vida era la luz de la humanidad. Esta luz resplandece en las tinieblas, y las tinieblas no han podido extinguirla" (Jn 1:1-5). En este pasaje, el "Verbo" es el Hijo de Dios, la segunda persona de la Trinidad, quien será llamada Cristo o Jesús después de la encarnación. Para ver que aquel a quien Juan llama el "Verbo" realmente es el Hijo, podemos leer Hebreos 1:1-2, donde el autor dice: "Dios, que muchas veces y de varias maneras habló a nuestros antepasados en otras épocas por medio de los profetas, en estos días finales nos ha hablado por medio de su Hijo. A este lo designó heredero de todo, y por medio de él hizo el universo". Vea lo similar que es este pasaje de Hebreos al pasaje de Juan. Ambos afirman que aquel de quien hablan es aquel a través del cual Dios creó el universo. El autor de Hebreos lo llama el "Hijo" y Juan lo llama el "Verbo". Claramente, la misma persona es la que está en la mente de ambos autores.

¿Por qué Juan lo llama el "Verbo" (gr.: *palabra*) aquí? Obviamente, la palabra es un medio de comunicación, la unidad básica del lenguaje. Es la manera en la que expresamos el razonar de nuestras mentes. De hecho, el término traducido aquí como "palabra" (*logos*) también puede entenderse como "razonamiento", "juicio", "habla" o incluso "explicación". Al usar esta palabra, *logos*, Juan indica que la segunda persona de la Trinidad es aquel a través de quien Dios se comunica con la humanidad. Él es la comunicación de Dios por excelencia, la última y la más grande manera en la que Dios nos ha hablado. El autor de Hebreos expresa exactamente la misma idea al decir que Dios ha hablado a través de los profetas, pero ahora ha hablado a través de su Hijo. Además, Juan sabía que sus lectores, hablantes de griego de diferentes culturas del mundo antiguo, reconocerían la palabra *logos*, ya que los griegos paganos utilizaban esta palabra para referirse al ser divino por medio de quien el Dios supremo se comunicaba con el mundo.

Vea lo que Juan dice sobre este Verbo, este Hijo de Dios: al principio estaba con Dios. El primer versículo de la Biblia dice: "En el principio Dios creó los cielos y la tierra" (Gn 1:1). Aquí, Juan indica que en el momento en que Dios creó los cielos y la tierra, el Verbo ya estaba presente, ya estaba con Dios. Entonces, el Verbo siempre ha estado con Dios, desde toda la eternidad. Al escribir esto, Juan está preparando el escenario para lo que Jesús dirá después —que seremos partícipes en la gloria que él tenía con el Padre antes de que el mundo existiera. Pero vea también que Juan no afirma simplemente que el Verbo estaba con Dios; también escribe que el Verbo era Dios. Aquí tenemos tanto una identificación del Verbo con Dios —de tal forma que puede decirse que ambos son el mismo— como una distinción entre ellos de tal forma que puede decirse que el Verbo estaba con Dios. Además, Juan indica que todas las cosas que han sido hechas (es decir, todas las cosas no eternas, todas las cosas creadas), fueron hechas a través del Verbo. Génesis nos ha dicho que Dios hizo todo. (Según el pensamiento hebraico, la expresión "los cielos y la tierra" era una manera de decir "todo"). Aquí, Juan nos dice que la forma en la que Dios hizo todo fue a través del Verbo. Entonces, vemos que, en unas pocas frases cortas, Juan nos da las verdades fundamentales de la relación entre el Padre y el Hijo. Los dos son distintos como personas, pero están unidos para ser un solo Dios. Ellos están juntos en amor, y el Hijo/Verbo es aquel por medio de quien el Padre/Dios obra. Jesús detalla esta relación más adelante en el Evangelio.

Habiendo presentado esta relación de manera concisa, Juan luego dirige su atención a la entrada personal del Verbo al mundo. Describe brevemente el rol de otro Juan (a quien los autores de los Evangelios llaman "Juan el Bautista") en ser testigo del Verbo, y luego escribe:

> El [Verbo] que era la luz ya estaba en el mundo, y el mundo fue creado por medio de él, pero el mundo no lo reconoció. Vino a lo que era suyo, pero los suyos no lo recibieron. Mas a cuantos lo recibieron, a los que creen en su nombre, les dio el derecho de ser hijos de Dios. Estos no nacen de la sangre, ni por deseos naturales, ni por voluntad humana, sino que nacen de Dios. (Jn 1:10-13)

El principio de este pasaje indica que el Verbo primero llegó a los judíos, al pueblo al que él pertenecía en términos de descendencia humana. La mayoría de ellos no lo recibió, pero el punto crucial que Juan hace tiene que ver con quienes sí creyeron en él, ya sean judíos o gentiles. Juan escribe que "les dio el derecho de ser hijos de Dios" y afirma que "nacen de Dios". Recuerde que el Verbo es Dios el Hijo, y aquellos que creen en el Hijo se convierten en hijos e hijas de Dios —no hijos naturales, sino hijos e hijas espirituales, ya que nacemos espiritualmente de Dios. ¿Cómo nos permite el hecho de creer en el Verbo convertirnos en hijos de Dios, incluso ser nacidos de Dios? Juan explica esta sorprendente declaración en el siguiente versículo: "Y aquel Verbo fue hecho carne, y habitó entre nosotros (y vimos su gloria, gloria como del unigénito del Padre), lleno de gracia y de verdad" (Jn 1:14). Veamos atentamente las tres principales aseveraciones que Juan hace en este versículo en particular.

Primero, Juan escribe que el "Verbo se hizo carne" y habitó entre nosotros. Con "carne", Juan no solo se refiere a que el Verbo tomó un cuerpo o una forma visible; se refiere a que el Verbo se hizo humano, sin dejar de ser Dios. En la Biblia, "carne" normalmente se refiere a los seres humanos,[50] y la intensidad de la palabra está diseñada para demostrar que él realmente era humano, tanto física como

---

[50] Ver Lc 3:6 (donde la NVI traduce "toda la carne" como "toda la humanidad"); Ro 3:20 (donde la NVI traduce "ninguna carne" como "nadie"); Ef 6:12 ("sangre y carne" como sinónimo de "seres humanos"); 1 P 1:24 (donde la NVI traduce "toda carne" como "todo mortal").

espiritualmente, y no algún tipo de fantasma. De hecho, Juan luego escribiría que hemos visto, oído e incluso tocado al Verbo que es vida (1 Jn 1:1-2). El Verbo, el Hijo, ha venido del cielo, de alguna manera se hizo humano como nosotros y vivió una vida humana entre nosotros.

La segunda aseveración que hace Juan en este versículo es que, así como hemos visto al Verbo encarnado, hemos "contemplado su gloria, la gloria que corresponde al Hijo unigénito del Padre". La palabra griega traducida como "unigénito" *(monogenēs)* es a veces traducida como "el único Hijo engendrado por Dios", y se refiere al hecho de que el Verbo es el único Hijo de Dios. Dios tiene un solo Hijo verdadero —el Verbo, la segunda persona de la Trinidad. Incluso cuando los cristianos somos llamados hijos de Dios (como en el versículo anterior, o como en Ro 8:14-17) —y, por extensión, también hijas de Dios—, no somos hijos de Dios de la misma manera que el Verbo es el Hijo de Dios. Él es igual a Dios, eterno y para siempre el Hijo del Padre. Nosotros somos creados, siervos de Dios, en un nivel inferior y somos adoptados dentro de la familia de Dios. Esto es a lo que Juan se refiere cuando escribe que somos nacidos de Dios, y Pablo utiliza la palabra *adopción* en Romanos 8 y otros lugares. Así que, cuando el Verbo se hizo humano, las personas fueron capaces de ver la singularidad del Unigénito, el verdadero Hijo de Dios. Además, vea que Juan utiliza la palabra *gloria*. No vemos al Hijo de Dios; vemos la gloria del Hijo único. Recuerde que la gloria implica presencia. Cuando vemos al Verbo encarnado, vemos algo de la presencia única de Dios con él, algo de su relación única con Dios el Padre. Nuevamente, Juan está introduciendo brevemente lo que Jesús describiría en más detalle más adelante: el compañerismo amoroso entre el Padre y el Hijo se nos hace evidente cuando el Verbo se hace carne y, de alguna manera, la verdadera relación del Hijo con el Padre nos lleva a ser los hijos adoptivos de Dios.

La tercera declaración que hace Juan en este versículo es que el Verbo encarnado está "lleno de gracia y de verdad". Las palabras griegas que Juan utiliza aquí *(charis* y *alētheia)* tienen el propósito de reflejar dos palabras hebreas *(ḥesed* y *'ĕmet)*, las cuales son extremadamente comunes en el Antiguo Testamento, especialmente en los Salmos, donde aparecen juntas muchas veces.[51] La primera de estas *(ḥesed)*, traducida aquí como "gracia", normalmente se traduce como "amor bondadoso" o "tiernas misericordias" o "amor infalible" en el Antiguo Testamento. Expresa dos ideas básicas: la profundidad del

---

[51] Ver, por ejemplo, Sal 115:1; 117:2.

amor de Dios por nosotros y la permanencia de su amor. La segunda palabra (*'ĕmet*), traducida aquí como "verdad", es traducida muchas veces como "fidelidad" en el Antiguo Testamento. Estas dos palabras resumen el amor constante, permanente, fiel y personal de Dios por su pueblo. Juan indica que, en el Verbo encarnado, vemos la muestra máxima del amor de Dios. Realmente vemos este amor demostrado de dos maneras: hacia su Padre y hacia nosotros, su pueblo.

EL HIJO ENCARNADO: DIFERENTE, PERO VINCULADO A NOSOTROS

Los grandes pensadores de la iglesia primitiva, al reflexionar sobre estos pasajes del Evangelio de Juan, desarrollaron un par de frases para distinguir a Cristo de los cristianos, a la vez que lo vinculan a nosotros. Esas frases son "Hijo por naturaleza" e "hijos por gracia" (o "hijos por adopción"). El Verbo, Jesucristo, es el único, verdadero y natural Hijo de Dios, quien es una de las personas de la Trinidad, igual (y en términos de atributos, incluso idéntico) al Padre. Es el único que ha estado en una relación filial eterna con Dios el Padre. En contraste, aquellos que creen en Cristo son hijos e hijas por adopción, por gracia. Somos traídos a esa relación por medio del accionar de Dios; nos es

---

Cirilo de Alejandría sobre la diferencia entre el verdadero Hijo y los hijos por adopción (ca. 423):

> El concepto de filiación significa esto cuando se aplica a uno que lo es naturalmente [es decir, cuando se aplica a Cristo], pero el tema es distinto para aquellos que son hijos por adopción. Pues como Cristo no es un hijo de esta manera [por adopción], es entonces un verdadero Hijo, para que así pueda ser distinguido de nosotros, que somos hijos por adopción. Pues no habría filiación ni por adopción ni por semejanza a Dios si él no fuera el verdadero Hijo, a cuya semejanza nuestra filiación es llamada y formada bajo una cierta habilidad y gracia.

Tes., cap. 32 (traducción de Fairbairn)

---

conferida en lugar de ser nuestro derecho natural por nacimiento. Así, en los escritos de la iglesia primitiva, las frases "por naturaleza" y "por gracia" distinguen claramente a Cristo/el Verbo/el Hijo de aquellos que son nacidos de Dios al creer en el Hijo. Para una ilustración de esta diferenciación, ver el recuadro anterior de Cirilo de Alejandría.

Sin embargo, al mismo tiempo, las frases "Hijo por naturaleza" e "hijos por gracia/adopción" nos vinculan a Cristo al referirse a ambos como "hijos". Al hacerse humano, el Verbo se ha convertido en uno de nosotros. En cierto sentido, se ha convertido en nuestro hermano, y Pablo se refiere a él en Romanos 8:29 como el primogénito entre muchos hermanos. Vea cómo la Biblia utiliza tanto la palabra "unigénito" como "primogénito" para describir a Dios el Hijo. ¿Cómo puede uno ser el único Hijo si también es el primogénito de muchos hermanos y hermanas? Pensando en esto, los Padres de la iglesia concluyeron que el Verbo, cuando es considerado como Dios, es el unigénito. Pero cuando el mismo Verbo es considerado después de la encarnación como un ser humano, es el primogénito de muchos hermanos y hermanas. Atanasio explica esto brevemente en el recuadro inferior. El Hijo se ha hecho humano para hacerse nuestro hermano adoptivo para que nosotros, habiéndonos convertido en sus hermanos y hermanas por adopción, podamos luego ser hijas e hijos adoptados de su Padre natural, Dios. El Hijo por naturaleza nos ha hecho hijos e hijas por gracia.

Atanasio sobre el Hijo como Unigénito y Primogénito (ca. 358):

Si, entonces, él es el Unigénito, como realmente lo es, "Primogénito" requiere algo de explicación; pero si reamente ese el Primogénito, entonces no es el Unigénito. Pues el mismo no puede ser Unigénito y Primogénito a la vez, excepto en relaciones distintas —es decir, Unigénito, por su generación por parte del Padre, como ha sido dicho; y Primogénito, por su condescendencia hacia la creación y hacer de los muchos sus hermanos.

Cont. Arr., libro 2, cap. 62, (*NPNF²*, tomo 4, 382)

Los Padres de la iglesia no solo enfatizan que Cristo es Hijo de manera distinta a la nuestra, sino que también recalcan que debió ser así. Si Cristo hubiera sido simplemente un hombre en quien Dios moró, un hombre que escaló de regreso a Dios, pues entonces no podría haber dado gracia y salvación. Uno que recibe gracia desde afuera, ya sea por ganársela o por recibirla como obsequio, no puede pasar esa gracia hacia otros. Si la gracia o la salvación fueran objetos, entonces alguien que las ha recibido podría pasárselas a otras personas. Cristo podría haber sido un hombre que ganó este objeto como recompensa y luego habérnoslo pasado a nosotros. Pero, como hemos visto, la salvación no es un objeto. En cambio, la salvación es Cristo; la gracia es Cristo. Para ponerlo de otra manera, la salvación es nuestra participación en la relación del Hijo con el Padre por medio de la adopción. Ya que la salvación es Cristo, entonces solo Cristo puede darse a sí mismo a nosotros. Solo aquel que es el Hijo natural del Padre, quien ha participado desde toda la eternidad en un compañerismo de amor con el Padre, puede darnos esa participación en su propia relación con el Padre por medio de la adopción. En el siguiente recuadro de Atanasio, note que la razón por la cual la salvación no puede ser ganada es porque la salvación es una filiación por medio de la adopción. El contenido de la salvación es inseparable de la persona de Cristo, quien es el Hijo real y natural de Dios. Atanasio escribe que Cristo no podría haber recibido las prerrogativas como un premio por su virtud. La salvación es Cristo mismo, es la adopción a su propia relación con el Padre. Debido a lo que (o, mejor dicho, a quien) la salvación es, no puede ser ganada y solo puede ser dada por el Hijo verdadero y natural de Dios.[52]

Atanasio sobre Cristo como el Hijo natural de Dios (ca. 358):

¿Pues cómo, en ese caso [si Cristo no fuera el Hijo natural] podría uno conocer a Dios como su Padre? Pues no podría haber adopción fuera del Hijo real, quien dice: "Nadie conoce al Padre, sino el Hijo y aquel a quien el Hijo quiera revelarlo". [...] Y si todos los que son llamados hijos o dioses, ya sea en la tierra o en el cielo, fueran adoptados y deificados por medio del Verbo, y el Hijo mismo es el Verbo, es claro que todos son a través de él, y él mismo ante todos o, mejor dicho, él mismo es el mismísimo Hijo, y solo él es el mismísimo Dios del mismísimo Dios, no recibiendo estas prerrogativas como una recompensa por sus virtudes, ni siendo otro al lado de ellas, sino siendo todas estas por naturaleza y de acuerdo a la esencia.

Cont. Arr., libro 1, cap. 39 (*NPNF*[2], tomo 4, 329)

---

[52] Estas son las ideas que yacen en el centro de la controversia cristológica del quinto siglo. Teodoro y su pupilo Nestorio veían la gracia como un objeto que uno podía recibir y luego pasárselo a otros. Específicamente, entendían la gracia como la ayuda de Dios en la tarea de tratar de alcanzar la perfección. Cristo el hombre recibió esta gracia y, por ende, era "divino" en el sentido de que Dios el Hijo cooperaba con él y lo ayudaba morando en él. Cuando alcanzó la perfección, entonces pudo pasarnos esta gracia a nosotros. En contraste directo, Cirilo (y, pienso yo, virtualmente toda la iglesia también) veía la gracia como Dios el Hijo dándose a sí mismo a nosotros. Entonces, para que nosotros pudiéramos recibir esta gracia, Cristo tenía que ser Dios el Hijo, no sencillamente un hombre con gracia, como Teodoro y Nestorio argumentaban.

En la forma en la que la iglesia primitiva entendía el Evangelio de Juan, la encarnación fue la movida de Dios que hizo posible que los seres humanos que habían perdido su relación con Dios fueran restaurados nuevamente a esa relación. Dios nos llamó a ser partícipes de la amorosa relación entre el Padre y el Hijo, a vivir esa relación en el mundo. Pero como la humanidad perdió ese compañerismo debido a la Caída, Dios el Hijo personalmente vino a la existencia humana para hacernos sus hermanos y hermanas adoptivos. Al ser adoptados a la familia de Dios, recibimos el privilegio de participar en el compañerismo que une a las personas de la Trinidad. El Padre, el Hijo y el Espíritu comparten esto por naturaleza, por virtud del hecho de poseer la única naturaleza divina y ser el mismo Dios. Nosotros no somos, y nunca seremos, hijos e hijas por naturaleza, pero por medio de la gracia de la encarnación, recibimos el compañerismo que el Hijo natural comparte con su Padre.

Juan nos comunica esta asombrosa verdad en forma de esquema al inicio de su Evangelio, y Jesús, el Hijo, nos da más puntos específicos en el sermón del aposento alto. Cirilo de Alejandría probablemente ofrece el resumen más audaz del vínculo entre la encarnación y nuestra participación en el compañerismo divino cuando habla acerca de la discusión de Jesús sobre cómo los creyentes son las ovejas de Cristo en Juan 10. En el recuadro inferior, note la distinción entre Cristo y nosotros (él tiene una naturaleza idéntica a la de Dios, nosotros no) y el vínculo entre Cristo y nosotros (él ha tomado nuestra carne cuando se hizo hombre, así que estamos cercanamente relacionados). Pero, más importante, note que el compañerismo que tenemos con Dios es el

---

Cirilo de Alejandría sobre los cristianos como las ovejas de Cristo (ca. 425):

Pues el Verbo de Dios es una naturaleza divina incluso en la carne, y aunque es por naturaleza Dios, nosotros somos sus hermanos debido a que él asumió la misma carne que la nuestra. Por ende, la forma del compañerismo *(oikeiotēs)* es similar. Pues, así como él está íntimamente relacionado al Padre y, a través de su identidad de naturaleza, el Padre está íntimamente relacionado a él, también estamos nosotros [íntimamente relacionados] a él y él a nosotros, de tal manera que fue hecho hombre. Y a través de él, al igual que a través de un mediador, estamos unidos al Padre.

Com. Jn., libro 6, cap. 1 (Randell, 84, traducción modificada)

mismo que el Hijo tiene con el Padre. Ellos tienen ese compañerismo porque comparten la misma naturaleza; nosotros lo tenemos porque hemos sido unidos a Dios a través de la encarnación.

A estas alturas, surgen varias preguntas importantes. Tal vez la más importante sea cómo fue imposible la encarnación. ¿Cómo pudo Dios entrar en la raza humana y vivir una vida verdaderamente humana? Podemos imaginarnos a Dios apareciendo brevemente en forma humana, poniéndose algún tipo de disfraz visible al hablar con nosotros. Pero, ¿podemos imaginarnos a Dios, el Creador infinito del universo y el Hijo del Padre, convirtiéndose en un bebé indefenso? Y si lo hiciéramos, ¿cómo sería posible que continúe siendo Dios? Una segunda pregunta que surge es cómo la vida del Dios encarnado podría tener cualquier tipo de conexión a nuestras vidas humanas pecaminosas. ¿De qué manera podría el Hijo de Dios realmente ser nuestro hermano para que nosotros podamos convertirnos en hijos adoptivos, y así ser partícipes en su relación con el Padre? Y una posible tercera pregunta sería cómo esto enfrenta el problema del pecado, el problema que nos llevó a perder nuestro compañerismo con Dios en primer lugar. Estas son preguntas importantes y trataré de responderlas en lo que queda de este capítulo y en el siguiente.

ARTICULANDO LA DOCTRINA DE CRISTO

Al intentar comprender la encarnación, se debería empezar desde la perspectiva fundamental de la Trinidad que vimos anteriormente —hay tres personas que son iguales, eternas y hasta idénticas en cuanto a sus atributos y, por ende, estas tres personas son un mismo Dios. Si la naturaleza divina es el conjunto completo de estas características o atributos que la Biblia le atribuye a Dios, entonces el Padre, el Hijo y el Espíritu Santo poseen esta naturaleza divina idéntica. Poseyendo esta naturaleza divina desde toda la eternidad, las tres personas han vivido, entonces, la vida divina eternamente —una vida que implica convivir en compañerismo y amor. De esta manera, se podría hablar de la segunda persona como el Hijo de Dios por naturaleza. Sin embargo, las Escrituras afirman que este mismo Hijo ha venido a la tierra y ha vivido entre nosotros; es decir, ha vivido una vida humana entre otros seres humanos. Para que esto ocurriera, se "hizo carne" —puso sobre sí mismo un conjunto completo de características humanas para permitirse a sí mismo vivir una vida humana. Si la naturaleza divina es el conjunto de atributos divinos que hace posible que las tres personas vivan la vida divina, entonces, de la misma manera, una naturaleza humana es un conjunto de atributos y componentes humanos que hace que nuestro tipo de vida sea posible. Para vivir como un ser humano, se debe ser alguien tanto espiritual como físico (tener un alma y un cuerpo), se necesita una mente humana, emociones humanas, etc. Si se enumeraran todas estas características —atributos y partes componentes que todos los seres humanos tienen en común—, entonces estas, colectivamente, constituirían la naturaleza humana.

Además, debería quedar claro que una naturaleza no existe por sí sola. Una naturaleza es un conjunto completo de características, y estas características deben tener una persona en quien existir. (Por ejemplo, el hambre no es algo que exista por sí mismo; es una característica que una persona en particular exhibe en un momento dado). En cada uno de nosotros, nuestra naturaleza yace en la persona en particular que cada uno de nosotros es. Sin embargo, lo que la iglesia primitiva reconoció sobre la encarnación fue que la naturaleza humana de Cristo yace no solo en una persona humana, sino en la persona divina, Dios el Hijo. Para ponerlo de otra manera, Dios el Hijo —uno de tres y solo tres personas que poseían la naturaleza divina— añadió a su propia persona una naturaleza humana completa, un complemento total de las características y componentes que hacen a uno humano. De esta forma, la misma persona —la segunda persona de la Trinidad— era tanto divina como humana. Era divino porque desde toda la eternidad ha poseído la naturaleza divina. Después de la encarnación, era también humano porque puso sobre sí mismo "carne", es decir, todas las características que definen a un ser humano. Como esta persona, a quien ahora llamamos Jesucristo, era tanto divino como humano, pudo vivir en dos niveles al mismo tiempo. Continuó viviendo en el nivel divino como lo había hecho desde toda la eternidad —compartiendo el compañerismo con el Padre, manteniendo el universo (ver Col 1:17) y todo lo demás que hace Dios. Pero ahora también empezó a vivir en un nivel humano al mismo tiempo— siendo concebido y nacido como un bebé, creciendo en Nazaret, aprendiendo las Escrituras como cualquier otro niño judío lo habría hecho, sintiendo hambre, sed y cansancio, e incluso muriendo.

Los Padres de la iglesia expresaron esta idea de una manera hermosa cuando hablaron de Dios el Hijo haciendo algunas cosas como Dios y haciendo otras como un hombre. La misma persona hacía cosas que eran propias de la humanidad y otras que eran propias, incluso posibles, solo para Dios. Pero la persona que hizo estas cosas era la misma, Dios el Hijo. Él simplemente hizo algunas cosas relacionadas con su naturaleza divina que había poseído desde toda la eternidad, y

---

Agustín sobre Cristo "como Dios" y "como Hombre" (ca. 410):

> Es así que el Hijo de Dios, quien es a la vez el Verbo de Dios y mediador entre Dios y los hombres, el Hijo del hombre, igual al Padre por singularidad de divinidad y nuestro compañero al hacerse humano, intercede por nosotros en tanto en cuanto es hombre, a la vez que no esconde el hecho de que, como Dios, es uno con el Padre.

Trin., libro 4, cap. 12 (Hill, 161)

---

otras cosas que eran propias de la naturaleza humana que había empezado a poseer en la encarnación. En el recuadro anterior de Agustín, vea que la persona de Cristo es el Hijo de Dios. Esta persona es una con el Padre cuando se lo considera como Dios, y es él quien le pide al Padre por nosotros cuando se lo considera un hombre. Dios el Hijo hace lo que es propio de Dios y lo que es propio de la humanidad. De igual manera, en el siguiente recuadro de Atanasio, vea que Cristo da y recibe gracia. Como el Verbo (es decir, como Dios), da la gracia del Padre. Pero da esta gracia a su propia humanidad, para que como hombre pueda recibirla para nosotros. La misma persona, Dios el Hijo, da salvación a la humanidad y recibe salvación para la humanidad, para que nuestra salvación pueda estar segura en él.

Atanasio sobre Cristo "como Dios" y "como Hombre" (ca. 358):

> La gracia que el Hijo da del Padre, que se dice que el mismo Hijo recibe; y la exaltación, que el Hijo concede desde el Padre, con aquello el Hijo mismo es exaltado. Pues aquel que es el Hijo de Dios se hizo el Hijo del hombre; y, como Verbo, él da del Padre, pues todas las cosas que el Padre hace y da, lo hace y lo otorga por medio de él; y como el Hijo del hombre, se dice que él mismo, al igual que los hombres, recibe lo que proviene de él, porque su cuerpo no es otro más que el suyo.

Cont. Arr., libro 1, cap. 45 ($NPNF^2$, tomo 4, 333)

La implicación de lo que estos Padres de la iglesia están diciendo es que no es suficiente sencillamente decir que Cristo es una persona que posee dos naturalezas. Esto es cierto, pero los Padres de la iglesia dijeron mucho más que esto y sentían que debían decir más que esto.

La pregunta crucial no es si Cristo es una persona y si tiene dos naturalezas. En cambio, la pregunta crucial es quién es esa persona. En el centro del ser de Cristo, ¿está un hombre en quien mora Dios el Hijo, o está Dios el Hijo viviendo en la tierra como un hombre? Mientras que unas pocas personas afirmaron lo primero y fueron condenadas por la iglesia,[53] los Padres, en general, insistían en lo segundo. La persona de Cristo era y es Dios el Hijo. El bebé que nació de María era la misma persona que había sido eternamente el único Hijo de Dios el Padre. Cristo no es simplemente un hombre en quien mora Dios, un hombre que ha sido especialmente bendecido por Dios. Note en el siguiente recuadro de Atanasio que no habría nada inusual en Dios morando en una persona, ya que Dios ha morado dentro de todos los justos a lo largo de la historia. Esto no constituiría una encarnación.

Atanasio sobre Dios haciéndose hombre (ca. 358):

> Él se hizo hombre y no vino hacia el hombre; esto es necesario saber para evitar que estos hombres no religiosos caigan también bajo esa noción y engañen a cualquiera a pensar que, como en tiempos pasados, el Verbo era usado para llegar a cada uno de sus santos, así ahora permanece en un hombre, santificándolo también y manifestándose como en otros. Pues, si así fuera, y él solamente hubiera aparecido en un hombre, no sería nada extraño. [...] Pero ahora, ya que el Verbo de Dios, por medio de quien todas las cosas llegaron a ser, soportó para también convertirse en el Hijo del hombre y se humilló, tomando la forma de un siervo, por ende, para los judíos, la cruz de Jesús es un escándalo, pero para nosotros, Cristo es "el poder de Dios" y "la sabiduría de Dios".

Cont. Arr., libro 3, cap. 30 (*NPNF*[2], tomo 4, 410)

En lugar de ser un hombre en quien Dios mora, Cristo es Dios el Hijo viviendo personalmente en la tierra como uno de nosotros. Esto es en lo que insistía la iglesia, y esto es en lo que la iglesia *debía* insistir, ya que solo si Cristo, como una persona, es el verdadero y natural

---

[53] Ellos fueron Diodoro de Tarso en el cuarto siglo, Teodoro de Mopsuestia en el cuarto y quinto siglo y Nestorio en el quinto siglo. Nestorio fue condenado en vida en el concilio de Éfeso (el tercer concilio ecuménico) en 431, y Diodoro y Teodoro fueron condenados después de sus muertes en el segundo concilio de Constantinopla (el quinto concilio ecuménico) en 553.

Hijo de Dios, entonces puede permitirnos ser partícipes de su relación eterna con el Padre por medio de la adopción. Solo el Hijo por naturaleza podría hacernos hijos e hijas por gracia, así que, para que nosotros podamos ser salvos, el Hijo natural tenía que venir personalmente desde el cielo a la tierra por medio de la encarnación. Él hizo esto, declaraba la iglesia, tomando una naturaleza humana sobre sí mismo, es decir, asumiendo un conjunto de características y componentes sobre su persona divina que acompañen sus características divinas (es decir, la naturaleza divina) que había poseído eternamente. En el siguiente recuadro, vea que Cirilo inequívocamente une nuestra adopción al hecho de que Cristo era el Hijo natural de Dios. Era el Hijo de Dios que se hizo hombre mientras seguía siendo Dios.

Tal vez los anteriores párrafos hayan sido sorpresivos para usted, porque hoy en día escuchamos muchas veces que la enseñanza central de la iglesia primitiva sobre Cristo es que es una persona que posee dos naturalezas. Esto es parte de lo que la iglesia primitiva afirmaba, pero no era lo único. En cambio, la aseveración fundamental de la iglesia primitiva era que la persona que es Jesucristo es Dios el Hijo. Era Dios el Hijo como persona (no solo la naturaleza divina) que bajó del cielo.

Cirilo de Alejandría sobre la declaración de que Jesús se muestra como el Hijo de Dios (ca. 436):

> Él no simplemente se mostró como el Hijo de Dios, sino que realmente lo era. Pues poseía la cualidad de filiación no desde afuera, ni tampoco como algo agregado, sino porque era el Hijo por naturaleza, pues esto es lo que debemos creer. Pues somos hijos de Dios por adopción, así como somos conformados al Hijo que ha sido engendrado de él [el Padre] por naturaleza. Pues si no hubiera un Hijo verdadero, ¿quién quedaría en quien pudiéramos ser conformados por adopción? ¿A quién seríamos semejantes? ¿Dónde estaría, realmente, la semejanza si dijéramos que el original no existió?

Car. Pas., 24, párr. 3 (traducción de Fairbairn)

Era Dios el Hijo como persona que unió a la humanidad a sí mismo (no dos naturalezas siendo unidas para formar una nueva persona). De hecho, una lectura cuidadosa de la definición de Calcedonia (el pronunciamiento central de la iglesia acerca de Cristo, escrita y aprobada en el cuarto concilio ecuménico en 451) muestra que este es el caso.

> *La definición de Calcedonia de la fe (451):*
>
> Entonces, siguiendo a los Padres santos, nos unimos para enseñar que debemos confesar <u>el único y el mismo Hijo, nuestro Señor Jesucristo</u>. <u>El mismo</u> es perfecto en deidad, y <u>el mismo</u> es perfecto en humanidad; <u>el mismo</u> es verdadero Dios y verdadero hombre, consistiendo de un alma y un cuerpo racional. Es de la misma sustancia que el Padre de acuerdo a su deidad, y <u>el mismo</u> es de la misma sustancia que la nuestra de acuerdo a su humanidad, igual a nosotros excepto en el pecado. Fue engendrado del Padre antes de los tiempos de acuerdo a su deidad, pero en los últimos días por nosotros y nuestra salvación, <u>el mismo</u> nació de la virgen María, la portadora de Dios, de acuerdo a su humanidad.
>
> Él es <u>el único y el mismo Cristo, Hijo, Señor y Unigénito,</u> *quien se da a conocer en dos naturalezas [unidas] de manera inconfundible, incambiable, indivisible, inseparable. La distinción entre las naturalezas no es para nada destruida debido a la unión, sino que la propiedad de cada naturaleza es preservada y concuerdan juntas en un **prosōpon** e **hypostasis.** No está separado ni dividido en dos **prosōpa,*** sino que es <u>el único y el mismo Hijo, el Unigénito, Dios el Verbo, el Señor Jesucristo.</u>
>
> Esta es la forma en la que los profetas hablaron de él desde el principio, y el mismo Jesucristo nos instruyó y el concilio de los Padres nos ha transmitido [la fe].
>
> (Traducción de Fairbairn)

El recuadro anterior contiene la definición de Calcedonia con dos tipos distintos de énfasis. La cursiva enfatiza la parte de la definición que la mayoría de los protestantes consideran como su afirmación central. Aquí vemos claramente la insistencia en que dos naturalezas están unidas en una sola persona.[54] Sin embargo, vea el texto que está subrayado —las frases "el mismo" y "el único y el mismo". Las dos frases suceden un total combinado de ocho veces en la definición, y claramente la afirmación dominante de la definición no es que Cristo consiste de dos naturalezas, sino que Cristo es el único y el mismo. Aquel que es consubstancial con el Padre es el mismo que es consubstancial

---

[54] En la traducción, he dejado las palabras griegas *prosōpon* e *hypostasis* sin traducir. Estas son dos palabras distintas que corresponden a "persona" en latín o en español. Además, es importante destacar que la palabra *unido* no aparece aquí. La definición declara que Cristo "se da a conocer" en dos inconfundibles naturalezas, no que esas dos naturalezas están unidas en sí. La unión es implícita, no declarada.

con nosotros. ¿Pero a quién, a qué persona, se refieren estas declaraciones? Note que la definición está estructurada alrededor de tres declaraciones paralelas estructurales, cada una de las cuales empieza con la afirmación "el único y el mismo". (En el recuadro, las declaraciones estructurales están subrayadas junto con la frase "el único y el mismo" que las marca). Note también cómo estas declaraciones se hacen cada vez más explícitas a medida que se desenvuelve la definición. La primera dice "el único y el mismo Hijo, nuestro Señor Jesucristo", la segunda "el único y el mismo Cristo, Hijo, Señor y Unigénito", y la tercera "el único y el mismo Hijo, el Unigénito, Dios el Verbo, el Señor Jesucristo". La ascendente especificidad de las declaraciones deja en claro que la persona que es la única y la misma es el Verbo, el Unigénito. Ni la iglesia primitiva en general ni la definición de Calcedonia en particular están simplemente afirmando que Cristo posee dos naturalezas unidas en una sola persona. Tanto la iglesia como Calcedonia afirman que la persona que posee tanto la naturaleza divina como la humana es la eterna segunda persona de la Trinidad, el Hijo de Dios.[55] Y, nuevamente, como hemos visto de Atanasio y Cirilo, esto es lo que la iglesia necesitaba decir sobre Cristo, ya que solo si Cristo era Dios el Hijo como persona podría habernos dado la participación en su relación eterna y personal con Dios el Padre.

LIDIANDO CON LAS DIFICULTADES DE LA ENCARNACIÓN

Existen varias objeciones ante esta manera de describir a Cristo que vienen rápidamente a la mente, y me gustaría enfrentar dos de estos problemas ahora. Probablemente la objeción más común es que si la persona de Cristo era divina, entonces no podría haber sido verdadera y totalmente humana. Las personas muchas veces argumentan que, para ser humano, uno no solo debe tener una naturaleza humana, sino que debe ser una persona humana genuina e independiente. Una naturaleza humana viviendo en una persona divina no es realmente humana, o es lo que solemos decir. Sin embargo, vea la presuposición que sostiene esta insistencia. Las personas que presentan este argumento están presuponiendo que, para ser completamente humano,

---

[55] Para una explicación más completa de esta declaración, ver Donald Fairbairn, "The One Person Who Is Jesus Christ: The Patristic Perspective", en *Jesus in Trinitarian Perspective: An Introductory Christology*, editado por Fred Sanders y Klaus Issler (Nashville: Broadman and Holman, 2007), pp. 80-113.

uno debe ser independiente de Dios. Pero se supone que ninguno de nosotros debiera ser independiente de Dios; todos fuimos creados para ser partícipes en la Trinidad. Ser independiente de Dios es ser menos humano, no más humano. Si se supone que cada ser humano debe ser dependiente de Dios, entonces no denigra de ninguna manera la total humanidad de Cristo decir que su humanidad mora en la persona de Dios el Hijo. Esta es la vida humana en total y obvia dependencia de Dios, la vida humana como Dios la diseñó. Nuestra objeción aquí está basada en una percepción torcida de la humanidad. Lo único que vemos es la versión pecaminosa y distorsionada de la humanidad —seres humanos alejados de Dios después de la Caída. No vemos la humanidad como Dios realmente quiso que fuera. Así que nuestro instinto dominante sobre lo que es ser humano está ligado a lo que significa estar caídos, no necesariamente a ser completamente humanos.

Una segunda objeción que podría surgir está muy ligada a la primera. Se podría argumentar que la naturaleza divina y la naturaleza humana son incompatibles y, por ende, irreconciliables. Entonces, podríamos insistir, no es posible que ambas coexistan en una sola persona. Si Dios se convirtiera en hombre, pensaríamos que dejaría de ser Dios. Pero, nuevamente, debemos recordar que lo que consideramos "naturaleza humana" es la naturaleza humana caída. Si uno considera la naturaleza humana como Dios la creó, la naturaleza humana que Adán y Eva poseían antes de la Caída, entonces es mucho más fácil creer que dicha naturaleza es consistente con la naturaleza divina. La humanidad fue creada a la imagen de Dios, así que los seres humanos son más parecidos a Dios que cualquier otra criatura creada. Por supuesto que la naturaleza divina y la naturaleza animal son incompatibles, o tal vez inclusive la naturaleza divina y la naturaleza angelical, pero los seres humanos portan la estampa de la naturaleza de Dios de tal manera que es única en el universo creado. No hay razón para insistir en que la naturaleza humana no caída, no pecadora, no podría coexistir con la naturaleza divina en la persona de Dios el Hijo.

En este punto, se podría pensar que el argumento en el párrafo anterior es válido para algunos aspectos de la naturaleza divina, pero no para todos. Ya que Dios es amoroso, justo y santo, y ya que la naturaleza humana no pecadora también puede mostrar estas características, entonces se puede pensar en el amor divino y el amor humano perfecto, santidad divina y santidad humana perfecta coexistiendo en la misma persona. Pero este argumento no parece ser válido para otros aspectos de la naturaleza de Dios. Dios está presente en todas partes, supremamente poderoso y omnisciente. Los seres humanos, por definición, tienen poder y conocimiento finito y están incuestionablemente confinados a un solo lugar en un momento determinado. Se podría preguntar cómo Dios el Hijo podría hacerse humano a no ser que renuncie a estas características. Y si él fuera a renunciar a estos atributos, entonces ciertamente ya no sería Dios. Para utilizar el lenguaje de la iglesia primitiva, en este caso él se habría convertido en hombre en lugar de convertirse en hombre al mismo tiempo que seguía siendo Dios. Esta es una objeción fuerte, pero falla en reconocer una cosa acerca de la encarnación —Dios el Hijo no renunció a sus atributos divinos cuando se hizo humano; simplemente decidió no ejercerlos la mayor parte del tiempo. Para poder vivir dentro los límites impuestos por la naturaleza humana que había asumido, Dios el Hijo eligió no utilizar su poder divino la mayoría del tiempo para no aprovecharse de su habilidad de hacer cosas en dos lugares al mismo tiempo (es decir, no utilizar su omnipresencia). Si quería hacer algo en Jerusalén, generalmente caminaba hasta allí, ya que caminar hasta allí para poder actuar allí era coherente con la humanidad que había asumido.

Sin embargo, es importante saber que no siempre hizo las cosas de esta manera. A veces sanaba a la distancia, y el hecho de que lo hiciera era uno de los indicadores de que no había renunciado a su atributo divino de la omnipresencia. Pero, la mayoría del tiempo, eligió no utilizar ese poder para poder vivir como un hombre. De hecho, queda claro en los Evangelios que Jesús sabe que posee habilidades que no utiliza normalmente. Cuando Jesús es arrestado y Pedro saca una espada para tratar de defenderlo de los soldados, Jesús lo reprende y le dice: "¿Crees que no puedo acudir a mi Padre, y al instante pondría a mi disposición más de doce batallones de ángeles?" (Mt 26:53). Jesús podía hacer esto porque es Dios. Pero conscientemente elige no hacerlo. De esta forma, la vida de Cristo era de alguna manera parecida a la de un jugador de fútbol de la Copa Mundial jugando un partido sencillo con niños de edad escolar. Para poder nivelar el campo de juego de alguna manera, el jugador podría estar de acuerdo en nunca tocar la pelota con su pie derecho, sino driblar, pasar y patear solo con su pie izquierdo. Sigue poseyendo todas las habilidades que siempre tuvo, pero no está utilizándolas todas para poder experimentar de manera genuina algunas de las dificultades que enfrentan los jugadores sin experiencia en el deporte.

La encarnación, al igual que la Trinidad, es un misterio profundo. Queda virtualmente fuera de nuestras capacidades creer que Dios el Hijo podría haber entrado en la vida humana al convertirse en uno de nosotros. Y es tal vez más difícil de entender que *lo habría* hecho. Pero las Escrituras afirman que sí lo ha hecho y que el hecho de que Dios se haya hecho hombre es lo que desencadenó los eventos que lograron la salvación. Con la ayuda de los grandes pensadores de la iglesia primitiva, quienes pasaron incontables años ponderando y escribiendo sobre la encarnación, podríamos tal vez empezar a entender ese evento maravilloso a tal punto que pase de ser impensable a ser creíble. Pero, sin importar qué tan débilmente lo entendamos, sin importar lo increíble que nos parezca, la Biblia afirma que tuvo que suceder y que efectivamente sucedió. El Verbo se hizo carne y vivió entre nosotros. El siguiente tema que debemos ver es, entonces, la vida del Verbo encarnado en la tierra y cómo esa vida afecta a todos y cada uno de nosotros.

LA VIDA DE CRISTO:
EL AMOR DIVINO Y HUMANO EN LA MISMA PERSONA

Ya que el propósito de Dios para la humanidad era que fuéramos partícipes en la relación entre el Padre y el Hijo, y ya que la humanidad perdió esta relación como resultado de la Caída, entonces, ciertamente, una de las más grandes necesidades de la raza humana era, y es, ver nuevamente cómo es este tipo de amor. De hecho, cuando Juan describe la encarnación, declara que, a través de la vida terrenal del Verbo encarnado, hemos visto la gloria del Unigénito proveniente del Padre (Jn 1:14). La presencia gloriosa del Hijo con el Padre, el amor que los une, nos es dado a conocer a través de la vida del Hijo en la tierra como hombre. Para ponerlo de otra manera, por medio de la vida de Cristo vemos que él es el Hijo de Dios, y vemos algo de su compañerismo eterno con Dios el Padre. Pero esto no es lo único que vemos por medio de la vida de Jesús. También vemos la vida humana perfecta en él; entendemos algo de lo que es la humanidad siendo partícipe en la relación entre las personas de la Trinidad, como fue el diseño original antes de ser interrumpido. En otras palabras, la vida de Jesús nos muestra cómo es que Dios es partícipe en el amor de la Trinidad —ya que Jesús es la segunda persona de la Trinidad— y cómo es que un ser humano es partícipe en ese mismo amor —ya que la segunda persona de la Trinidad se hizo responsable por la humanidad y se hizo completamente humano. Estas demostraciones paralelas de ser partícipes en el amor de la Trinidad serán los temas principales de esta sección.

Al final de su Evangelio, Juan indica su propósito al escribir: "Jesús hizo muchas otras señales milagrosas en presencia de sus discípulos, las cuales no están registradas en este libro. Pero estas se han escrito para que ustedes crean que Jesús es el Cristo, el Hijo de Dios, y para que al creer en su nombre tengan vida" (Jn 20:30-31). Aquí vemos que, para nosotros, la vida está conectada a creer en Jesús, creer que Jesús es el Hijo de Dios como el Evangelio declara que lo es. Al decir "vida", Juan no se refiere solamente a la existencia física. Se refiere a un cierto tipo de vida, una vida característica de la era al final de la historia, cuando los propósitos de Dios serán cumplidos. Es un tipo de vida mediante la cual participamos en el compañerismo entre el Padre y el Hijo, tal como lo hacía la humanidad antes de la Caída. Juan escribe su Evangelio para que podamos creer que Jesús es ese Hijo y que, al creer en él, podamos ser partícipes en el compañerismo del Hijo con el Padre.

Pero note qué más escribe Juan aquí. Hace referencia a "señales milagrosas" y asegura que Jesús hizo muchas de estas. De hecho, los otros tres evangelios —Mateo, Marcos y Lucas— registran muchas de estas señales milagrosas que no aparecen en Juan. Están llenos de relatos de los milagros que Jesús realiza, generalmente sanando a personas enfermas o poseídas por demonios o incluso muertas. En comparación con estos Evangelios, Juan registra relativamente pocos milagros de Jesús, pero los que sí elige incluir son particularmente importantes porque son los que más demuestran que Jesús es el Hijo de Dios. En resumen, Juan registra esos milagros de Jesús que están directamente vinculados a las profecías del Antiguo Testamento sobre el Mesías, la "semilla" venidera que el Antiguo Testamento había prometido y a quien las personas estaban esperando. Al enfocarse en estas expectativas mesiánicas, Juan fue capaz de demostrar cómo Jesús cumplió y fue más allá de las expectativas de los judíos en cuanto a la llegada del Mesías, e incluso, en algunos casos, cómo corrigió sus expectativas erróneas. Describir de manera adecuada la relación entre las expectativas de las personas y las acciones de Jesús tomaría un libro entero, pero mencionaré algunos ejemplos para dar una muestra de lo que Juan está haciendo en este Evangelio.

Una de las expectativas dominantes de los judíos era que cuando llegara el Mesías —la persona prometida que dominaba la esperanza de Israel en el Antiguo Testamento— habría un gran banquete de comida y vino ilimitado (ver Is 25:6 para la fuente de esta expectativa). El hecho que Jesús haya convertido el agua en vino en la boda en Caná de Galilea (Jn 2:1-10) y que haya alimentado a los cinco mil (Jn 6:1-15) son hechos dirigidos hacia esta expectativa y, en ambos casos, Juan escribe que esta acción era una "señal milagrosa" (Jn 2:11; 6:14). De hecho, en Juan 6:14, Juan registra que las personas reconocieron esa señal específicamente como un cumplimiento de su esperanza mesiánica, y que creyeron que él era el Profeta que tenía que llegar al mundo. Otra expectativa era que el Mesías traería sanidad a las personas y específicamente que sanaría a los ciegos (ver Is 35:5-6). El hecho de que Jesús haya sanado a un hombre nacido ciego en Juan 9:1-41 apunta a esta expectativa, y la discusión pública resultante de esta sanación gira en torno a si alguien que no era de Dios podría cumplir con tan "milagrosa señal" (Jn 9:16). Además, se creía que el Mesías traería un fin a la muerte y el sufrimiento (ver Is 25:7; 26:19 en conexión con esta esperanza). El hecho de que Jesús levantara a Lázaro de la muerte en Juan 11:1-44 apunta a esta creencia, e incluso los líderes judíos que se oponían a Jesús la llamaron una señal milagrosa (Jn 11:47).

Debido a estas señales milagrosas, la vida de Jesús ocasionó una cantidad enorme de discusiones entre los judíos acerca de si él era el Mesías o el Profeta que vendría de Dios. Lo que es más notable sobre estas discusiones que giraban en torno a Jesús es que las personas entienden que el Mesías era un hombre enviado de Dios, no como Dios. En este contexto, Jesús enfatiza repetida y pacientemente que él es a quien estaban esperando, pero que no es un simple hombre como pensaron que sería el Mesías. Es Dios el Hijo. En Juan 8:58, Jesús sorprendió tanto a los judíos al declarar "Ciertamente les aseguro que, antes de que Abraham naciera, ¡yo soy!" que levantaron piedras para apedrearlo hasta la muerte.[56] En Juan 10:30, Jesús dice: "El Padre y yo somos uno"; nuevamente los judíos acertadamente entienden esto como una proclamación de ser Dios, así que nuevamente intentan apedrearlo hasta la muerte sin éxito. En Juan 14:9 —en medio del discurso del aposento alto—, Jesús le dice al apóstol Felipe: "El que me ha visto a mí ha visto al Padre". Jesús se muestra a sí mismo como el Mesías prometido a través de sus acciones, y en medio de las discusiones sobre si es realmente ese Mesías, las palabras de Jesús indican que él es incluso más grande que el tipo de Mesías que estaban esperando. No es ni más ni menos que Dios el Hijo, el que existió antes de Abraham y que está en unión con el Padre. Este es el punto principal al que Juan busca llegar en su Evangelio, como lo muestra su declaración sobre el propósito del libro.

---

[56] En el Antiguo Testamento, la frase "yo soy" era el nombre que Dios se daba a sí mismo cuando hablaba con Moisés desde la zarza ardiente (Éx 3:14). Ningún judío diría esta frase para referirse a sí mismo, y por eso entendieron claramente el uso que Jesús le da aquí para proclamar que él era Dios. La pena por la blasfemia era la muerte por lapidación, como se deja claro en Lv 24:10-16.

Así que, al ver a Jesús, las personas no han visto simplemente al Mesías humano que estaban esperando. Han visto al Hijo de Dios, al Mesías divino. Como resultado, han visto de primera mano cómo es la relación dentro de la Trinidad, porque han visto esa relación en la interacción de Jesús con su Padre mientras estaba en la tierra. La sorprendente declaración de Jesús a Felipe —"El que me ha visto a mí ha visto al Padre"— llega en medio del discurso del aposento alto, donde Jesús explica detalladamente la relación con su Padre. Anteriormente en su Evangelio, Juan había dicho: "A Dios nadie lo ha visto nunca; el Hijo unigénito, que es Dios y que vive en unión íntima con el Padre, nos lo ha dado a conocer" (Jn 1:18). Jesús es Dios, el único, singular y eterno Hijo de Dios. A lo largo de la vida, las palabras y las acciones de Jesús, vemos cómo es realmente la relación entre el Padre y el Hijo. Jesús nos ha demostrado en qué consiste el amor entre las personas de la Trinidad.

Pero esto no es todo lo que vemos cuando miramos la vida de Jesús. También vemos cómo es para un humano ser partícipe en el compañerismo de la Trinidad. Recuerde que los Padres de la iglesia hablaban de Jesús actuando como Dios y como hombre. Los Evangelios muestran que, aunque Jesús es Dios el Hijo, vive como un ser humano durante su tiempo en la tierra, aceptando las limitaciones que la humanidad le impone y viviendo como nosotros. Este aspecto de la vida de Jesús aparece en los cuatro Evangelios, pero es probablemente más claro en los primeros tres que en Juan. Como ilustración, veamos brevemente el Evangelio de Lucas, el cual nos da una imagen perfecta de la vida humana de Jesús de tres grandes maneras.

Primero, Lucas enfatiza el rol del Espíritu Santo en la vida y ministerio de Jesús. El Espíritu Santo está involucrado en la concepción divina de Jesús (Lc 1:35), viene sobre Jesús en el momento de su bautismo (Lc 3:22), lo lleva al desierto para ser tentado (Lc 4:1), lo lleva a Galilea para comenzar su ministerio público (Lc 4:14) y lo llena de alegría por la exitosa predicación de sus discípulos (Lc 10:21). Lucas nos muestra que, aunque Jesús es Dios y, por ende, el Espíritu es su propio Espíritu, Jesús sigue dependiendo del Espíritu Santo para tener fuerza y confort, de la misma manera que cualquier ser humano debería hacerlo. Lucas también demuestra el lugar sustancial que ocupa la oración en la vida de Jesús. Hay diez ocasiones distintas en las que Lucas menciona que Jesús oró a su Padre.[57] Nuevamente, aunque Jesús es Dios y ha compartido un compañerismo con el Padre desde la eternidad, vive en la tierra como un ser humano, buscando a Dios en oración como

---

[57] Ver Lc 3:21; 5:16; 6:12; 9:18, 28-29; 11:1; 22:32, 41; 23:34, 46.

cualquier otra persona debería hacerlo. Una tercera manera en la que vemos a Jesús ilustrar la vida humana perfecta es en su increíble nivel de compasión hacia los marginados de la sociedad. En el Evangelio de Lucas, la larga lista de marginados hacia quienes Jesús demuestra gran compasión incluye a los samaritanos (10:30-37; 17:11-19), gentiles (13:28-30), "recaudadores de impuestos y pecadores" (5:30; 7:34; 15:1; 18:10-13), pastores (2:8-20), mujeres (8:2-3), niños (9:47; 10:21; 17:2; 18:16) y pobres (1:53; 4:18; 6:30; 14:11-13; 16:19-31). Recuerde que una de las más grandes características de la vida humana pecaminosa es la preocupación por estar asociados a personas con poder, para así poder elevar el sentido de importancia de uno mismo. Por el contrario, la vida no pecaminosa está caracterizada por la preocupación por los demás, especialmente por aquellos que están lejos de los caminos de poder e influencia. En los Evangelios, vemos a Jesús viviendo perfectamente como un hombre, y su vida humana nos muestra algo de lo que significa que un ser humano sea partícipe en el amor entre el Padre y el Hijo. Participar en ese amor se manifiesta en nuestra confianza en Dios (entre otras cosas), nuestra obediencia a Dios y nuestra compasión y servicio a los demás.

Si los Evangelios de Mateo, Marcos y Lucas nos muestran cómo era la vida humana perfecta de Jesús, el apóstol Pablo es quien interpreta de manera más clara la importancia de esa vida humana. En 1 Corintios 15:45-49, Pablo hace una comparación entre Adán, el primer hombre, y Cristo, el segundo hombre. El primer hombre es "mundano", el segundo hombre es "espiritual", y así la vida espiritual viene a nosotros a través del segundo hombre. Pablo elabora este contraste en Romanos 5, donde habla de la transgresión de Adán, que afectó a todas las personas, y la obediencia de Cristo, que afectó también a toda la raza humana. Pablo escribe:

> Pues, si por la transgresión de un solo hombre reinó la muerte, con mayor razón los que reciben en abundancia la gracia y el don de la justicia reinarán en vida por medio de un solo hombre, Jesucristo.
> Por tanto, así como una sola transgresión causó la condenación de todos, también un solo acto de justicia produjo la justificación que da vida a todos. Porque, así como por la desobediencia de uno solo muchos fueron constituidos pecadores, también por la obediencia de uno solo muchos serán constituidos justos. (Ro 5:17-19)

Este pasaje muestra que el pecado de Adán trajo condenación sobre sí mismo y alienó a toda la raza humana de Dios. Sin embargo, preste atención al resto de lo que Pablo escribe aquí. Para aquellos que "reciben en abundancia la gracia", la muerte que vino a través del pecado de Adán será reemplazada por vida a través del segundo hombre. Los efectos de la desobediencia de Adán son revertidos por la obediencia de Cristo. Nosotros que estábamos muertos en Adán somos, de alguna manera, vivificados en Cristo. Y a lo largo de este pasaje, Pablo se refiere a Jesús como "un solo hombre". De alguna manera, no es solamente poder divino de Cristo que revierte los efectos de la Caída, sino que es Dios el Hijo viviendo como el segundo hombre (en contraste con el primer hombre, Adán), quien convierte la muerte en vida y la condenación en aceptación para quienes reciben su gracia. De alguna manera, la vida humana de Cristo es el vínculo que conecta nuestras vidas pecaminosas y caídas a Dios y revierte los efectos de la Caída para que podamos ser partícipes en el compañerismo de la Trinidad. Tal vez es por esto que Pablo escribe en 1 Timoteo 2:5 que el único mediador entre Dios y la humanidad es "Jesucristo hombre". Cristo es el eterno Hijo de Dios, pero es la acción mediadora del Hijo de Dios como hombre que nos lleva de regreso a Dios.

Los escritores de la iglesia primitiva, especialmente Ireneo, explicaron el contraste entre Adán y Cristo utilizando una palabra (*anakephalaiōsis*) que se traduce como "recapitulación". Esta palabra expresa dos ideas. La primera es un resumen o una revisión —la vida humana es, en cierto sentido, renovada, revisada y corregida. Es como si el DVD de la historia humana inicial hubiera sido detenido y

---

Ireneo sobre la tarea humana de Dios el Hijo (ca. 180):

Pues si el hombre no hubiera vencido al enemigo del hombre, el enemigo no habría sido legítimamente derrotado. Y nuevamente: si no hubiera sido Dios quien daba salvación libremente, nunca la habríamos poseído de manera segura. Y si el hombre no hubiera estado unido a Dios, nunca podría haberse convertido en partícipe en la incorruptibilidad. [...] ¿Pues de qué manera podríamos ser partícipes en la adopción como hijos, si no hubiéramos recibido de él, por medio del Hijo, el compañerismo que se refiere a sí mismo, a no ser que su Verbo, habiéndose hecho carne, hubiera entrado en comunión con nosotros? Pues él también pasó por todas las etapas de la vida, restaurando toda comunión con Dios.

Cont. Her., libro 3, cap. 18, párr. 7 (*ANF*, tomo 1, 448)

reproducido desde el inicio, pero siendo corregido a medida que es reproducido, en lugar de dejar que sea reproducido con todos sus pecados, errores y tragedias. En Cristo, el DVD es reproducido de nuevo y corregido en el proceso. Él obedece donde Adán desobedeció, confía donde Adán desconfió, resiste la tentación donde Adán cedió. La segunda idea de la recapitulación es que la humanidad recibe una nueva cabeza, un nuevo líder. Adán lideró la raza humana cuando iba en caída, pero es ahora reemplazado por Cristo, cuya obediencia guía a la raza humana de regreso a Dios.[58]

Vemos claramente, entonces, que la encarnación no fue simplemente un espectáculo divino en el cual Dios bajó para mostrarnos su grandeza, sino que Dios el Hijo bajó para que él, Dios, pudiera hacer una tarea muy *humana*, pero una tarea que ningún otro ser humano podría hacer porque todos nosotros estábamos y estamos manchados por el pecado. Esa tarea humana era liderar nuevamente la raza humana, reproducir nuevamente el DVD y corregir la historia, reemplazar la devastadora transgresión del primer Adán con la liberadora obediencia que él, el segundo Adán, logró. Ireneo deja esto en claro en el recuadro anterior. Note que, para que nosotros podamos ser salvos, Cristo tenía que ser Dios el Hijo, ya que solo Dios podría darnos su propio compañerismo con el Padre. Pero también note que Dios el Hijo tuvo que superar a nuestro adversario como hombre, y realmente tuvo que pasar por cada etapa de la existencia humana para que todos los aspectos de la vida humana pudieran ser restaurados en Dios.

CONCLUSIONES

En este capítulo vimos que la encarnación fue un acto de Dios por medio del cual el Hijo tomó sobre sí mismo una humanidad total, completa con una mente y un alma humana, emociones humanas, atributos humanos y demás. El propósito de esto fue que el mismo Dios el Hijo pudiera vivir como un hombre, permitiendo que el rango completo de las experiencias humanas le pasara a él mismo y, al hacer esto, sanar a la humanidad y restaurarnos en Dios. La iglesia primitiva insistía reiteradamente en que Cristo tenía que ser el Hijo natural de Dios para poder adoptarnos dentro de la familia de Dios. La característica central de esa adopción es que participamos en el compañerismo del Hijo

---

[58] También ver Ef 1:10, donde Pablo utiliza la forma verbal de esta palabra para referirse al accionar de Dios al final de la historia para reunir en él todas las cosas bajo el liderazgo de Cristo.

natural con el Padre y el Espíritu, y solo el Hijo natural podría darnos este compañerismo. Ningún hombre bendito podría haber compartido esta relación con nosotros, incluso si pudiera habérsela ganado por su propia cuenta. Por lo tanto, la iglesia acertadamente insistía en que la encarnación no era la exaltación de un hombre, honrar al hombre Jesús con más gracia que la que otras personas recibían. En cambio, la encarnación fue el movimiento personal de Dios hacia abajo, hacia la tierra para vivir entre nosotros.

Además, hemos visto que tanto Juan (20:31) como Pablo (Ro 5:17-19) unen la obra de Cristo en nosotros a nuestra habilidad para tener vida. Juan escribe que quienes creemos que él es el Hijo de Dios tenemos vida en su nombre, y Pablo escribe que quienes recibimos la gracia que nos ofrece por medio de su obediencia humana reinamos en la vida con él. De alguna manera, tanto la relación divina de Cristo como Hijo de su Padre y su obra humana están conectadas a nosotros de tal manera que cuando creemos/recibimos, nos hacemos partícipes en la vida que él tiene con su Padre. Todavía no queda del todo claro cómo la obediencia de Cristo y la filiación divina de Cristo están conectadas a nosotros. Pero esta conexión se hace clara a través de los eventos que los cristianos llamamos la pieza central de la historia humana: la muerte y la resurrección de Cristo. En el siguiente capítulo hablaré de estos eventos.

8

Redención

Dios obsequia la relación del Hijo con el Padre

En el capítulo anterior vimos que la encarnación fue una movida personal de Dios el Hijo a la tierra para que él, Dios, pudiera vivir entre nosotros como hombre. Entonces, Jesús es Dios el Hijo, y también es completamente humano porque en la encarnación asumió una humanidad completa sobre su propia persona. Como resultado, la vida de Cristo demuestra cómo luce el amor perfecto: él participa en el compañerismo amoroso de la Trinidad como Dios (como lo ha sido desde toda la eternidad) y ahora también como un hombre. Pero, por más dramática que sea esa demostración de amor, la Biblia no habla tan dramáticamente de la vida que vivió Jesús como de la muerte que sufrió y la posterior resurrección. Este es el punto en el cual el actuar de Dios enfrenta de manera directa nuestro problema humano. Hemos visto que todos los seres humanos desde Adán y Eva han nacido muertos, y que, aunque todavía somos portadores de la imagen de Dios, seguimos manchados por el pecado a tal punto que no podemos hacer nada para salir de nuestro aprieto. Si la vida humana del Hijo de Dios es lo que nos recuerda cómo debían ser nuestras vidas humanas, la muerte y la resurrección del Hijo de Dios son lo que deshace nuestra muerte espiritual y nos permiten vivir nuevamente. En este capítulo, examinaré su muerte y resurrección con algo de detalle.

LA MUERTE DE CRISTO Y LA EXPIACIÓN

Ya hemos visto que *redención* significa "comprar de nuevo", y en conexión con la muerte de Cristo, esta palabra se entiende como la acción de Dios de llevarnos de regreso a él nuevamente. Una palabra muy similar es *expiación*, la cual usualmente se refiere a la forma en la que la obra de Cristo lleva a las personas de regreso a Dios. Los tratamientos modernos de la expiación generalmente hablan de varios enfoques o teorías de la expiación, las cuales son comúnmente presentadas en tres categorías generales. Los enfoques clásicos, asociados a la iglesia primitiva y comunes en la iglesia ortodoxa actual, se enfocan en la vida, muerte y resurrección de Cristo como acciones de Dios para vencer los poderes del pecado, la muerte y el diablo que esclavizan a las personas caídas. Por medio de la encarnación, Dios el Hijo entró personalmente en el territorio de Satanás, y por medio de la muerte de Cristo, Dios venció el control de Satanás sobre las personas, para que ya no estemos atados por el pecado y la muerte.[59] Los enfoques sustitutivos de la expiación, asociados con Anselmo en el siglo once y comunes en el cristianismo conservador occidental actual (protestante y católico) se enfocan en la muerte de Cristo como el pago de la deuda que le debemos a Dios debido a nuestra culpa ante él. Como resultado de nuestros pecados, somos culpables ante un Dios santo, pero Cristo asumió el castigo por nuestros pecados sobre sí mismo, permitiendo que nuestros pecados fueran perdonados y que nosotros fuéramos justificados ante Dios.[60] Varios enfoques ejemplares se centran en cómo la vida y muerte de Cristo nos motivan a superar nuestra pecaminosidad y vivir de forma altruista, imitándolo a él. Su vida nos redime al seguir su ejemplo.[61]

Aunque es importante considerar los distintos enfoques de la expiación (tanto las subdivisiones dentro de estas tres categorías generales como otros enfoques que no necesariamente encajan adecuadamente dentro de ninguna de ellas), había relativamente poca discusión sobre estos temas durante el periodo patrístico, y no había declaración formal por parte de la iglesia sobre cuál era el enfoque correcto. La iglesia afirmaba que Dios el Hijo vino, sufrió, murió, fue sepultado, resucitó y ascendió, pero no elaboró exactamente lo que estaba implicado en la muerte de Cristo, sino que la iglesia estaba principalmente enfocada en el tema de quién murió en la cruz. Sin embargo, la forma en la que la iglesia abordó este tema tuvo implicaciones importantes sobre la manera en la que uno relaciona distintos enfoques sobre la expiación a la persona de Cristo y la vida de la Trinidad. Así que, en este capítulo, hablaré sobre el tema de la muerte y resurrección de Cristo principalmente refiriéndome a la discusión patrística de quién murió, pero también con una preocupación más moderna de articular lo que fue logrado cuando Cristo murió y resucitó.

---

[59] Ver, por ejemplo, Col 2:13-15; 1 Cor 15:50-57; Heb 2:14-15; 1 Jn 3:8.

[60] Ver los cuatro pasajes sobre la propiciación (Ro 3:25; Heb 2:17; 1 Jn 2:2; 4:10), de los cuales hablaré con más detalle más adelante en este capítulo. Ver también Is 53:3-6; Ro 5:8-11; 1 P 2:24; 3:18.

[61] Ver, por ejemplo, Lc 7:47; 1 P 2:21.

LA MUERTE DE CRISTO COMO LA DEFINICIÓN DE AMOR

Juan escribe en uno de los pasajes más famosos de su primera carta:

> Queridos hermanos, amémonos los unos a los otros, porque el amor viene de Dios, y todo el que ama ha nacido de él y lo conoce. El que no ama no conoce a Dios, porque Dios es amor. Así manifestó Dios su amor entre nosotros: en que envió a su Hijo unigénito al mundo para que vivamos por medio de él. En esto consiste el amor: no en que nosotros hayamos amado a Dios, sino en que él nos amó y envió a su Hijo para que fuera ofrecido como sacrificio por el perdón de nuestros pecados. Queridos hermanos, ya que Dios nos ha amado así, también nosotros debemos amarnos los unos a los otros. Nadie ha visto jamás a Dios, pero, si nos amamos los unos a los otros, Dios permanece entre nosotros, y entre nosotros su amor se ha manifestado plenamente. (1 Jn 4:7-12)

Se debería reconocer inmediatamente lo similar que es este pasaje a las palabras de Jesús en el sermón del aposento alto. Dios es amor, y si somos nacidos de Dios, entonces nuestro amor los unos por los otros nacerá directamente del amor de Dios por nosotros. De hecho, la razón por la que podemos decir que Dios es amor es porque las personas de la Trinidad han compartido amor entre ellas eternamente. Solo de esta manera puede Dios ser eternamente amoroso, porque las personas no siempre hemos estado aquí para que él nos ame. Así que nuestro amor los unos por los otros refleja y proviene del amor entre el Padre y el Hijo. Además, Juan escribe que Dios demostró su amor al enviar a su Hijo unigénito al mundo para que nosotros pudiéramos vivir. Hasta aquí, este es un resumen de lo que Juan ha registrado para nosotros en su Evangelio.

Sin embargo, preste atención al resto de esta cita. Juan empieza la siguiente oración con "En esto consiste el amor". El hecho de que Dios enviara a su Hijo como un sacrificio expiatorio no es simplemente un ejemplo de amor, sino que es el amor en sí. Otra manera de traducir esta cláusula podría ser: "De esto está hecho el amor". En otras palabras, esta es la definición del amor. Note también el contraste entre el amor de Dios y el nuestro. Nosotros somos capaces de amarnos los unos a los otros como un reflejo del amor de Dios por nosotros, como Juan acaba de enfatizar. Pero el amor en su forma definitiva no es algo de lo que nosotros seamos capaces (ni siquiera antes de la Caída). La esencia definitiva del amor no es que nosotros hayamos amado a Dios, sino que Dios nos ha amado de una manera específica en un momento en particular, enviando a Cristo a morir por nosotros.

Entonces, ¿cómo es que enviar a Cristo constituye la definición del amor en sí? Juan escribe que Dios "envió a su Hijo para que fuera ofrecido como sacrificio por el perdón de nuestros pecados". La palabra que la versión NVI traduce como "sacrificio por nuestros pecados" *(hilasmos)* es una de las palabras más importantes de la Biblia y requiere una extensa explicación.[62] En general, un sacrificio expiatorio —lo que traducciones más antiguas como la Reina Valera llaman "expiación"— es algo que le es ofrecido a Dios en lugar de las personas que son culpables de pecado. La idea es que el pecado de las personas culpables es, de alguna manera, transferido a este sacrificio, y el sacrificio (generalmente un animal) es matado en lugar de las personas que merecen morir. La ira de Dios contra los pecados de las personas es derramada sobre el sacrificio que lleva el pecado, el cual muere bajo la ira en lugar de las personas culpables. La idea de un sacrificio expiatorio está principalmente consagrada en las ceremonias centrales de la ley del Antiguo Testamento.

Esta ley instituyó una serie de días ceremoniales cada año, y el más solemne de estos era el Día de la Expiación. (Los judíos aún lo celebran en la actualidad, y es probable que lo conozca por su nombre hebreo, Yom Kippur). Este es un día (durante el otoño) en el cual las personas debían recordar sus pecados y ofrecer sacrificios que representaran su esperanza de que Dios, algún día, realizaría un sacrificio más grande que les quitaría el pecado. Levítico 16 describe estos sacrificios, y en este capítulo hay, por lo menos, cuatro detalles que indican que los sacrificios en sí no quitaban el pecado, sino que solo simbolizaban el hecho de quitar el pecado. Primero, el arca era solamente el símbolo de la presencia de Dios; no era la presencia en sí. Pero, aun así, solo una persona (el sumo sacerdote) podía entrar en el lugar más sagrado donde se encontraba el arca, e incluso él podía entrar solamente una vez al año (Lev 16:2). Si intentaba entrar más veces, moriría. Segundo, incluso después de que el sumo sacerdote ofreciera al novillo como una ofrenda por su propio pecado, tuvo que utilizar

---

[62] Esta palabra aparece dos veces en el Nuevo Testamento: en este pasaje y en 1 Jn 2:2. La forma de verbo *hilaskomai* aparece en Heb 2:17 (que la NVI traduce como "expiar") y en Lc 18:13 (donde es traducida como "ten compasión"). El sustantivo cercanamente relacionado *hilastērion* hace referencia a la cubierta del arca de la alianza, al llamado asiento de misericordia donde los rituales expiatorios se llevaban a cabo. Este sustantivo aparece en Heb 9:5 y, sorprendentemente, en Ro 3:25, sobre lo cual escribiré en más detalle en una nota siguiente.

incienso para ocultar la cortina del arca de su vista para no morir (Lev 16:11-13). Esto demuestra que el sacrificio de un animal no lo calificaba para estar en la presencia de Dios; simplemente simbolizaba el perdón. Tercero, el hecho de que hubiera dos cabros para alcanzar un solo propósito, quitar el pecado de Israel (Lev 16:9-10, 15-16, 20-22), sugiere que estos cabros no cumplieron con esto, sino que simplemente lo simbolizaron. Un cabro como sustituto habría sido suficiente, presuntamente, si fuera eso lo que trajera expiación; el hecho de que otro fuera necesario para representar la carga de los pecados indica que esto era simbólico y se hacía en dos partes para hacer el simbolismo más aparente. Cuarto, el hecho de que estos sacrificios expiatorios pudieran realizarse solo en un lugar y tuvieran que hacerse cada año (Lev 16:34) sugiere que eran más simbólicos que literalmente eficaces. Esto no significa que el pueblo de Dios del Antiguo Testamento no recibiera perdón genuino, sino que su perdón, como el nuestro, se basaba en el sacrificio expiatorio de Cristo. Pero como ese evento fundamental aún no había ocurrido cuando ellos vivían, necesitaban un símbolo anticipatorio para asegurarles que eran perdonados sobre la base de un evento que sucedería después.

Podemos ver, entonces, que los sacrificios de la ley en sí no quitaban los pecados de las personas; apuntaban hacia adelante al sacrificio que quitaría sus pecados. Es por esto que Pablo escribe en Romanos 3:25-26 que "Dios lo ofreció [a Cristo] como un sacrificio de expiación[63] que se recibe por la fe en su sangre, para así demostrar su justicia. Anteriormente, en su paciencia, Dios había pasado por alto los pecados; pero en el tiempo presente ha ofrecido a Jesucristo para manifestar su justicia. De este modo, Dios es justo y, a la vez, el que justifica a los que tienen fe en Jesús". Vea en este pasaje que, si los sacrificios del Antiguo Testamento en sí hubieran realmente otorgado el perdón, entonces Pablo no podría haber escrito que Dios había pasado por alto los pecados. Ellos habrían sido castigados cuando los animales sacrificados cargaban la pena por el pecado de las personas. Pero Pablo indica que esto no fue lo que pasó. En cambio, Dios pasó por alto los pecados en ese momento porque planeaba lidiar con ellos a través del

---

[63] La palabra que Pablo utiliza aquí (*hilastērion*) es similar a la palabra que Juan usa en 1 Jn 4:10. *Hilastērion* indica el lugar donde sucede la expiación, e *hilasmos* se refiere a la expiación en sí. Aunque esto es debatido, creo que Pablo está enfatizando que Cristo, en su propia persona, es el lugar en el cual la expiación tiene lugar. Al igual que el asiento de misericordia, la cubierta del arca, era el lugar en el cual ocurría la expiación simbólica en el Antiguo Testamento, así también es Cristo el lugar en el cual la expiación realmente ocurre.

sacrificio de Cristo. Entonces, los sacrificios en el Antiguo Testamento eran proféticos y anticipatorios; no traían en sí el perdón de los pecados. De igual manera, el autor de Hebreos señala que los sacrificios del Día de la Expiación ofrecían un recordatorio anual de los pecados, lo que quiere decir que no limpiaban a los pecadores de sus pecados de una vez y por todas. En contraste, el sacrificio de Cristo de una vez y para siempre sí trajo perdón y, en el proceso, significaba que no era necesario ofrecer más sacrificios. (Ver Heb 10 para esta discusión).

Con este contexto del Antiguo Testamento en mente, podemos entender la palabra traducida como "sacrificio expiatorio" de manera más precisa. La palabra incluye la idea de que nuestros pecados nos han alejado de Dios, que Dios no puede aprobar nuestros pecados y debe oponerse a ellos. Por más terrible que esto suene, es la reacción de un Dios santo hacia la desobediencia de las personas. Recuerde que en Efesios 2, Pablo no solo nos declara "muertos en nuestras transgresiones y pecados", sino también "por naturaleza objeto de la ira de Dios". Pero el sacrificio expiatorio consiste en que Dios transfiere nuestro pecado a otro y dirige su ira, la que nosotros merecíamos, hacia el pecado que ha colocado sobre el otro. Al hacer esto, dirige su ira lejos de nosotros para que podamos ser restaurados en un compañerismo con él. Pero, ¿quién es el otro? A lo largo del Antiguo Testamento, el otro consistía de animales sacrificados, generalmente toros y cabros. Pero, como ya lo he dicho, estos sacrificios no quitaban los pecados ni alejaban la ira de Dios; simplemente anticipaban esa remoción. Un animal no es un sustituto aceptable para un ser humano. Solo un ser humano puede cargar con el pecado de otro ser humano. Es por esto que el autor de Hebreos insiste en lo siguiente: "Es imposible que la sangre de los toros y de los machos cabríos quite los pecados" (Heb 10:4). En lugar de un animal, el otro es Cristo.

LA MUERTE DE CRISTO COMO LA MUERTE DE LA MUERTE

Sobre la base del contexto del Antiguo Testamento que acabamos de considerar brevemente, se debe reconocer que lo que más nos prevenía de ser partícipes en el compañerismo de la Trinidad era el hecho de que nuestros pecados nos hicieron culpables ante Dios y, como hemos visto, la muerte de Cristo lidió de manera directa y primordial con ese problema. Sin embargo, hemos visto que la culpa no era, de ninguna manera, el único aspecto de nuestro pecado. El pecado humano no solamente nos hizo culpables ante Dios, sino que nos hizo morir.

Desde la Caída, todas las personas han nacido muertas, alejadas de la Trinidad e incapaces de hacer algo para revertir esta alienación. Si la culpa fuera el único problema, entonces se podría imaginar que podríamos pensar en algún sacrificio adecuado para expiar nuestra culpa. (De hecho, no podríamos realizar tal sacrificio, pero se podría fácilmente *pensar* que podríamos). Sin embargo, cuando la Biblia nos describe como muertos, no deja duda acerca de nuestra incapacidad de restaurarnos a nosotros mismos a Dios. Los muertos no pueden hacer nada para mejorar su condición.

La iglesia primitiva reconoció claramente que un gran problema que enfrentaba la humanidad era su mortalidad, y es por esto que muchos de los autores patrísticos escribieron sobre la muerte de Cristo en términos de deshacer nuestra muerte. Las palabras que utilizaron para describir esto fueron corrupción e incorrupción, las cuales corresponden básicamente a la mortalidad e inmortalidad. Después de la Caída, hemos sido sujetos a la muerte y la corrupción; hemos sido mortales. Pero fuimos creados para vivir inmortalmente, para ser partícipes por medio de la gracia en la naturaleza inmortal que

---

Atanasio sobre la necesidad de la muerte de Cristo (ca. 315):

¿Qué podría haber hecho Dios? ¿Exigir arrepentimiento de los hombres por la transgresión? Pues se podría decir que esto sería adecuado para Dios, que a medida que se hacen propensos a la corrupción por la transgresión, podrían retornar a la incorrupción por medio del arrepentimiento. Pero el arrepentimiento no habría salvado el honor de Dios, ya que se habría mantenido insincero a no ser que los hombres estuvieran en poder de la muerte. El arrepentimiento no otorga exención de las consecuencias de la naturaleza, sino que simplemente afloja los pecados. Si, entonces, solo hubiera habido pecado y no su consecuencia de corrupción, el arrepentimiento habría sido más que suficiente. Pero si, desde que la transgresión los rebasó, los hombres serían prisioneros de la corrupción natural y hubieran sido depravados de la gracia de estar en la imagen, ¿qué más debería haber pasado? ¿O quién fue necesario para tal gracia y memoria excepto el Verbo de Dios, quien también había creado el universo de la nada en el principio? [...] Pues como él es el Verbo del Padre y está por encima de todos, consecuentemente pudo tanto recrear el universo como ser un válido sufridor para todos y ser el defensor de todos ante el Padre.

Encar., párr. 7 (Thomson, 149-51)

---

caracteriza a las personas de la Trinidad. Así que la muerte de Cristo tenía el propósito de traer un fin a nuestra corrupción.[64] En el siguiente recuadro de Atanasio, note que no trata la culpa como el problema primordial. De hecho, asevera que, si la culpa por la transgresión fuera la única preocupación, el arrepentimiento habría sido suficiente para restaurarnos delante de Dios. Pero incluso si está equivocado sobre este punto, Atanasio ciertamente está en lo correcto al decir que nuestro aprieto es mayor que solo la culpa que nace de nuestra transgresión original. La transgresión nos ha hecho corruptibles, y solo el Verbo incorruptible de Dios puede restaurarnos por medio de su propia muerte.

De hecho, en varios lugares las Escrituras vinculan específicamente la idea de que la muerte de Cristo es un sacrificio con la idea de que su muerte nos libera del poder de la muerte y la corrupción. Veamos dos de estos pasajes. En Colosenses 2:13-15, Pablo escribe: "Antes de recibir esa circuncisión, ustedes estaban muertos en sus pecados. Sin embargo, Dios nos dio vida en unión con Cristo, al perdonarnos todos los pecados y anular la deuda que teníamos pendiente por los requisitos de la ley. Él anuló esa deuda que nos era adversa, clavándola en la cruz. Desarmó a los poderes y a las potestades, y por medio de Cristo los humilló en público al exhibirlos en su desfile triunfal". Note cómo la parte central de este pasaje habla de la crucifixión en términos de Dios anulando la culpa y otorgándonos el perdón de nuestros pecados, pero el inicio y el final del pasaje tratan la cruz de otra manera. Al inicio, Pablo habla de la muerte y la vida, y debemos notar que esta vida viene "con Cristo". Estamos de alguna manera involucrados en la muerte y resurrección de Cristo, para que seamos hechos vivos con Cristo. Al final del pasaje, Pablo habla de la cruz como el momento en el que Dios desarmó los poderes que se nos oponen. Cuando Pablo utiliza la frase "poderes y autoridades", se refiere a los poderes demoniacos, a Satanás y sus subordinados.[65] De alguna manera, nuestro estado de muerte está vinculado al poder que Satanás y los demonios tienen sobre nosotros, y la muerte de Cristo desarma esos poderes demoniacos que nos tenían cautivos.

---

[64] Recuerde esa parte de la base bíblica para la idea patrística de la *theōsis* en 2 P 1:4. En ese pasaje, Pedro equipara la participación en la naturaleza divina con escapar de la corrupción que existe en el mundo debido a los malos deseos.

[65] Ver Ro 8:38; 1 Cor 15:24; Ef 3:10; 6:12; Col 2:10.

Esta conexión entre ser nacidos muertos y el poder de Satanás se hace incluso más clara en Hebreos 2:14-17, que afirma lo siguiente sobre Cristo:

> Por tanto, ya que ellos son de carne y hueso, él también compartió esa naturaleza humana para anular, mediante la muerte, al que tiene el dominio de la muerte —es decir, al diablo— y librar a todos los que por temor a la muerte estaban sometidos a esclavitud durante toda la vida. Pues, ciertamente, no vino en auxilio de los ángeles, sino de los descendientes de Abraham. Por eso era preciso que en todo se asemejara a sus hermanos, para ser un sumo sacerdote fiel y misericordioso al servicio de Dios, a fin de expiar los pecados del pueblo.

Es importante notar aquí que es el diablo quien tiene el poder de la muerte. Es decir, la razón por la cual el diablo tenía permitido poner a las personas bajo muerte era que nosotros nos habíamos alienado de Dios como resultado de nuestra pecaminosidad. Pero la muerte de Cristo destruyó el poder de Satanás. La muerte murió con la muerte de Cristo, y nosotros que éramos esclavos de la muerte hemos sido liberados. Además, el pasaje pasa a utilizar la forma verbal de la palabra para "sacrificio expiatorio" o propiciación (hilaskomai). Al igual que en Colosenses 2, aquí también el autor bíblico describe la muerte de Cristo tanto como un sacrificio para quitar la ira/culpa como también una victoria sobre los poderes demoniacos que nos mantienen

---

Cirilo de Alejandría sobre los sufrimientos de Cristo (ca. 425):

Fue flagelado injustamente para poder salvarnos de un merecido castigo; fue golpeado y atacado para que pudiéramos golpear a Satanás, quién nos había golpeado a nosotros, para que pudiéramos escapar del pecado que se adhiere a nosotros por medio de la transgresión original. Pues, si lo pensamos bien, debemos creer que todos los sufrimientos de Cristo fueron por nosotros y en representación nuestra y tienen el poder de soltarnos y salvarnos de todas aquellas calamidades que fueron merecidas por nuestra revuelta contra Dios. Pues, como Cristo, que no conocía la muerte, cuando dio su propio cuerpo por nuestra salvación, fue capaz de soltar lazos de la muerte para toda la humanidad, pues él, siendo Uno, murió por todos.

Com. Jn., libro 12, intro. (Randell, 606)

---

cautivos ante la muerte. Cirilo de Alejandría describe ambos aspectos de la muerte de Cristo en el siguiente recuadro.

En cuanto a los enfoques sobre la expiación que mencioné al inicio del capítulo, debería quedar en claro, a partir de estos pasajes, que tanto el enfoque clásico como el sustitutivo son parte de la descripción bíblica de la expiación. Cuando Cristo murió, quitó tanto nuestra culpa ante Dios como nuestra esclavitud ante el poder de la muerte y el diablo. Pero, en este punto, debemos regresar a la pregunta que dominaba el pensamiento de la iglesia primitiva: ¿quién murió en la cruz? Por supuesto que decimos que fue Cristo. Pero como vimos en el capítulo anterior, Cristo —como persona— es Dios el Hijo. Y realmente, en 1 Juan 4:10, se afirma que aquel que Dios envió como sacrificio expiatorio es Dios el Hijo. Hebreos 1-2 también deja esto en claro, ya que el impulso de estos dos capítulos es que aquel que "es el resplandor de la gloria de Dios, la fiel imagen de lo que él es" (Heb 1:3) es quien vino, compartió nuestra humanidad (Heb 2:14), murió para derrotar el poder del diablo sobre nosotros (Heb 2:15) y llevar a cabo un sacrificio expiatorio por nuestros pecados (Heb 2:17). Lo que las Escrituras nos llevan a decir, y lo que la iglesia primitiva reconocía, es que de alguna manera Dios el Hijo murió por nosotros.

Deténgase por un momento y reflexione sobre esto. Nos hemos alejado de Dios. Perdimos nuestra participación en el compañerismo existente entre el Padre y el Hijo que Dios nos dio en la creación. Somos nacidos espiritualmente muertos, esclavos de la muerte y el diablo, incapaces de regresar a Dios. ¿Cómo se puede remediar esta terrible situación? Por medio de un sacrificio expiatorio. La consecuencia del pecado es la muerte, la que implica tanto la separación física del alma y el cuerpo y, más importante, la alienación de Dios. Así que, si los seres humanos van a ser restaurados a la vida, entonces debe haber un sustituto que pueda quitar esa alienación de nosotros y cargarla sobre sí mismo. Todo el sistema sacrificial del Antiguo Testamento testifica sobre la necesidad de dicho sacrificio; su repetición en el Antiguo Testamento demuestra que no podían proveer este tipo de sacrificio; simplemente lo simbolizaban. Entonces, ¿qué o quién puede ser este sacrificio? Tenía que ser un ser humano, ya que solo un ser humano calificaría para morir en lugar de otros hombres o mujeres. Debía ser un ser humano libre de pecado, alguien que nunca hubiera perdido su participación en el amor entre el Padre y el Hijo, ya que un ser humano pecador podría morir solo por sus propios pecados, pero no por los de otra persona. Y debía ser capaz no solamente de morir por los pecados de otra persona, sino por los pecados de muchas personas al mismo tiempo; en realidad, por todos los pecados del mundo. Así que debía ser, de alguna manera, un ser humano infinito, cuya vida tuviera un valor tan infinito que pudiera ser ofrecida por el pecado del mundo en lugar de simplemente por el pecado de una o dos personas. ¿Quién, entonces, califica para semejante sacrificio? ¿Quién es completamente humano y totalmente libre de pecado, pero también infinito? Solo el Verbo encarnado, Dios el Hijo luego de haberse hecho hombre. Y este, dice Juan, es a quien Dios envió específicamente para ofrecer el sacrificio expiatorio.

Con esta aseveración en mente, debo suplementar lo que escribí sobre la vida de Cristo. No solo fue su perfecta obediencia al Padre una demostración para nosotros de lo que es ser partícipe en el amor entre las personas de la Trinidad. Esa obediencia también lo calificó para ofrecerse a sí mismo como el sacrificio que desviaría la ira de Dios de nosotros, revertiría nuestra muerte espiritual y nos restauraría al compañerismo de la Trinidad. De hecho, cuando los Padres de la iglesia ponderaban la descripción de la vida de Cristo en los Evangelios, llegaron a la conclusión de que su humanidad, a pesar de haber sido concreta e individual, de alguna manera representó la humanidad de cada uno de nosotros, y de esta manera su obediencia y sacrificio podría aplicarse a cada uno de nosotros. La humanidad de Cristo es únicamente suya, pero, de alguna manera, también representa nuestra humanidad, como Cirilo lo demuestra en el recuadro anterior. Es así que la obediencia de Cristo deshace la desobediencia de Adán y la

---

Cirilo de Alejandría sobre la relación entre Cristo, los creyentes y el Padre (ca. 438):

> Vino el Hijo, o en realidad fue hecho hombre, para poder reconstituir nuestra condición en sí mismo; primero en su propio nacimiento y vida santa, maravillosa y verdaderamente asombrosa. Esta fue la razón por la cual él mismo se convirtió en el primero en ser nacido del Espíritu Santo (me refiero obviamente después de la carne) para poder trazar un camino para que la gracia llegara a nosotros. Él quiso que tuviéramos esta regeneración intelectual y asimilación espiritual a él, quien es el Hijo verdadero y natural, para que también pudiéramos llamar a Dios nuestro Padre, y así ser libres de la corrupción al no poseer ya a nuestro primer padre, es decir Adán, en quien fuimos corruptos.

Cristo es uno (McGuckin, 62)

nuestra, como Pablo indica en Romanos 5. Además, como la humanidad de Cristo representa nuestra humanidad, él podría realmente tomar nuestro lugar, llevando sobre su propia persona el castigo por nuestro pecado y deshaciendo nuestra muerte. Los autores de la Biblia afirman que esto era lo que debía hacerse y fue hecho para llevarnos de regreso al compañerismo de la Trinidad.

¿REALMENTE MURIÓ *DIOS*?

A estas alturas, es probable que esté maravillado por la profundidad del amor de Dios, por medio del cual hizo precisamente lo que era necesario para resolver el problema que creamos para nosotros mismos. O tal vez se esté mentalmente rebelando contra la idea de que Dios pudiera morir. Si este es el caso, no está solo, y es aquí donde muchos cristianos se alejan de las aseveraciones que acabo de hacer y dicen que no fue Dios quien murió. No es la deidad la que murió. En cambio, fue la humanidad de Cristo la que murió.

Ciertamente la noción de que Dios el Hijo pudiera morir altera la mente, incluso más que la noción de que Dios el Hijo naciera como un bebé. A raíz de esto, es atractivo refugiarse en el hecho de que Cristo tiene dos naturalezas y afirmar que fue la humanidad la que murió y no la deidad de Cristo. Esto es exactamente lo que hacen muchos cristianos, incluyendo muchos teólogos cristianos. Sin embargo, mientras que muchos de los grandes pensadores de la iglesia primitiva luchaban con este tema, la mayoría de ellos estaba convencido de que uno no podía decir esto de manera justificada, y creo firmemente que tenían razón. Sus razones para ello nacieron directamente de la manera en la que describían la encarnación. Recuerde nuevamente que la encarnación era la acción por medio de la cual la segunda persona eterna de la Trinidad cargó sobre sí mismo una naturaleza humana para que él —Dios el Hijo— pudiera vivir en la tierra como un ser humano. La humanidad de Cristo reside en la persona de Dios el Hijo, no en una persona independiente. Una vez que los Padres de la iglesia pensaron en esto detenidamente, llegaron a una posición en la que podrían reconocer un principio fundamental para hablar de Cristo: uno no puede tratar una naturaleza como si fuera una persona.[66] Una natu-

---

[66] Esta no fue la manera en la que los Padres expresaron esta idea originalmente, ya que no veían una clara distinción entre las palabras que nosotros traducimos como "naturaleza" y "persona" hasta el Concilio de Calcedonia en 451. Antes de esto, los Padres normalmente hablaban de una sola filiación y predicaban todas las acciones de Cristo

raleza, como hemos visto, es un conjunto completo de características o atributos, o incluso un conjunto de componentes, como una mente, una voluntad, etc. Pero, como también hemos visto, ninguna naturaleza existe por sí sola. La naturaleza existe en las personas. La naturaleza divina existe en cada una de las tres personas de la Trinidad. La naturaleza humana que cada uno de nosotros posee existe en la persona humana específica que cada uno de nosotros es. La naturaleza divina de Cristo existe, como lo ha hecho desde toda la eternidad, en la persona de Dios el Hijo. Después de la encarnación, la naturaleza humana de Cristo también existe en la persona de Dios el Hijo, no en un hombre independiente llamado Jesús.

Como este es el caso, entonces debemos decir que la persona que murió en la cruz fue Dios el Hijo. No podemos simplemente decir que murió la naturaleza humana, porque las naturalezas humanas no mueren (ni nacen ni cualquier otra cosa). Las personas mueren. Debemos conceder que morir no es apropiado para la naturaleza divina y que, entonces, cuando el Hijo encarnado murió, lo hizo de acuerdo a su naturaleza humana. Sin embargo, la persona que murió fue Dios el Hijo. Recuerde que la iglesia primitiva hablaba de Dios el Hijo haciendo algunas cosas como Dios y otras como hombre, así que, en este caso, insistieron en que murió como hombre; pero, nuevamente, seguía siendo Dios el Hijo el que murió. De hecho, la iglesia insistió en este

---

Ireneo sobre el sufrimiento del Dios el Hijo (ca. 180):

Su doctrina [de los gnósticos] se aleja de aquel que es verdaderamente Dios, ignorando que su Verbo unigénito, quien siempre está presente con la raza humana, unido a, y relacionado con, su propia creación, de acuerdo al placer del Padre, y quien se hizo carne, es Jesucristo nuestro Señor en sí, quien también sufrió por nosotros, y resucitó también por nosotros y que vendrá nuevamente en la gloria de su Padre, para levantar a toda la carne, y para la manifestación de la salvación y aplicar la regla del juicio justo a todos aquellos que fueron hechos por él.

Cont. Her., libro 3, cap. 16, párr. 6 (*ANF*, tomo 1, 442)

---

a esa única filiación. Pero, lo que decían en ese tiempo, expresado en un lenguaje postcalcedonio, se resume en la declaración que utilizo en este texto: "Uno no puede tratar una naturaleza como si fuera una persona".

punto a partir del segundo siglo. En el recuadro anterior, Ireneo argumenta en contra del punto de vista gnóstico sobre Cristo, el cual lo divide en el Jesús de carne y hueso y el Cristo divino. En contraste a dicho punto de vista, insiste en que fue verdaderamente Dios el Verbo que se hizo hombre, sufrió, murió y resucitó. De manera similar, en el siguiente recuadro, Tertuliano une toda la validación de la fe cristiana al hecho de que realmente fue Dios el Hijo quien murió. Tertuliano reconoce que la muerte no corresponde a Dios, pero también ve que, para que nosotros podamos ser salvos, era necesario que Dios hiciera algo por nosotros que no era "digno" de él. Dios el Hijo hizo esto cuan-

---

Tertuliano sobre la muerte de Dios el Hijo (ca. 210):

¿Acaso no fue Dios realmente crucificado? Y, habiendo sido crucificado, ¿acaso no murió realmente? Y, habiendo muerto realmente, ¿acaso no resucitó nuevamente? Pablo falsamente "propuso, estando entre nosotros, no saber de cosa alguna, excepto de Jesucristo, y de este crucificado"; falsamente dejó impresión en nosotros que fue enterrado; falsamente inculcó que resucitó de nuevo. Falsa es, entonces, nuestra fe también. Y todo lo que esperamos de Cristo será un fantasma. [...] Pues nada sufrió Cristo por ellos, si realmente no sufrió nada en absoluto. Dejen la única esperanza del mundo entero, ustedes que están destruyendo el deshonor indispensable de nuestra fe. Lo que no sea digno de Dios, es de ganancia para mí. Estoy seguro, si no estoy avergonzado de mi Señor.

Car. Cris., cap. 5, (*ANF*, tomo 3, 525)

---

do fue crucificado. De la misma manera, en el recuadro de Atanasio, vea que hace énfasis no solo en que realmente fue Dios el Verbo el que murió, sino incluso que el propósito de que el Verbo tomara la forma de un cuerpo humano era para que fuera capaz de morir en lugar nuestro.

Probablemente el padre de la iglesia que escribió de manera más conmovedora acerca de la muerte de Dios el Hijo fue Cirilo de Alejandría. Al final del cuarto y principios del quinto siglo, algunos teólogos prominentes rechazaban la enseñanza previa de la iglesia de que fue Dios el Hijo quien murió, y esta fue su razón principal para argumentar que Cristo no era Dios el Verbo, sino un hombre en quien moraba el Verbo. Cirilo argumentó en contra de estas personas insistiendo primordialmente en que Dios el Hijo asumió una humanidad verdadera

---

Atanasio sobre la muerte del Verbo (ca. 315):

Ya que el Verbo se dio cuenta de que la corrupción de los hombres no sería abolida de cualquier otra forma excepto por la muerte de todos —pero el Verbo no podía morir, siendo inmortal e Hijo del Padre—, entonces tomó sobre sí mismo un cuerpo que sí pudiera morir. [...] Entonces, como una ofrenda y sacrificio libre de toda mancha, ofreció a la muerte el cuerpo que había tomado para sí mismo, e inmediatamente abolió la muerte de todos quienes eran semejantes a él al ofrecer una semejanza. Pues ya que el Verbo está por encima de todos, consecuentemente, al ofrecer su templo y el instrumento de su cuerpo como un sustituto para todos los hombres, cumplió la deuda por medio de su muerte.

Encar., párr. 9 (Thomson, 153-55)

---

sobre sí mismo. En varios momentos de sus escritos, Cirilo también asevera que fue Dios el Hijo quien murió por nosotros y que solo la muerte de Dios el Hijo podría ser de cualquier valor para nuestra salvación. Por ejemplo, en el siguiente recuadro, Cirilo elucida el significado de la declaración de Pablo cuando dice que Dios redimió a su iglesia con su propia sangre. Cuando se considera al Verbo en su propia naturaleza, el Verbo no puede sufrir ni morir; pero, al mismo tiempo, el sufrimiento carnal es adscrito a Dios el Verbo como persona, ya

---

Cirilo de Alejandría sobre la muerte de Dios el Verbo (ca. 431):

Aunque el Verbo de Dios lo es [es decir, impasible] por su propio ser, se apropió de la carne que es capaz de morir, para que, por medio de esta que está acostumbrada a sufrir, pudiera él cargar los sufrimientos para nosotros y por nosotros, y así librarnos a todos de la muerte y la corrupción al hacer su propio cuerpo vivo, como Dios, y convirtiéndose en los primeros frutos de aquellos que se han quedado dormidos, y el primer nacido de la muerte. Aquel que soportó la noble cruz por culpa nuestra y saboreó la muerte no era un hombre ordinario percibido como separado y distinto del Verbo de Dios el Padre, sino que fue el mismo Señor de la Gloria quien sufrió en la carne, de acuerdo a las Escrituras.

Exp. Anat., cap. 31 (McGuckin, 293)

---

que el cuerpo que es capaz de sufrir es el cuerpo propio del Verbo. Dios el Hijo sufrió algo por medio de su humanidad que no podría haber sufrido antes de la encarnación. Dios el Hijo, quien había sido incapaz de morir antes de asumir una naturaleza humana, sí murió, de hecho, por virtud de esa naturaleza humana mortal. De igual manera, en el próximo recuadro, Cirilo afirma que el Verbo es impasible —incapaz de sufrir— en su propio ser. Sin embargo, fue realmente Dios el Hijo quien murió por nosotros.

Cirilo de Alejandría sobre Hechos 20:28 (ca. 429):

¿Escuchan al apóstol proclamando abiertamente al crucificado como Dios? Pues dice que deberían encabezar como pastores la iglesia de Dios, la cual salvó por medio de su propia sangre. Esto no es para decir que sufrió en la naturaleza de la Deidad, sino que los sufrimientos de la carne le son atribuidos, pues esta no es la carne de un simple hombre, sino que es la carne propia del Logos. Si, entonces, la sangre es llamada la sangre de Dios, es obvio que fue Dios, quien fue cubierto con carne.

Portadora de Dios, párr. 22 (Dragas, 55)

Declaraciones tan audaces como las que he estado citando en los recuadros en esta sección nunca han sido universalmente aceptadas, ni por la iglesia primitiva ni posteriormente. Sin embargo, estoy

---

El quinto concilio ecuménico sobre la muerte de Dios el Hijo (ca. 553):

Si alguien dice que Dios el Verbo quien hizo milagros es uno y Cristo quien sufrió es otro, o dice que Dios el Verbo estuvo junto con Cristo quien vino de una mujer, o que [el Verbo] estuvo en él como una [persona] está en otra, pero no son el mismo, nuestro Señor Jesucristo, el Verbo de Dios, encarnado y hecho hombre, y que las maravillas y el sufrimiento que soportó voluntariamente en la carne [no] fueron de la misma [persona], que sea anatema. [...] Si alguien no confiesa que nuestro Señor Jesucristo que fue crucificado en la carne es el verdadero Dios y el Señor de la Gloria y uno de la Santa Trinidad; que sea anatema.

(Leith, 46-47, 50)

---

convencido de que era el consenso de los Padres, a pesar de unas cuantas voces discordantes.[67] Y luego de mucha controversia durante el quinto y sexto siglo, la iglesia terminó declarando que Dios el Hijo murió personalmente por nuestra salvación. Esta fue la conclusión del quinto concilio ecuménico, llevado a cabo en Constantinopla en el 553. En el recuadro anterior, note cómo el concilio proclama de manera contundente que todos los eventos de la vida de Cristo (el sufrimiento y la muerte, al igual que el nacimiento y los milagros) pertenecen a la misma persona, Dios el Verbo encarnado.[68]

Con esta cuidadosa reflexión por parte de los Padres de la iglesia en mente, veamos nuevamente la aseveración común de que no fue la deidad de Cristo la que murió, sino que fue su humanidad. Esta declaración se basa en la presuposición de que una naturaleza puede hacer cosas y que cosas pueden pasarle a una naturaleza. En otras palabras, es tratar a una naturaleza como si fuera una persona. Pero la muerte no es algo que puede pasarle a una naturaleza, al igual que el nacimiento y la vida no son cosas que pueden pasarle a una naturaleza. Todas estas son cosas que le pasan a una persona que tiene una naturaleza que le permite a la persona ser capaz de dichas cosas. A raíz de su reflexión en las obras de naturalezas y personas, los Padres de la iglesia insistieron que la persona que murió fue Dios el Hijo. Y, como hemos visto, esto es lo que la Biblia proclama. Según 1 Juan, ¿quién fue el que vivió en la tierra? Dios el Verbo como persona. Según 1 Juan 4, ¿quién fue el que murió como sacrificio expiatorio? Dios el Hijo como persona. Y Jesús clamó desde la cruz: "Dios mío, Dios mío, ¿por qué me has desamparado?" (Mt 27:46). ¿Quién dijo estas palabras de angustia? ¿Fue la humanidad clamando que la deidad de Cristo la había abandonado? No, porque la humanidad no puede hablar, ni hacer cualquier otra cosa, de hecho. Solo las personas pueden clamar. Y la persona que clamó fue Dios el Hijo. Estaba expresando una emoción muy humana, una emoción que experimentó a raíz del hecho de

---

[67] Ya he mencionado que Deodoro, Teodoro y Nestorio rechazaron la concepción entera de Cristo y que estos tres hombres fueron todos condenados. Además, el obispo del quinto siglo Teodoreto de Ciro también se oponía a la idea de que Dios podía sufrir, y algunos de sus escritos también fueron rechazados.

[68] En esta cita del quinto concilio ecuménico, las palabras entre corchetes han sido agregadas por el editor. Los adjetivos *una* y *misma* que anteceden a las palabras entre corchetes son masculinos, indicando claramente a un lector griego que la frase en cuestión se refiere a "una persona" en lugar de "una cosa". Agregar la palabra *persona* a la traducción entre corchetes permite al lector en español entender la fuerza de los adjetivos masculinos en el griego.

que tenía una naturaleza humana y estaba viviendo como un hombre, pero la persona que dijo esto fue Dios el Hijo.

¿CÓMO *PODRÍA* MORIR DIOS?

Si este es el caso, entonces ahora tenemos un serio problema. Si no es acertado decir que solo la humanidad de Cristo murió en la cruz, entonces volvemos a la verdaderamente increíble aseveración de que Dios el Hijo murió. ¿Cómo podría morir Dios? Si hay algún concepto que nuestras mentes no pueden aceptar, entonces ciertamente es este. Si uno toma la palabra *muerte* como el significado de "dejar de existir", entonces definitivamente es imposible que Dios muera. Dios es el único ser que tiene vida indestructible dentro de sí mismo; siempre ha vivido y siempre vivirá. Esa vida nunca le puede ser arrebatada.[69] Si uno se refiere a dejar de existir, entonces Dios no puede morir. Pero dejar de existir no es a lo que la Biblia se refiere con la muerte. En cambio, el tipo de muerte al que las personas son sujetas después de la Caída tiene dos aspectos —la muerte física y la muerte espiritual. La muerte física es la separación del alma y el cuerpo cuando el cuerpo deja de funcionar, y la muerte espiritual es el alejamiento de Dios como resultado del pecado. Si este es el problema humano que Dios necesita resolver por medio de la muerte de Cristo, entonces decir que Cristo ha muerto es decir que ha muerto de estas maneras —espiritual y físicamente.

Así que debemos sacar de nuestra mente el "dejar de existir" y, en cambio, dividir la pregunta de cómo podría Dios morir en dos partes. Primero, ¿cómo podría Dios el Hijo morir físicamente? La muerte física es, ciertamente, algo que no es posible para Dios, ya que Dios no es en sí físico. Para ponerlo de otra forma, el físico no es una característica (ni un atributo) de Dios. Por ende, queda claro que, antes de la encarnación, cuando Dios el Hijo no era nada más que divino y, entonces, exclusivamente espiritual en lugar de físico, no era capaz de morir físicamente. Pero es igual de cierto que la naturaleza humana que asumió en la encarnación incluía la característica del físico. Es cierto que dicho físico es la idea más obvia que se expresa con la palabra *carne* en la declaración "el Verbo se hizo carne". Ya que Dios el Hijo ahora

[69] Las Escrituras frecuentemente se refieren a Dios como "el Dios viviente" (por ejemplo, Deut 5:26; 1 S 17:26, 36; 2 R 19:4, 16; Sal 42:2; Jer 10:7-10; Hch 14:15; 1 Ts 1:9; Heb 9:14), y el hecho de que Dios sea eterno (ver, por ejemplo, Sal 90:1-2; 102:25-27; Heb 1:12) indica que siempre ha existido y siempre existirá. Su vida no le puede ser arrebatada.

tenía una naturaleza humana y, por ende, un componente físico, significa que él (no solamente la naturaleza humana) era ahora capaz de sufrir una muerte física. Y así sucede (como vimos anteriormente en el recuadro de Atanasio) que una gran parte de la razón por la cual tomó una naturaleza humana fue para que pudiera morir físicamente. Para decir esto de la misma manera que lo dijeron los Padres de la iglesia, Dios el Hijo no murió físicamente como Dios; murió como un hombre. Pero, de igual manera, la persona que murió físicamente fue Dios el Hijo.

Pero, ¿qué hay de la muerte espiritual? ¿Ciertamente aquí chocamos contra una pared de ladrillo de imposibilidad? Tal vez no, porque debemos reconocer que la forma en la que la iglesia primitiva habla de Cristo como Dios y como hombre aplica a su muerte espiritual al igual que su muerte física. Cuando se considera a Dios el Hijo en su eterno estado como Dios, en términos de su eterno compañerismo con el Padre y el Espíritu, entonces no es posible que esa relación se rompa. Como Dios, el Hijo no puede separarse de las otras personas de la Trinidad. Pero, cuando se considera a este mismo Hijo eterno en su estado post-encarnado como hombre, entonces en términos de su condición humana, es posible que sea separado de su compañerismo trinitario. Para ponerlo de otra manera, una de las consecuencias de nuestro pecado es que estamos separados de Dios (esto es lo que significa la muerte espiritual), y deshacer esta consecuencia requiere que alguien cargue sobre sí esa separación de Dios, alguien más debe morir espiritualmente en lugar nuestro. Esa persona solo puede ser un ser humano infinito que está libre de pecado y está en compañerismo con Dios. Entonces, para que nosotros podamos ser restaurados, el Hijo, en su estado humano y post-encarnado, debe ser separado de Dios. Esto es lo que significa que Dios el Hijo muera espiritualmente. Nuevamente, déjeme hacer énfasis en que esto no quiere decir que él está alejado del Padre y el Espíritu como Dios, pero, de alguna manera, el Hijo eterno está alienado como hombre, en la humanidad que asumió para alcanzar nuestra salvación.

En este punto, si usted es de una cierta línea filosófica, podría estar pensando: "¿Acaso el cristianismo no enseña que la impasibilidad —la total incapacidad de sufrir— es uno de los atributos de Dios?". En realidad, muchos cristianos han enseñado esto, y la idea de que Dios no puede sufrir está tan arraigada en las mentes de tantas personas que nos alarmamos al escuchar las sugerencias que he hecho en los últimos párrafos. Pero hay dos puntos que debería hacer aquí. Primero, la Biblia no dice de manera directa que Dios no puede sufrir. Dice que él no cambia.[70] En la filosofía griega antigua, la incapacidad de cambiar (inmutabilidad) y la incapacidad de sufrir (impasibilidad) eran consideradas dos caras de la misma moneda. Pero debemos reconocer que el dios de la filosofía griega antigua era muy distinto del verdadero Dios de la Biblia. Los filósofos griegos veían a dios como no involucrado en su mundo, despreocupado por ellos, totalmente inactivo. Con ese concepto de dios, las palabras *inmutabilidad* e *impasibilidad* tenían perfecto sentido. Pero el Dios de la Biblia, el verdadero Dios, está muy involucrado con las personas y con todo el universo que ha creado. Decir que no cambia no debe significar lo mismo que cuando los filósofos griegos hablaban de la inmutabilidad divina. En cambio, en la Biblia, la inmutabilidad de Dios se refiere a que sus propósitos no cambian y que su amor por su pueblo no es cambiante. (Esto queda claro cuando se leen los pasajes bíblicos sobre la inmutabilidad de Dios en sus contextos). Él es constante en su amor por nosotros, y este es un concepto drásticamente diferente al concepto de la inmutabilidad de la filosofía griega.

El segundo punto que debo hacer es que, cuando los Padres de la iglesia utilizan la palabra *impasibilidad* para describir a Dios (como lo hicieron en los pasajes que cité en los recuadros anteriores en este capítulo), tampoco utilizaban esta palabra de la misma manera que los filósofos griegos. En la mente de la iglesia primitiva, la impasibilidad implicaba que Dios no podía ser afectado de manera adversa o dañado por cualquier cosa que nosotros hiciéramos. No podemos arruinar el compañerismo dentro de la Trinidad o interrumpir los propósitos de Dios o hacer que su voluntad falle. Pero eso no significa que Dios no pueda elegir entrar en nuestro mundo haciéndose humano, vivir una vida completamente humana y sufrir como un hombre por culpa nuestra.[71] De hecho, la iglesia primitiva a veces hablaba de la muerte de Cristo como Dios el Hijo sufriendo impasiblemente.[72] Esta paradoja tentadora era un intento de apuntar al misterio de que Dios el Hijo,

---

[70] Ver Nm 23:19-20; Sal 102:25-27; Mal 3:6; Stg 1:17 para algunas ilustraciones de esto.

[71] Para un excelente tratamiento sobre las diferencias entre el entender patrístico de la impasibilidad y el concepto de la filosofía griega relacionado a la misma palabra, ver Paul L. Gavrilyuk, *The Suffering of the Impassible God: The Dialectics of Patristic Thought*, Oxford Early Christian Studies (Oxford: Oxford University Press, 2004).

[72] Ver, por ejemplo, la declaración de Cirilo de Alejandría de que el Hijo "hizo de su propio cuerpo un cuerpo capaz de saborear la muerte y volver a la vida nuevamente, para así poder él mismo mantenerse impasible y, al mismo tiempo, poder decirse que sufrió en su propia carne" *(Cristo es Uno* [McGuckin, 128-29]).

quien está por encima del efecto de todos nuestros pecados y, por ende, nunca sufre como Dios, ha elegido de manera voluntaria rebajarse a nuestro nivel, tomar sobre sí una naturaleza humana para que en esa humanidad pudiera sufrir e incluso morir para poder llevarnos de regreso a Dios. La idea de que Dios es inmutable e impasible, cuando se la entiende correctamente, no descarta lo que digo aquí. Dios puede sufrir y sufrió por medio de la humanidad que el Hijo tomó sobre sí en la encarnación. Además, Dios hizo todo esto voluntariamente por nosotros, no por causa de algo externo a él que lo haya obligado a hacerlo. Eligió que una de las personas, el Hijo, se hiciera humano para que, en esa humanidad, el Hijo pudiera sufrir y morir para llevarnos de regreso a Dios. Dios escogió permitir que una persona de la Trinidad, el Hijo, fuera alienado de las otras dos personas en términos de su humanidad, aunque el Hijo, de alguna manera, se mantuvo unido al Padre y al Espíritu en términos de su deidad.

Con esto en mente, volvamos al angustiado clamor de Jesús desde la cruz: "Dios mío, Dios mío, ¿por qué me has desamparado?". En este momento, mientras cuelga en la cruz, Dios el Hijo está sufriendo toda la carga de la ira de Dios hacia nuestros pecados, los suyos y los míos. El Padre ha amado a su único Hijo desde toda la eternidad y lo sigue amando ahora, considerando al Hijo como Dios. Sin embargo, de alguna manera, en este momento, el Padre también se está alejando de ese Hijo, desamparándolo debido al pecado que el Hijo, considerado humano, está cargando en lugar nuestro. El Hijo, considerado hombre, es alienado del Padre (y también el Espíritu, aunque Jesús no lo mencione en este pasaje). Nuevamente, debemos enfatizar que esta alienación resulta del hecho de que Dios el Hijo ha sido inmerso, en su humanidad, en las consecuencias de nuestro pecado humano. Dios el Hijo no está separado del Padre como Dios. En cambio, Dios el Hijo está muy alienado como hombre. Sin embargo, la persona que está alienada del Padre en este momento es Dios el Hijo. ¿Por qué? Porque esto, y solo esto, podría servir como un sacrificio adecuado para deshacer nuestra separación de Dios.

Aquí, la enseñanza de la fe cristiana sobrepasa los límites de lo que podríamos comprender. ¿Cómo podría Dios el Hijo estar participando en el eterno compañerismo de la Trinidad y estar separado de ese compañerismo al mismo tiempo? No sabemos cómo podría esto ser posible, y la expresión de los Padres "sufrimiento impasible" era un intento de expresar la paradoja de la cruz. De hecho, a Cirilo de Alejandría le gustaba mucho decir que aquí, cuando uno llega al límite de su capacidad de comprender, debería "adorar el misterio en silencio".

Este es el lugar donde la lógica se desvanece y es reemplazada por un asombro reverente. Pero si este es el momento más incomprensible de la historia, ciertamente también es el más terrible, pero, a la vez, el más maravilloso. En los días de angustia previos a este evento, Jesús trató de preparar a sus discípulos para ello diciéndoles: "Ahora es glorificado el Hijo del hombre" (Jn 13:31). Sobre este momento, el apóstol Juan escribe: "Esto es amor". ¿Por qué gloria? ¿Por qué amor? ¿Por qué utiliza la Biblia estas palabras tan maravillosas para hablar de un evento tan terrible? Porque es aquí donde vemos la presencia de Dios con nosotros. Aquí vemos el amor de Dios por nosotros.

Muchas veces decimos que el amor verdadero es sacrificial, y lo es. Pero lo que pasó en ese momento fue más que sacrificial. Para poder regresar al compañerismo entre las personas de la Trinidad, esas mismas personas trinitarias estuvieron de acuerdo en que Dios el Hijo sufriera como hombre bajo la ira de Dios. Esa ira debería haber caído sobre nosotros. Esa separación de Dios debió haber sido nuestra —realmente fue nuestra, pues ya estamos alienados de Dios. Este no fue tan solo un gran ejemplo del amor de Dios o de su presencia gloriosa entre nosotros. Esta es la definición de amor, de gloria. El Padre y el Espíritu estuvieron dispuestos a estar de alguna manera distanciados del Hijo encarnado (nuevamente, considerado hombre, no considerado en su deidad) para poder estar gloriosamente presentes entre nosotros. Se alejaron del Hijo para poder dirigirse hacia nosotros en amor. Fue en este momento en el que el amor de Dios por nosotros fue definido y no simplemente ejemplificado. Este es el momento central en la historia de la humanidad, y la proclamación de lo que sucedió en este momento es el mensaje central que la fe cristiana tiene para darle al mundo. Es un mensaje que ha escuchado muchas veces en la simple declaración "Cristo murió por usted". Pero, ¿alguna vez lo ha escuchado de verdad? ¿Ha escuchado este mensaje en toda su terrible, majestuosa y gloriosa verdad? Si no es así, entonces ahora es el momento para volver a escucharlo y, al escuchar este mensaje nuevamente, es momento de ver las profundidades del amor de Dios por usted.

LA RESURRECCIÓN DE CRISTO Y NOSOTROS

La obra de Cristo no culminó con su muerte por nosotros, sino que continuó con su resurrección y su ascenso hacia el Padre. Luego de que Jesús fuera crucificado un viernes por la tarde, su tumba quedó vacía el domingo en la mañana. Tres mujeres (María, la madre de Jesús, María

Magdalena y Salomé) fueron a la tumba y encontraron dos ángeles, uno de los cuales saludó a las mujeres con las memorables palabras: "No tengan miedo; sé que ustedes buscan a Jesús, el que fue crucificado. No está aquí, pues ha resucitado, tal como dijo" (Mt 28:5-6). Mirando este evento en retrospectiva, el apóstol Pablo escribe: "Cristo murió por nuestros pecados según las Escrituras, fue sepultado, resucitó al tercer día según las Escrituras" (1 Cor 15:3-4).

Claramente, la resurrección de Cristo es una de las verdades más centrales de la fe cristiana. Antes de su crucifixión, Jesús predijo que moriría y resucitaría,[73] y su resurrección y apariciones subsecuentes ante sus seguidores están descritas prominentemente en los cuatro Evangelios.[74] La resurrección de Cristo fue el énfasis central de los sermones cristianos más tempranos, predicados por los discípulos en Jerusalén, empezando un poco más de siete semanas después de la muerte de Cristo.[75] La resurrección está explícitamente afirmada en casi todos los libros del Nuevo Testamento.[76] Pero, ¿qué quiere decir que Cristo ha resucitado de la muerte? Claramente, los autores bíblicos se refieren a algo más que el simple hecho de que su espíritu, de alguna manera, sobrevivió a la muerte o que su memoria vivió en las mentes de sus discípulos. La tumba estaba vacía; no había un cuerpo allí, así que Cristo había resucitado físicamente de la muerte. De hecho, en una de sus apariciones ante los discípulos después de su resurrección, Jesús se da cuenta de que ellos creen que es un fantasma, así que dice: "¿Por qué se asustan tanto? [...] ¿Por qué les vienen dudas? Miren mis manos y mis pies. ¡Soy yo mismo! Tóquenme y vean; un espíritu no tiene carne ni huesos, como ven que los tengo yo" (Lc 24:38-39). Él murió físicamente y resucitó físicamente, en carne y hueso. Si su muerte física ocurrió en lugar de la muerte física que nosotros merecemos, entonces su resurrección física deshace nuestra muerte física, sirviendo como un sello de que, algún día, también resucitaremos físicamente de la muerte.

Pero, ¿qué hay de su muerte espiritual? Si Jesús sufrió de alienación del Padre en la cruz, entonces, ¿fue este alejamiento revertido con la resurrección? Encontramos la respuesta a esta pregunta en el

---

[73] Ver Mt 16:21; 17:9, 23; 20:19; 26:32; 27:63; 28:6; Mc 8:31; 9:9; 10:34; 14:28; Lc 9:22; 18:33; 24:7.

[74] Ver Mt 28; Mc 16; Lc 24; Jn 20-21.

[75] Ver Hech 1:22; 2:24, 32; 3:15.

[76] Además de las referencias en los cuatro Evangelios y el libro de Hechos arriba mencionados, ver también Ro 1:4; 1 Cor 15:3-4; 2 Cor 4:14; Gál 1:1; Ef 1:20; Fil 3:10; Col 2:12; 1 Tes 1:10; 1 Tim 3:16; 2 Tim 2:8; 1 P 1:3; Ap 1:18.

ascenso de Jesús al cielo después de la resurrección. Ese ascenso se describe en Hechos 1:9, y hablando del evento más adelante, el autor de Hebreos declara: "Después de llevar a cabo la purificación de los pecados, se sentó a la derecha de la Majestad en las alturas" (Heb 1:3; cf. Fil 2:10-11). La acción de sentarse al lado de Dios el Padre indica tanto un parentesco de autoridad como un compañerismo cercano personal. Entonces, claramente, Cristo (considerado hombre) ha sido completamente restaurado al compañerismo con su Padre. En sus credos, la iglesia primitiva consagraba prominentemente la idea de que Cristo se sentase a la derecha de Dios y, nuevamente, Cirilo de Alejandría es el que mejor expresa estas ideas. En el recuadro siguiente, comenta sobre la exaltación de Cristo en Filipenses 2:9-11, y enfatiza que es la misma persona que partió de su previa gloria en la encarna-

---

Cirilo de Alejandría sobre el ascenso del Hijo (ca. 438):

De igual manera que es el Señor de Gloria y se rebaja a sí mismo al bajo estatus de la condición del esclavo, también nos pide que acojamos su gloria eternamente inherente nuevamente, y hace esto de tal manera que beneficia al hombre. Ya que es eternamente Dios, asciende de las limitaciones de nuestra condición a la pre-eminencia y gloria de su propia Deidad para que toda rodilla se doble ante el Hijo verdadero y natural, no obstante como he dicho, uno que es hecho de carne y se ha hecho como nosotros.

Cristo es Uno (McGuckin, 123-24)

---

ción y se la lleva de nuevo al momento de su ascenso. Pero Cirilo escribe que el Hijo lleva su previa gloria "de una manera apropiada para un hombre". Está unido al Padre, comparte la presencia gloriosa de su Padre, pero ahora lo hace no solo como Dios, sino también como un hombre. En su humanidad, ha sido llevado de regreso al Padre.

Detengámonos a reflexionar sobre el significado de esto. Sabemos que Cristo es la segunda persona de la Trinidad y que, desde el momento de la encarnación, también ha sido completamente humano. Esto quiere decir que, desde el momento de la encarnación, una de las personas partícipes en el compañerismo de la Trinidad ha sido una persona completamente humana. De esta manera, Cristo es el segundo Adán, el hombre que recupera el compañerismo humano con Dios que Adán había perdido. Pero, en la crucifixión, la persona que había sido partícipe de ese compañerismo sintió el peso entero del pecado humano (no el suyo propio, sino el nuestro) y fue aplastado por la ira de Dios dirigida hacia ese pecado. Él, considerado hombre, sufrió una alienación total de Dios y murió. Y, tal y como los Padres de la iglesia reconocieron, la humanidad de esta persona representa nuestra humanidad para que su sufrimiento pudiera realmente sustituir el sufrimiento que merecemos. Con la resurrección y el ascenso, esta persona, considerada hombre, ha sido restaurada al compañerismo de la Trinidad que había sido suyo inicialmente. Esto quiere decir que una persona que ha cargado todo pecado humano y ha sufrido la separación de Dios ha sido nuevamente aceptada al compañerismo que había perdido anteriormente (nuevamente, no como resultado de su propio pecado). Además, justamente porque la humanidad de esta persona representa nuestra humanidad, nosotros también podemos ser restaurados a ese compañerismo, ya que estamos unidos a él. Al igual que la acción de Dios de alienar al Hijo del Padre sustituye la alienación de Dios que merecemos, también la acción de Dios de recibir al Hijo de vuelta al compañerismo con el Padre provee la conexión que necesitamos para que nosotros mismos seamos restaurados. El rechazo y la nueva aceptación del Hijo divino en su naturaleza humana nos afecta porque la naturaleza humana de esa persona está vinculada a nuestra humanidad, y por medio de nuestra conexión a esa naturaleza humana podemos también nosotros ser llevados de regreso a un compañerismo con Dios. Si la muerte de Cristo nos muestra las profundidades casi inimaginables de la presencia de Dios entre nosotros, también la resurrección y el ascenso de Cristo nos muestran la maravilla de nuestra presencia con Dios. El Hijo fue llevado de regreso al compañerismo de la Trinidad y, por medio de su humanidad, nos lleva consigo.

CONCLUSIONES

En este capítulo hemos visto que la muerte y resurrección de Cristo encuentran su completo significado a la luz de quién fue que las sufrió, y la iglesia primitiva correctamente insistía que esta persona era Dios el Hijo. Ya que fue realmente Dios el Hijo quien nació, debió ser y realmente fue Dios el Hijo quien murió y resucitó por nosotros. Por lo tanto, es crucial que entendamos estos eventos a la luz de la relación entre el Padre y el Hijo. El primer Adán participó en la relación Padre-Hijo mientras fuera obediente, pero su relación con Dios era inestable, podía perderse y, de hecho, se perdió. Por ende, como resultado de la Caída, toda la humanidad perdió su participación en esa relación. Así que, para recuperarla por nosotros, Dios el Hijo asumió una humanidad que le permitió, como hombre, someterse a la muerte. Esa muerte lo separó (nuevamente, considerado hombre) del compañerismo con el Padre. Luego, cuando resucitó de la muerte y ascendió al cielo, se reunió con el Padre y el Espíritu en su humanidad. (En su deidad, había mantenido de alguna manera su unión al Padre y al Espíritu, incluso cuando fue alienado de ellos en su humanidad). Este Hijo, el segundo Adán, no solo logró reunirnos con Dios por medio de su muerte y resurrección, sino que también recibió lo que logró como hombre, por medio de su humanidad. Para ponerlo de otra manera, cuando Dios el Padre recibió a su Hijo nuevamente en el compañerismo después de la crucifixión, lo estaba recibiendo como hombre y, en realidad, como un hombre que había soportado el peso de la ira de Dios hacia todo pecado humano. Como resultado, la resurrección y el ascenso constituyen la garantía de que, al igual que Dios recibió nuevamente a Cristo, también nos recibirá nuevamente a nosotros. Por ende, la restauración hacia el compañerismo con Dios está asegurada de una manera que el regalo inicial en la creación no lo estaba, ya que es Dios quien recibe el regalo como humano.

Ahora que hemos visto con algo de detalle cómo el Hijo participa en la vida humana, estamos en una posición de poder entender más precisamente cómo nosotros, a cambio, entramos y participamos en su vida divina, en su relación con el Padre. Hablaré de este tema en el siguiente capítulo.

9

CONVIRTIÉNDOSE EN CRISTIANO

Entrando a la relación del Hijo con el Padre

Espero que a estas alturas esté claro que, ante los ojos de la iglesia primitiva, la salvación cristiana no se trataba exclusivamente del perdón de los pecados. El pecado es la barrera que aliena a las personas de Dios, y la muerte de Cristo fue la manera en la que Dios el Hijo, en su humanidad, tomó sobre sí esa alienación de Dios que merecemos. Esta muerte hace posible que nuestros pecados sean perdonados, y el perdón de los pecados es un prerrequisito indispensable para la vida cristiana, pero no es el total de la suma de la salvación cristiana. Por ende, al dirigir nuestro enfoque en este capítulo desde la expiación hacia el tema de convertirse en cristiano, debemos considerar el perdón de los pecados y otros aspectos de la salvación a la luz del núcleo de la fe cristiana, el amor entre el Padre y el Hijo.

Como hemos visto, Juan escribe sobre la manera en la que la vida de Jesús está vinculada a la nuestra en Juan 1:12 ("Mas a cuantos lo recibieron, a los que creen en su nombre, les dio el derecho de ser hijos de Dios") y en Juan 20:31 (escribió lo que escribió sobre Cristo "para que ustedes crean que Jesús es el Cristo, el Hijo de Dios, y para que al creer en su nombre tengan vida"). Ambos pasajes mencionan nuestro creer en Cristo, y el primero vincula dicha creencia a recibir a Cristo. Además, el pasaje indica que nuestro creer/recibir nos hace hijos de Dios y nos da vida en el nombre del Hijo de Dios. La iglesia primitiva insistía en que recibimos esta vida al creer en la vida divina y, como hemos visto, los Padres usaban la palabra *theōsis* para describir nuestra participación en la vida divina. Además, según la línea de pensamiento patrístico que creo que es más bíblica y profunda, esta vida divina debería comprenderse primordialmente en términos de la relación del Hijo con el Padre: nuestra entrada a la vida divina implica que nos hagamos por gracia aquello que Cristo es por naturaleza: un hijo de Dios. Ser salvo no es simplemente ser perdonado, aunque sí es parte de lo que implica. Más fundamentalmente, ser salvo significa convertirse en un hijo adoptado de Dios y, por ende, ser partícipe en el compañerismo que el único Hijo natural de Dios ha disfrutado eternamente con el Padre.

Además, lo que escribí en el capítulo ocho sobre la resurrección de Cristo implica que la manera en la que nos convertimos en hijos adoptivos de Dios es por medio de nuestro vínculo con la humanidad de Cristo, un vínculo que nos une a él como la segunda persona de la Trinidad y, así, a la relación amorosa que tiene con el Padre y el Espíritu. También vimos que Jesús dijo que el Espíritu Santo vendría a morar dentro de los discípulos. El Espíritu entra en una persona cuando esa persona empieza a confiar en Cristo, y el Espíritu une a esa persona a Cristo en su humanidad de tal manera que la persona empieza a participar en la relación de Cristo como Hijo divino con su Padre. Luego, por medio de la participación en esa relación y con el poder del Espíritu Santo, una persona puede empezar a vivir de tal manera que refleje el amor entre el Padre y el Hijo. El tipo de vida que vimos en el capítulo cuatro comienza cuando el Espíritu Santo une a una persona al Hijo que vivió, sufrió, murió y resucitó para poder llevarnos de regreso a Dios.

Con todo esto en mente, este capítulo se enfocará con más detalle en cuatro preguntas. Primero, ¿qué significa creer en Cristo o recibir a Cristo? Segundo, ¿cuál es el rol del Espíritu Santo en llevarnos a la fe? Tercero, ¿cuál es la conexión entre la acción de Dios y la nuestra en el proceso de buscar a Cristo? Y finalmente, ¿cuáles son los cambios específicos que suceden en nosotros y nuestra relación con Dios cuando lo buscamos en fe?

MUERTE, RESURRECCIÓN Y FE

¿Qué es la fe? ¿Qué significa confiarle la vida a Cristo? Tal vez el pasaje bíblico más claro que habla de este tema se encuentra en Romanos 10. Pablo afirma:

> Si confiesas con tu boca que Jesús es el Señor y crees en tu corazón que Dios lo levantó de entre los muertos, serás salvo. Porque con el corazón se cree para ser justificado, pero con la boca se confiesa para ser salvo. Así dice la Escritura: "Todo el que confíe en él no será jamás defraudado". No hay diferencia entre judíos y gentiles, pues el mismo Señor es Señor de todos y bendice abundantemente a cuantos lo invocan, porque "todo el que invoque el nombre del Señor será salvo".
>
> Ahora bien, ¿cómo invocarán a aquel en quien no han creído? ¿Y cómo creerán en aquel de quien no han oído? ¿Y cómo oirán si no hay quien les predique? ¿Y quién predicará sin ser enviado? Así está escrito: "¡Qué hermoso es recibir al mensajero que trae buenas nuevas!". (Ro 10:9-15)

En este pasaje, Pablo describe la fe salvadora de diversas maneras: confesando quién es Cristo (el Señor), creyendo que los eventos de salvación de su vida (especialmente la resurrección) realmente sucedieron, confiando en Dios/Cristo e invocándolo. Además, Pablo habla del mecanismo por medio del cual la fe es engendrada: Dios envía predicadores para proclamar el mensaje de Cristo, las personas escuchan este mensaje, creen en Cristo y lo invocan para la salvación. Poco después, Pablo declara: "Así que la fe viene como resultado de oír el mensaje, y el mensaje que se oye es la palabra de Cristo" (Ro 10:17). Este es el patrón de la proclamación y fe que Dios ha utilizado para llevar a las personas hacia Cristo a lo largo de la historia cristiana.

Sin embargo, en el protestantismo, y especialmente en el evangelicalismo moderno, rara vez hemos estado contentos con simplemente afirmar una definición tan básica de la fe y del mecanismo por medio del cual es producida. Debido a nuestra insistencia en que la justificación es solamente por medio de la fe, hemos buscado delinear aquello que constituye la fe y lo que constituye una obra, y cualquier cosa que caiga dentro de la categoría de obra la consideremos innecesaria para la salvación. Dada nuestra preocupación sobre este tema, podría resultarle sorprendente que la iglesia primitiva estaba relativamente despreocupada en definir la fe o distinguirla de las obras. Eso podría resultar en que algunos presupongamos que creían en la salvación por obras, pero esta presuposición es incorrecta. Lejos de negar la justificación por medio de la fe, ellos eran, en mi opinión, más fieles a aquella gran verdad bíblica de lo que nosotros a veces somos, pero expresaron su lealtad a esta verdad de una manera distinta a la nuestra.

Considere por un momento la manera en la que los evangélicos a veces hablamos de la fe y las obras. Siendo fieles a nuestras raíces en la reforma protestante, afirmamos que ninguna acción humana es necesaria para la salvación; Dios hace todo. Esto es a lo que nos referimos cuando contrastamos la fe y las obras. Por ende, calificamos expresiones comunes de devoción a Dios —la oración, leer la Biblia, recibir el bautismo y la Cena del Señor— como obras, e insistimos en que estas sí son parte importante de la vida cristiana, pero también que no son necesarias para la salvación. Al mismo tiempo, debido a nuestras raíces en el pietismo y el avivamiento moderno, muchos de nosotros también queremos afirmar que hay claras señales que acompañan el inicio de la fe, y hemos desarrollado nuestros propios rituales para coreografiar ese inicio. Una persona pasa clases de confirmación, o camina hacia un altar respondiendo a un llamado, o hace la oración que se encuentra al final del folleto de "Las cuatro leyes espirituales" o incluso se sienta en el llamado "banco ansioso" en una reunión de avivamiento. Hemos establecido varios patrones que creemos que promueven y acompañan la incepción de la fe genuina. Es así que decimos que orar la oración del pecador no es una obra, sino que expresa fe. Por el contrario, dar dinero a los pobres es una obra, así que es una continuación de la vida cristiana, pero no el inicio. Se debería notar aquí que la manera en la que desarrollamos estos patrones está enfocada en nosotros mismos. Preguntamos: "¿Qué debo hacer?". Y respondemos, tal vez de manera extraña, que no puedo hacer nada y que debo hacer este o aquel ritual que asociamos con el inicio de la fe. Incluso la declaración "debemos tener fe" representa un enfoque no intencionado hacia nosotros mismos.

Compare esta manera de hablar con la manera en la que la iglesia primitiva típicamente hablaba de este mismo problema. Los Padres de la iglesia normalmente no trataban de definir lo que era la fe, y ciertamente no intentaban delinear qué actividades religiosas correspondían a la categoría de obras y cuáles correspondían a la categoría de fe. En cambio, escribieron sobre la fe al escribir sobre aquel a quien debemos dirigir nuestra fe. Escribieron infinitamente sobre Dios la Trinidad. Escribieron infinitamente sobre Cristo. Escribieron sustancialmente (aunque no tan exhaustivamente) sobre el Espíritu Santo. Es por esto que la iglesia primitiva produjo algunas de nuestras grandes declaraciones de creencias sobre la Trinidad y la persona de Cristo, pero no produjo ninguna declaración de creencias sobre cómo inicia la fe y qué es. De la misma manera que modelaron la sumisión a las Escrituras en su manera de manejarlas, pero no articularon una doctrina sobre las Escrituras (como vimos en el capítulo uno de este libro), también modelaron la fe en el Dios Trino al dirigir la mirada de todos hacia Dios, pero no articularon qué significaba tener fe.

Sobre este punto, creo que los Padres de la iglesia tienen mucho que enseñarnos, porque cuando en la actualidad hablamos de qué es la fe o si uno la tiene, estamos inconscientemente eclipsando el hecho de que todos ya tienen fe. Todos confían en alguien o en algo. Es decir, todas las personas, en su intento de alcanzar la realización o la felicidad o cualquier otra cosa importante, le confían sus esfuerzos a alguien o algo. Muchos de nosotros confiamos nuestras vidas a nosotros mismos. Algunos de nosotros se la confiamos a una religión o a una cosmovisión filosófica. Algunos de nosotros se la confiamos a otra persona. Algunos de nosotros se la confiamos a una institución. El cristianismo insiste en que, para que esta confianza sea de salvación, debe estar dirigida solo hacia Cristo. Él sostiene lo que es realmente valioso en la vida —su relación con el Padre. Nos ha mostrado las profundidades más grandes de su amor. Es capaz, por medio de su Espíritu, de unirnos a su Padre, de hacernos hijas e hijos adoptivos. Nuestras vidas están infinitamente más seguras en sus manos que en nuestras propias manos o en las manos de cualquier otra persona o institución o filosofía. Él es a quien debemos buscar, en quien debemos confiar. Jesús dice: "Vengan a mí todos ustedes que están cansados y agobiados, y yo les daré descanso" (Mt 11:28). A raíz de esto, tal vez sea adecuado hoy en día que los evangélicos pasaran menos tiempo buscando explicar de manera exacta lo que es la fe y, en cambio, guiaran a otras personas al único que es realmente digno de su fe, Jesucristo. La conversión al cristianismo no es tanto un proceso de adquirir fe cuando uno no la tenía antes, sino un proceso de transferir la confianza que uno tiene en lo que sea o quien sea hacia Cristo solamente.[77]

Si estamos dispuestos a admitir que es adecuado enfocarnos más en aquel en quien confiamos en lugar de qué es la fe o cómo se distingue de las obras, entonces estamos en una mejor posición para poder entender el vínculo entre nuestra fe y la muerte y resurrección de Cristo. En el capítulo anterior, vimos que la humanidad de Cristo representa la nuestra, así que cuando fue separado del Padre por nuestros pecados y luego aceptado de regreso por el Padre (en términos de su humanidad), abrió el camino para nosotros para que seamos aceptados nuevamente al estar unidos a él en su humanidad. Es por esto que los autores del Nuevo Testamento insisten en que la muerte y resurrección de Cristo son más que un medio para nuestra salvación. En Romanos 3:25, Pablo escribe sobre la persona de Cristo como el lugar en el que el sacrificio expiatorio es realizado, el lugar en el que la salvación es alcanzada. Más adelante en la misma carta, escribe:

> ¿Acaso no saben ustedes que todos los que fuimos bautizados para unirnos con Cristo Jesús en realidad fuimos bautizados para participar en su muerte? Por tanto, mediante el bautismo fuimos sepultados con él en su muerte, a fin de que, así como Cristo resucitó por el poder del Padre, también nosotros llevemos una vida nueva.
>
> En efecto, si hemos estado unidos con él en su muerte, sin duda también estaremos unidos con él en su resurrección. Sabemos que nuestra

---

[77] Un ejemplo excelente de este énfasis de la iglesia primitiva viene de *La ciudad de Dios* de Agustín. Durante gran parte de los libros 1-10, Agustín enfatiza que los dioses en quienes confiaban los romanos no son capaces de darles felicidad, en este mundo ni en el siguiente. Una y otra vez en estos libros, Agustín insiste en que aquel que es realmente digno de la confianza de los romanos es Cristo.

vieja naturaleza fue crucificada con él para que nuestro cuerpo pecaminoso perdiera su poder, de modo que ya no siguiéramos siendo esclavos del pecado; porque el que muere queda liberado del pecado. (Ro 6:3-7)

Aquí, Pablo afirma que por medio del bautismo y, por ende, por medio del inicio de la fe en Cristo (ya que en el Nuevo Testamento el bautismo era la señal asociada con ese inicio), los creyentes han muerto con Cristo, han sido sepultados y han resucitado. Estos eventos centrales en la vida de Cristo no simplemente nos involucran a nosotros, sino que participamos en ellos porque la humanidad de Cristo representa y sustituye a nuestra humanidad, y así participamos en Dios el Hijo, quien sufrió la muerte y resurrección por nosotros en su propia humanidad.

Asimismo, ya vimos que en Efesios 2:1-3, Pablo indica que todas las personas después de la Caída han nacido muertas. Pablo continúa: "Pero Dios, que es rico en misericordia, por su gran amor por nosotros, nos dio vida con Cristo, cuando aún estábamos muertos en pecados. ¡Por gracia ustedes han sido salvados! Y en unión con Cristo Jesús, Dios nos resucitó y nos hizo sentar con él en las regiones celestiales" (Ef 2:4-6). Nuevamente vemos que tener vida está directamente conectado a Cristo. Fuimos hechos vivos "con Cristo", es decir, por medio de él volviendo a la vida nuevamente en la resurrección. Somos elevados "con Cristo" y sentados "con él" en el cielo por medio de su ascenso hacia el Padre. Este es el contexto en el cual Pablo hace su famosa declaración: "Porque por gracia ustedes han sido salvados mediante la fe; esto no procede de ustedes, sino que es el regalo de Dios, no por obras, para que nadie se jacte" (Ef 2:8-9). Nuestra salvación no nos llega simplemente por lo que Cristo hizo. En cambio, somos salvos cuando, por medio de un regalo de Dios, confiamos en Cristo y, así, pasamos por su vida, muerte y resurrección con él. Él vino a la tierra para participar en la vida humana, para cargar con el pecado humano, para convertirse en nuestro hermano y ser hecho pecado por nosotros. Participamos en su vida, muerte y resurrección, y al hacerlo participamos en su eterna relación con el Padre.

Una de las maneras en las que la iglesia primitiva inculcó el vínculo directo entre nuestras vidas y la de Cristo en los nuevos cristianos fue por medio de una serie de sermones a los candidatos al bautismo. Estos discursos catequéticos generalmente incluían un extenso debate sobre las personas de la Trinidad y una explicación de cada rito en la ceremonia de bautismo. Poseemos dichos discursos catequéticos de varios teólogos de la iglesia primitiva, y los más célebres son de Cirilo

---

Cirilo de Jerusalén sobre la participación de los creyentes en la muerte y resurrección de Cristo (ca. 385)

Ustedes estuvieron desnudos ante los ojos de todos y no sintieron vergüenza. De hecho, estaban imitando al primer hombre Adán, quien estuvo "desnudo" en el Paraíso, "pero no sentía vergüenza". Luego, una vez que se quitaron las vestimentas, fueron ungidos con aceite exorcizado desde los cabellos en el tope de sus cabezas hasta las partes más bajas de sus cuerpos, y se hicieron partícipes en Jesucristo, el verdadero olivo. Fueron podados del olivo salvaje e injertados al verdadero olivo, y empezaron a ser partícipes en la riqueza del olivo genuino. [...] Después de esto fueron llevados al santo estanque del sagrado bautismo, de la misma manera que Cristo fue llevado desde la cruz a la tumba que está delante de ustedes. [...] Hicieron la salvadora profesión de la fe y fueron inmersos tres veces en el agua y salieron de ella nuevamente. Allí en la fuente recrearon el entierro de Cristo de tres días. [...] Al mismo instante murieron y nacieron; el agua salvadora se hizo su tumba, pero también su madre.

Cat. Mis., 2, párr. 2-4 (Yarnold, 173-74)

---

de Jerusalén en el cuarto siglo.[78] En el recuadro anterior, Cirilo les habla a los nuevos creyentes que acaban de ser bautizados. Vea cómo enfatiza las conexiones entre los eventos de la vida de Cristo y las vidas de los creyentes, a la vez que señala que los creyentes están pasando por estos eventos simbólicamente, mientras que Cristo pasó por ellos literalmente.[79] Note también que se refiere a la profesión de la fe del creyente justo antes del bautismo como "la salvadora profesión de la fe", indicando así que lo que une al creyente a Cristo es la fe en lugar del simple acto del bautismo en sí. Luego, en el siguiente recuadro, Cirilo explica de manera más completa el significado de esta conexión entre el cristiano y Cristo. Una vez que dirigimos nuestra fe hacia Cristo (y, por ende, somos bautizados para expresar esta fe en él),

---

[78] No debe confundirse este Cirilo con Cirilo de Alejandría, quien nació una docena de años antes de que Cirilo de Jerusalén falleciera.
[79] Cabe mencionar que los diversos ritos de la ceremonia de bautismo eran bastante elaborados en comparación con los nuestros, y que Cirilo señala la conexión entre cada una de las acciones y pasajes bíblicos relevantes que nos vinculan a Cristo. Por ejemplo, la unción con aceite nos conecta a Cristo como el verdadero olivo, y la triple inmersión nos recuerda al periodo de tres días durante el cual Cristo estuvo muerto.

participamos con él en su crucifixión, muerte y resurrección, para que podamos recibir en él la salvación que consiste de participar en su compañerismo con el Padre.[80]

Cirilo de Jerusalén sobre el significado de la participación de los creyentes en Cristo (ca. 385):

¡Qué cosa tan extraña y maravillosa! No morimos literalmente, no somos sepultados literalmente, no resucitamos literalmente después de ser crucificados. Experimentamos estas cosas solo en los símbolos y representaciones; pero a la salvación la experimentamos literalmente. Cristo realmente fue crucificado y realmente fue sepultado y literalmente resucitó, e hizo todo por nosotros, para que, al participar en sus sufrimientos por medio de la imitación, podamos ganar la salvación en la verdad. [...] Nadie debería imaginarse que el bautismo solo otorga el perdón de los pecados y la gracia de la adopción, de la misma manera que el bautismo de Juan solo otorgó el perdón de los pecados. Debemos ser claros en esto: que, así como el bautismo limpia nuestros pecados y otorga el regalo del Espíritu Santo, también representa los sufrimientos de Cristo. [...] Realmente fue para enseñarnos lo que Cristo sufrió "por nosotros y nuestra salvación" de manera real y no imaginaria, y para que nos hagamos partícipes en sus sufrimientos.

Cat. Mis., 2, párr. 5-7 (Yarnold, 174-75)

EL ESPÍRITU SANTO Y NUESTRA PARTICIPACIÓN EN EL HIJO

Si una fe que está dirigida a Cristo es el vínculo que nos une a Dios el Hijo en su humanidad y nos permite participar en su relación con el Padre, entonces es apropiado indagar más profundamente en el

---

[80] Es probable que algunos lectores encuentren estos recuadros inquietantes porque le otorgan tanta importancia al bautismo. Se debe recordar que el Nuevo Testamento une el bautismo y la fe en Cristo de manera muy cercana, incluso al punto de decir que el bautismo nos salva (ver 1 P 3:21). Los Padres de la iglesia también mantuvieron esta conexión cercana. No vieron la necesidad de hacer la clara diferenciación entre la fe y el bautismo que nosotros a veces hacemos, aunque las palabras de Cirilo aquí muestran que él (y ellos) sí veía una distinción. La fe en Cristo es el canal por medio del cual estamos unidos a la Trinidad, pero como el bautismo es el medio que Cristo ha ordenado para expresar el inicio de la fe, es muchas veces mencionado en la misma esencia que la fe misma.

proceso por medio del cual Dios lleva a las personas a transferir su fe solamente a Cristo. Por supuesto, el mecanismo humano es la predicación y escuchar la Palabra, pero estas acciones humanas por sí mismas no propician la fe en Cristo. En cambio, la fe cristiana llega cuando el Espíritu Santo obra para unir a los creyentes a Cristo en su humanidad, llevándonos así a la relación Padre-Hijo por medio de la gracia. Ya vimos que algunos autores patrísticos, especialmente Cirilo de Alejandría, entienden el soplo de Dios para darle hálito de vida a Adán (Gn 2:7) como la dádiva del Espíritu Santo, logrando así que la humanidad pre-Caída participara en el compañerismo de la Trinidad. La humanidad perdió esta participación con la Caída, pero, durante el sermón del aposento alto, Jesús les muestra a sus discípulos que el Espíritu pronto empezará a morar nuevamente en los seres humanos. Es necesario ver parte de este pasaje (Jn 14:15-21) nuevamente. Jesús dice: "Y yo le pediré al Padre, y él les dará otro Consolador para que los acompañe siempre: el Espíritu de verdad, a quien el mundo no puede aceptar porque no lo ve ni lo conoce. Pero ustedes sí lo conocen, porque vive con ustedes y estará en ustedes. […] Y porque yo vivo, también ustedes vivirán. En aquel día ustedes se darán cuenta de que yo estoy en mi Padre, y ustedes en mí, y yo en ustedes" (Jn 14:16-17, 19-20). Note que el hecho de que el Espíritu more en los creyentes es la clave que nos permite saber que el Hijo está en el Padre, que los creyentes están en el Hijo y que el Hijo está en los creyentes. La participación mutua en la relación entre el Padre y el Hijo y entre el Hijo y los creyentes depende del Espíritu Santo. El Espíritu es el que nos vincula a esa relación al unirnos al Hijo.

Más adelante en el sermón del aposento alto, Jesús habla más en detalle sobre el ministerio del Espíritu Santo, y habla aquí de la obra del Espíritu en el mundo (convencer al mundo de su error en cuanto al pecado, la justicia y el juicio —Jn 16:7-11—), así como también de su obra en las vidas de los discípulos (Jn 16:12-15). En el debate posterior, Jesús dice: "Cuando venga el Espíritu de la verdad, él los guiará a toda la verdad, porque no hablará por su propia cuenta, sino que dirá solo lo que oiga y les anunciará las cosas por venir. Él me glorificará porque tomará de lo mío y se lo dará a conocer a ustedes. Todo cuanto tiene el Padre es mío. Por eso les dije que el Espíritu tomará de lo mío y se lo dará a conocer a ustedes" (Jn 16:13-15). Al tomar en cuenta este pasaje, debemos tener en mente la famosa declaración anterior en el sermón: "Yo soy el camino, la verdad y la vida" (Jn 14:6). A la luz de esa identificación previa de la verdad con Jesús mismo, parece que lo que Jesús quiere decir aquí no es solo que el Espíritu les mostrará a los discípulos lo que es verdad, sino que también el Espíritu los guiará hacia Cristo, hacia aquel que es la verdad. Además, debemos leer las declaraciones de Jesús acerca de qué es suyo y qué pertenece al Padre tomando en cuenta lo que Jesús ha dicho sobre el amor entre el Padre y él. Si es acertado hacer estas conexiones, entonces Jesús está diciendo aquí que el Espíritu Santo, al morar en los creyentes, nos llevará a Cristo, quien es la verdad, y nos llevará a participar en aquello que Cristo posee, es decir, su eterno compañerismo con el Padre. Esta acción del Espíritu glorificará a Cristo porque compartirá la presencia gloriosa de Dios el Hijo con nosotros. Tanto en Juan 14 como en Juan 16, Jesús implica que el Espíritu Santo trae a los creyentes hacia el compañerismo que caracteriza a la Trinidad.

Para las personas que empezaron a confiar en Cristo después del día de Pentecostés (Hechos 2), este morar del Espíritu ha coincidido con la conversión. La entrada del Espíritu Santo en una persona es lo que lleva a uno a transferir su confianza a Cristo y, por ende, es lo que la une al compañerismo de la Trinidad. En la iglesia primitiva, este morar del Espíritu Santo era celebrado con la ceremonia de crismación (unción con aceite), y esta ceremonia estaba fuertemente asociada con el bautismo, el rito que representaba el inicio de la fe. En el recuadro anterior, Cirilo de Jerusalén enfatiza que recibir al Espíritu Santo es lo que nos hace "compañeros con Cristo", personas que "comparten con él". Además, argumenta que, por medio de la presencia del Espíritu Santo en los creyentes, Cristo "nos imparte su propia divinidad".

Cirilo de Jerusalén sobre la presencia del Espíritu Santo en los creyentes (ca. 385):

Así como Cristo realmente fue crucificado y sepultado y resucitado, mientras ustedes son privilegiados en el bautismo para ser crucificados, sepultados y resucitados con él en semejanza, también lo es con la unción con crisma. Él fue ungido con el "perfume de alegría", es decir, con el Espíritu Santo, el cual llamó el perfume de alegría porque causa alegría espiritual; ustedes fueron ungidos con *perfume* y se hicieron compañeros con Cristo y empezaron a compartir con él. […] Este santo *perfume* ya no es ordinario o, por así decirlo, un aceite común, sino que es la gracia de Cristo que nos imparte su propia divinidad por medio de la presencia del Espíritu Santo. Para simbolizar esta verdad, son ungidos en la frente con un *perfume* visible, mientras sus almas son santificadas por el Espíritu que da vida.

Cat. Mis., 3, párr. 2-3 (Yarnold, 177)

Como hemos visto antes, esto no puede significar que Cristo nos da su unión con el Padre en el sentido de que nos hacemos iguales a él. Dicha identidad por naturaleza no puede ser compartida con nosotros, y Cirilo de Jerusalén deja esto tan claro como otros Padres de la iglesia.[81] En cambio, Cirilo se refiere a que, por medio del Espíritu Santo, Cristo nos imparte una participación en su relación con su Padre.

Por consiguiente, la clave para ser partícipes en la relación Padre-Hijo es la obra del Espíritu Santo, que entra en nosotros personalmente para llevarnos a confiar en Cristo y así unirnos al Padre por medio de Cristo. Así, la salvación que se hace posible por medio de la encarnación, vida, muerte y resurrección de Cristo y que se anuncia como disponible por medio de la predicación, se hace real a través de la obra del Espíritu Santo.

LA ACCIÓN DE DIOS Y LA NUESTRA EN EL PROCESO DE LA CONVERSIÓN

Este enfoque en la obra del Espíritu Santo llevando a las personas hacia una relación con la Trinidad plantea un problema que ha sido tema de controversia (especialmente en la iglesia occidental) durante casi mil seiscientos años. Este es el tema de cómo la acción de Dios de enviar al Espíritu Santo a una persona se relaciona con la acción de esa persona de poner su confianza en Cristo. ¿La obra de Dios viene después de la voluntad humana de seguir a Cristo, o la antecede? ¿Actúa Dios en combinación con nuestras libres elecciones o las invalida? Estas preguntas están relacionadas con una de las enseñanzas más infames de la Biblia: que Dios ha "elegido" o "predestinado" a aquellos que serán salvos.[82] En esta sección, no busco hablar ni siquiera brevemente de los muchos temas controversiales que circulan alrededor de la elección y el libre albedrío. En cambio, mi objetivo es señalar una manera en la que los temas de este libro podrían reestructurar el debate sobre la elección de manera provechosa.

A lo largo de la extensa historia de este debate, la presuposición parece haber sido que Dios predestinó a ciertas personas para ser

---

[81]   Ver, por ejemplo, la clara distinción que hace Cirilo entre Cristo el Hijo por naturaleza y los cristianos como hijos por adopción en *Cat.*, 3, párr. 14 (Yarnold, 95); *Cat.*, 11, párr. 1, 4, 9 (Yarnold, 129-32).

[82]   Entre los muchos pasajes bíblicos que hablan sobre la elección, los más extensos son Ro 9 y Ef 1:3-14. Ver también Mt 24:22, 24, 31 (y su paralelo Mc 13:20, 22, 27); Lc 18:7; Jn 13:18; 15:16-19; Hech 13:48; Ro 8:28-33; 11:7; 2 Tes 2:13; 2 Tim 2:10; Tit 1:1; 1 P 1:1; 2:9; 5:13.

salvas y que la acción humana de creer en Cristo debe estar relacionada de una manera lógicamente secuencial. Debatimos cuál viene primero lógicamente, si la elección de Dios de una persona para ser salva (en tal caso, Dios luego causa que la persona confíe en Cristo) o si Dios sabe que una persona confiará en Cristo (en tal caso, la elección de Dios se basa en saber el futuro, y no causarlo en sí). O Dios simplemente ha elegido a quién salvar, y luego todo lo que pasa en la tierra a lo largo del tiempo es el medio por el cual cumple su voluntad salvadora, o Dios ha buscado salvar a todos, y la cuestión de quién llega o no a Cristo está, en última instancia, definida por quién acepta su voluntad salvadora universal y quién la rechaza. En el primer caso, la voluntad de Dios es primaria y no puede ser frustrada, y las acciones humanas de orar, predicar, confiar en Cristo y demás son medios por los cuales se cumple esa voluntad. En el segundo caso, la voluntad de Dios es más general y puede ser frustrada, y las acciones humanas son mucho más independientes. Ambas formas de comprender la elección han estado presentes en muchos periodos de la historia cristiana, pero la idea que la predestinación era lógicamente precedente a la previsión dominaba el pensamiento posterior de Agustín y ha sido considerada en diversos momentos en el catolicismo romano medieval y moderno, así como también en gran parte del protestantismo. En contraste, gran parte de la iglesia primitiva, la iglesia occidental medieval, la iglesia oriental a lo largo de su historia y parte del protestantismo moderno y el catolicismo romano han apoyado la idea de que el hecho de que Dios sepa quién creerá es lógicamente previo a su elección de la persona. Entre quienes han considerado la previsión como lógicamente previa a la elección, ha habido un énfasis más fuerte en la libertad de la acción humana que el que ha habido entre quienes han considerado la elección como lógicamente previa.

Pienso que ambos esquemas son intrínsecamente problemáticos. Se podría argumentar que el primer modelo (en el cual Dios elige a las personas y luego ordena los medios por los cuales sus elegidos creerán) implica que no solo nuestras acciones de predicar, orar y creer, sino que incluso la encarnación y la obra de Cristo son simplemente formalidades necesarias que deben llevarse a cabo para poder alcanzar un propósito predestinado. Por supuesto que nadie tiene la intención de hablar de estas cosas como simples formalidades, pero mientras más se enfatiza la independencia de la elección de Dios y se ubica lógicamente antes de todo lo demás, existe más riesgo de que suene a que todo el plan de redención es simplemente una formalidad. Esto llevaría a que, inconscientemente, se denigren tanto nuestras acciones humanas como las acciones de Dios en la encarnación y la obra de Cristo. Por otro lado, se podría argumentar que el segundo modelo (en el cual es básicamente la acción humana la que define quién será salvo) también denigra inconscientemente la acción humana al hacerla muy independiente del propósito de Dios y su persona. La acción que tomemos lejos de Dios es menos significante que la acción que nos une a Dios, y este segundo modelo parece separar la acción humana muy severamente de Dios. Así que me parece que ambos modelos denigran de manera no intencionada las acciones que son realizadas en la historia, un modelo dándole a la elección un estatus demasiado independiente, y el otro dándole a las decisiones humanas un estatus demasiado independiente. En contraste, las Escrituras unen tanto la elección como la acción humana directamente a Cristo. Dios ha elegido a los creyentes en Cristo (ver especialmente Ef 1:3-14), y ha decidido que la acción humana debe ser acción en Cristo, acción que refleje y participe en la relación de Cristo con el Padre.

Contrariamente a la presuposición que aparentemente subyace a estos modelos, pienso que es inadecuado pensar en términos secuenciales sobre conceptos que no están relacionados con el tiempo. Incluso si uno acepta que "antes" y "después" tienen que ver más con el orden lógico que con una cronología estricta, ¿tiene sentido hablar de un concepto (elección o previsión) como que viene "antes" o "después" de otro cuando se está hablando de Dios? ¿Hay, tal vez, una manera no secuencial de relacionar la predestinación, la previsión y las acciones humanas libres? Pienso que sí. Si se atreve a contemplar la acción de Dios en la eternidad más allá de establecer su voluntad para el mundo, tal vez lo que hizo no fue simplemente decidir a quién salvar y luego decretar los medios por los cuales esas personas creerán en Cristo, ni tampoco simplemente buscar salvar a todos, pero luego saber quién confiaría en Cristo y quién no. Tal vez lo que hizo Dios fue incorporar toda acción humana (proclamar el evangelio, pedir que los no creyentes conozcan a Cristo, elegir confiar en Cristo) dentro de la misma determinación de su voluntad. Si algo así fue lo que ocurrió, me parece que nuestras acciones humanas tienen más significado que la que tienen en cualquiera de los entendimientos secuenciales con los cuales normalmente enfrentamos este tema.

Para explicar esta idea con más detalle, sugiero que en nuestro debate sobre la elección/predestinación no demos tanta prioridad a la elección de personas en particular por parte de Dios que impliquemos que no tiene nada que ver con aquellos a quienes, por último, no salvará. Contrariamente, sugiero no dar tanta prioridad al deseo universal de Dios de salvar que impliquemos que lidia con todos de manera exactamente igual y que todas las diferencias entre las personas se deben a sus propias respuestas a Dios (respuestas que Dios ya prevé). En cambio, sugiero darle prioridad a la decisión eterna de Dios de honrar su propia relación con su amado Hijo y su Espíritu llevando a las personas a esa relación. La voluntad eterna de Dios era, primero y más importante, una voluntad de alcanzar la redención humana por medio de la persona y obra de su Hijo y su Espíritu. Esa voluntad eterna incluía dentro de su determinación todo lo que Dios ordenó que sucediera, todo lo que sabía que sucedería, todo lo que tanto él como nosotros haríamos. Esto quiere decir que, cuando una persona comienza a confiar en Cristo, o cuando un creyente pide por la salvación de otros, o cuando alguien proclama el evangelio, estas personas tienen el privilegio de ser partícipes en lo que Dios ha determinado desde toda la eternidad que haría. No somos simplemente el medio por el cual él logra su propósito; somos de alguna manera privilegiados de ser parte de la determinación de ese propósito, el establecimiento de la voluntad de Dios en conexión con su Hijo Jesucristo. Esta manera de ver la relación entre la elección y la acción humana puede ayudar a facilitar el atasco que las discusiones occidentales sobre este tema han creado durante un milenio y medio. Pero incluso si no es exitosa, esta manera de ver el problema sí pone énfasis donde las Escrituras dicen que debería estar —no en un decreto aparentemente arbitrario ni en la acción humana supuestamente independiente y libre, sino en Cristo, el amado Hijo del Padre, aquel en quien somos elegidos.

¿QUÉ ES DIFERENTE AHORA? COMPRENDIENDO NUESTRA NUEVA RELACIÓN CON DIOS

Ahora que hemos examinado el proceso de convertirse en cristiano, es momento de considerar qué es distinto cuando una persona ha entrado en esta nueva relación con Dios. Los tratamientos protestantes de este tema generalmente se enfocan en la cuestión del estatus de una persona ante Dios y utilizan diversos términos bíblicos y teológicos para describir los cambios que suceden en ese estatus cuando una persona se vuelve cristiana. En esta sección, hablaré brevemente de varios de los mayores conceptos que los protestantes utilizan para describir los cambios al inicio de la vida cristiana, pero mi objetivo principal será demostrar cómo todos se relacionan a, y dependen de, las verdades alrededor de las cuales organicé este libro.

El primero de estos conceptos, y el más importante para los evangélicos protestantes, es la justificación. La palabra griega traducida como "justificación" (*dikaiosynē*) también puede traducirse como "justicia", y algunos cristianos insisten en que siempre debería traducirse de esta manera. Pero, al igual que los reformistas, los protestantes argumentan correctamente que, en varios pasajes cruciales del Nuevo Testamento, la palabra no hace referencia a la justicia en general, sino específicamente a la justicia que se les acredita o atribuye a los creyentes. Esta idea, basada en pasajes del Antiguo Testamento como Génesis 15:6 y Salmos 32:1-2, es que Dios no acredita nuestra justicia en sí a nuestra cuenta, ya que si así fuera, todos quedaríamos condenados por nuestra pecaminosidad. En cambio, Dios acredita la justicia de Cristo a nuestra cuenta cuando confiamos en Cristo para nuestra salvación. Así como Cristo carga el peso de la ira de Dios por nuestros pecados, de igual manera cargamos el beneficio del favor de Dios por su justicia. La justificación, entonces, es la acción por medio de la cual Dios declara a una persona justa ante sus ojos y atribuye la justicia de Cristo a esa persona, aunque, en realidad, esa persona sigue siendo pecadora y seguiría siendo culpable ante Dios si estuviera sola. (Los debates más exhaustivos sobre esta idea se encuentran en Romanos 3:21-5:11 y Gálatas 2:11-3:25). Esta es la verdad central cuyo redescubrimiento por Lutero en la década de 1510 dio inicio a la Reforma protestante. Fuertemente asociado a la justificación se encuentra el perdón de los pecados o, más adecuadamente, la remisión (*aphesis* en griego) de los pecados, el acto de enviar los pecados de una persona lejos. Este concepto está basado en parte del ritual del día de la expiación en Levítico 16. El sacerdote toma un macho cabrío —llamado el chivo expiatorio— y confiesa todos los pecados del pueblo sobre él. Luego, el macho cabrío es soltado en el desierto para mostrar simbólicamente que Dios se ha llevado los pecados del pueblo lejos de ellos (Lev 16:20-22). Los autores del Nuevo Testamento anuncian que la remisión de los pecados que era dramáticamente representada por el chivo expiatorio del Antiguo Testamento ha sido ahora realizada por y en Cristo.[83]

---

[83] La remisión de los pecados es el tema de la predicación de Juan el Bautista (Mc 1:4; Lc 3:3), es el propósito que Cristo da a su muerte cuando instituye la Cena del Señor (Mt 26:28) y es un tema importante en la predicación de los apóstoles (ver Hech 2:38; 5:31; 10:43; 13:38; 26:18). Durante su ministerio, Jesús les anuncia repetidas veces a varias personas que sus pecados han sido perdonados (por ejemplo, Mt 9:2-5; 12:32; Mc 2:5-9; 3:28; Lc 5:20-23; 7:47-48; 12:10; Jn 20:23). Ver también Ef 1:7; Col 1:14; Heb 9:22; 10:18. En el Antiguo Testamento, el perdón de los pecados es una preocupación tan grande que difícilmente se podrían listar las referencias; prácticamente cada capítulo estaría incluido.

Juntas, la justificación y la remisión de los pecados conforman el lado legal o jurídico de la salvación. Fuimos culpables ante Dios, pero como Cristo llevó nuestra culpa a la cruz, su justicia es ahora atribuida a nosotros y recibimos un nuevo estatus legal ante Dios —un estatus de "no culpable".

Sin embargo, estas imágenes legales de salvación no son las únicas que utiliza el Nuevo Testamento. Otras imágenes de salvación son intensamente personales, y algunas de las palabras grandes para describir estos aspectos personales de salvación son redención, reconciliación y adopción. La palabra "redención" (*apolytrōsis* en griego) significa "comprar de nuevo", y la idea es una de propiedad y dominio personal. Originalmente le pertenecíamos a Dios, pero nuestro pecado nos ha puesto bajo la propiedad de Satanás (de hecho, no por derecho). Por la encarnación y la obra de Cristo, Dios hizo posible que seamos restaurados a nuestro amo legítimo: Él. Es por eso que generalmente nos referimos a la obra de Cristo como redención. Además, por medio de la obra del Espíritu Santo de llevarnos a la fe en Cristo, Dios nos ha transferido de la posesión de Satanás de regreso a su posesión. Por ejemplo, en Colosenses 1:13-14, Pablo escribe que Dios "nos libró del dominio de la oscuridad y nos trasladó al reino de su amado Hijo, en quien tenemos redención, el perdón de pecados".[84] Relacionado de manera cercana a la redención se encuentra el concepto de la reconciliación (*katallagē* en griego), que implica que dos lados que eran enemigos se han hecho amigos; la brecha de hostilidad entre partes opuestas ha sido superada, permitiendo que la paz reemplace a la hostilidad. Pablo escribe en Romanos 5:10-11 que cuando éramos enemigos de Dios, fuimos reconciliados con él mediante la muerte de su Hijo. Y en 2 Corintios 5:18-21, afirma que, en Cristo, Dios reconcilió al mundo consigo mismo al no tomar en cuenta nuestros pecados.[85] Tanto la redención como la reconciliación son imágenes personales, pero más personal que cualquiera de ellas es la imagen de la adopción (*huiothesia* en griego). En Cristo, hemos sido traídos hacia la familia de Dios al hacernos sus hijos e hijas adoptivos. Ya hemos visto que esta es una imagen importante en los escritos de Juan, y también es común en los de Pablo. En Romanos 8:15-16, Pablo escribe: "Y ustedes no recibieron un espíritu que de nuevo los esclavice al miedo, sino el Espíritu que los adopta como hijos y les permite clamar: '¡Abba!

---

[84] Para referencias a la redención en el Nuevo Testamento, ver, por ejemplo, Lc 1:68; 2:38; 21:28; Ro 3:24; 8:23; 1 Cor 1:30; Ef 1:7, 14; 4:30; Heb 9:12-15.
[85] Ver también Ro 11:15; Col 1:22.

¡Padre!'. El Espíritu mismo le asegura a nuestro espíritu que somos hijos de Dios".[86]

De este breve vistazo a algunas de estas palabras clave del Nuevo Testamento, queda claro que los cambios que Dios realiza en la relación de un creyente con él involucra tanto una dimensión legal como personal. Sin embargo, mi punto primordial al hablar de estos conceptos es señalar que la justificación, la remisión de los pecados, la redención, la reconciliación y la adopción no son cosas separadas que suceden cuando uno empieza a confiar en Cristo. Al contrario, todas ellas derivan de, y giran en torno a, la misma realidad, la unión del creyente con Cristo por medio del Espíritu Santo y, por ende, la participación del creyente en la relación trinitaria. La descripción del Nuevo Testamento de estos aspectos utiliza repetidas veces frases como "en Cristo" para describirlas. Somos adoptados en Cristo; somos justificados en Cristo; somos reconciliados en Cristo. En otras palabras, la justificación y los otros conceptos de los que he estado hablando son el resultado del hecho de que los creyentes participan en la relación Padre-Hijo. La teología protestante está en lo correcto al mencionar varios aspectos de la salvación, pero si esa teología busca entender esos resultados independientemente el uno del otro o, peor aún, independientemente de la unión con Cristo, entonces se convierte en un problema.

Considere la doctrina de la justificación, la cual afirma que no somos, en realidad, justos, sino que la justicia de Cristo es atribuida a nosotros. ¿En base a qué nos es atribuida? En base a nuestra unión con Cristo. Se recibe la justicia de Cristo al participar en Cristo, el justo. Cuando estamos unidos a Cristo y participamos en su muerte y resurrección, entonces y solo entonces es su justicia acreditada a nosotros. O considere el concepto de la adopción, el cual afirma que nos hemos convertido en hijos e hijas de Dios. Dios tiene un solo Hijo, Jesucristo. ¿Cómo podemos, entonces, ser hijos e hijas de Dios? Solo siendo partícipes en el verdadero Hijo, estando unidos a Cristo que es el único Hijo. De igual manera, somos enemigos de Dios, no sus amigos. Solo cuando estamos unidos a su verdadero Amigo, su Hijo, nos convertimos en sus amigos. La realidad central del cristianismo es que los creyentes están unidos a Cristo, y la razón por la cual esto es tan central es porque nos une a la relación central que existe, la relación de Cristo con su Padre. Una vez que entendemos esto de manera adecuada, y una vez que notamos cuántas veces el Nuevo Testamento vincula otros conceptos de la salvación a nuestro estar en Cristo, entonces podemos

---

[86] Ver también Ro 9:4; Gá 4:5; Ef 1:5.

Cirilo de Alejandría sobre la salvación en Cristo (ca. 432):

Desde que el pecado reinó sobre todas las personas como resultado de la transgresión cometida por Adán, el Espíritu Santo se apartó de la humanidad, y la humanidad se estableció en todo lo malo debido a esto. Pero era necesario que la humanidad fuera levantada de nuevo por medio de la misericordia de Dios hacia ese valor que venía del Espíritu Santo, así que el unigénito Verbo de Dios se hizo hombre y se les apareció a aquellos en la tierra en un cuerpo terrenal. Él era libre de pecado, para que en él y solo en él la naturaleza humana pudiera ser coronada con las glorias de su impecabilidad y ser enriquecida con el Espíritu Santo y ser re-formada a Dios por medio de la santidad. De esta manera también, la gracia que tomó como su inicio a Cristo, el primogénito entre nosotros, pasa a nosotros.

Escol., cap. 1 (traducción de Fairbairn)

---

ver la justificación, reconciliación y demás como lo que son: resultados de esa realidad central.

La iglesia primitiva reconoció esto, así que habló sobre la salvación escribiendo del Dios en quien participamos cuando somos salvos. Normalmente no separaban distintos aspectos de la salvación, hablando de ellos individualmente como si se pudiera poseer uno u otro de manera aislada. En cambio, cuando escribían sobre la salvación, el contexto para el tema era un tratamiento de Dios, de Cristo, del Espíritu Santo. Y cuando sí escribían sobre distintos aspectos de la salvación, dejaban en claro que estos aspectos estaban relacionados y giraban en torno a la participación en Cristo. El recuadro anterior contiene una de las declaraciones más completas de Cirilo de Alejandría sobre la Caída y la salvación. Une la pecaminosidad de la humanidad a la salida del Espíritu Santo después de la Caída, y une la posesión de santidad a nuestro estar enriquecidos con el Espíritu Santo. Además, el Espíritu Santo es aquel por medio de quien la impecabilidad de Cristo pasa a nosotros. El Espíritu Santo nos une a Cristo, llevándonos a participar en la impecabilidad y santidad.

CONCLUSIONES

Este capítulo se ha enfocado en cuatro temas principales relacionados con el proceso de convertirse en cristiano. Primero, hemos visto el mecanismo humano para llegar a tener fe en Cristo, y en el proceso, hemos visto la conexión cercana entre nuestra participación en Cristo y su muerte y resurrección. Estamos unidos a Cristo en su humanidad, y así morimos con él y somos resucitados con él. Segundo, hemos visto el rol del Espíritu Santo en unir a una persona a Cristo y así llevar a la persona a la relación Padre-Hijo. Tercero, he tratado brevemente las controversias sobre la relación entre la acción divina y la humana en el proceso de la conversión. He sugerido que una forma no secuencial de relacionar la elección y la acción humana podría ser fructífera al considerar este tema complicado y controversial. Finalmente, hemos visto que todos los aspectos de la salvación giran en torno a, y derivan de, la participación del creyente en Cristo por medio del Espíritu Santo. Es por medio de la participación en la relación Padre-Hijo que recibimos otros beneficios de la salvación, como la justificación y la reconciliación. No se deben tratar estos aspectos como independientes el uno del otro ni como primarios en la salvación, ya que son derivados de nuestra participación en Cristo. De esta forma, he buscado unir varias imágenes bíblicas de la salvación que los protestantes normalmente destacamos en el énfasis que he aprendido de la iglesia primitiva y he recalcado a lo largo de este libro.

Con esta mirada al proceso de convertirse en cristiano en mente, estamos ahora en posición de considerar la vida cristiana. ¿Cómo es y qué implica que seamos partícipes en la relación Padre-Hijo? Hasta cierto punto, ya he examinado este tema en el capítulo cuatro, pero, en el capítulo final, me gustaría retomarlo, no desde la perspectiva de la vida humana como se suponía que debía ser antes de la Caída, sino específicamente desde el punto de vista de la vida cristiana actual.

10

Siendo cristiano

Otra mirada al reflejo de la relación Padre-Hijo

En el capítulo 4 de este libro, vimos varios aspectos del reflejo de la relación Padre-Hijo en la vida diaria: reconocer que todas las personas son intrínsecamente importantes porque han sido creadas a la imagen de Dios, participar en la paz que tiene Cristo como resultado de la relación con su Padre, entender el valor de la obra realizada "en el Señor" y transformar las relaciones humanas a través del concepto de voluntariamente dar y recibir, liderar y seguir —modelado sobre la manera en la que el Padre y el Hijo actúan entre ellos. En este punto, estábamos preocupados por la vida humana en general, como Dios la diseñó. Pero debería ser obvio que en el mundo post-Caída en el que vivimos, el tipo de actitudes y relaciones transformadas de las que hablé en ese capítulo son básicamente posibles solo para los cristianos. Aquellos que confían en Cristo no son solo los que deberían, sino también los que pueden vivir de una manera que refleja la relación Padre-Hijo. Los cristianos son aquellos en quienes el Espíritu ha venido a morar, y por medio de su presencia en nosotros, somos capaces de vivir de una manera comparable a aquella que Dios quiso que la humanidad viviera originalmente. El mismo Espíritu que nos une a Cristo también nos permite y nos guía a vivir de una manera que refleje el compañerismo Padre-Hijo del cual el Espíritu nos ha dado una parte.

Entrar en adecuado detalle sobre las diversas facetas de la vida cristiana superaría por mucho el alcance de un capítulo, o incluso de todo este libro, y no pienso intentar cubrir o siquiera resumir estas facetas de manera exhaustiva. En cambio, me gustaría dedicar este capítulo a cuatro aspectos del ser cristiano, aspectos sobre los cuales pienso que la iglesia evangélica moderna puede aprender de la iglesia primitiva. El primero de estos es la relación entre lo que los protestantes llaman justificación y santificación (un tema que la iglesia primitiva no consideró crucial, pero el protestantismo moderno sí). El segundo es la tarea de cultivar la relación directa de uno mismo con la Trinidad. Como cualquier cristiano puede asegurar, no hay nada automático en nuestro reflejo de la vida de la Trinidad una vez que nos hacemos creyentes. La presencia del Espíritu en la vida de uno no significa que esa persona siempre y necesariamente vivirá de una nueva manera.

En cambio, la nueva relación a la que hemos entrado y la nueva vida que hemos iniciado deben ser alimentadas. El tercer aspecto que me gustaría tomar en cuenta en este capítulo es reflejar la relación Padre-Hijo en el mundo caído en el que vivimos, y el cuarto es la manera en la que nuestras vidas cristianas anticipan la culminación de la historia humana.

JUSTIFICACIÓN, SANTIFICACIÓN Y PARTICIPACIÓN

Una de las ideas comunes en el Nuevo Testamento es la de imitar a Dios o a Cristo. Pablo escribe en 1 Corintios 11:1: "Imítenme a mí, como yo imito a Cristo". En Efesios 5:1-2, escribe: "Por tanto, imiten a Dios, como hijos muy amados, y lleven una vida de amor, así como Cristo nos amó y se entregó por nosotros como ofrenda y sacrificio fragante para Dios". 1 Pedro 2:21 afirma: "Para esto fueron llamados, porque Cristo sufrió por ustedes, dándoles ejemplo para que sigan sus pasos".[87] Esta idea de la imitación está vinculada al hecho de que Cristo es la imagen única, no creada de Dios y nosotros somos imágenes creadas de Dios. Pablo escribe en Romanos 8:29 que "a los que Dios conoció de antemano, también los predestinó a ser transformados según la imagen de su Hijo", y en Colosenses 3:9-10 afirma que los creyentes "se han quitado el ropaje de la vieja naturaleza con sus vicios, y se han puesto el de la nueva naturaleza, que se va renovando en conocimiento a imagen de su creador". Igual de importante, Jesús implica que debemos imitar a Dios cuando afirma durante el sermón del monte: "Por tanto, sean perfectos, así como su Padre celestial es perfecto" (Mt 5:48).

Claro está que la imitación a Cristo es una parte importante de vivir la vida cristiana. Sin embargo, el concepto de imitación puede ser peligroso, ya que puede implicar que el hecho de seguir el ejemplo de Cristo es la base para nuestra salvación. Los protestantes generalmente combaten este peligro al hacer una marcada distinción entre justificación (ser declarados justos ante los ojos de Dios) y santificación (el hecho de realmente hacernos justos). La justificación en el sentido protestante de la palabra viene al inicio de la fe y es netamente un acto de Dios, pero la santificación es un proceso en desarrollo a lo largo de la

---

[87] Ver también pasajes que hablan de los creyentes imitando a los apóstoles y otros cristianos maduros, o de cristianos maduros siendo el ejemplo para otros creyentes: 1 Cor 4:16; Fil 3:17; 1 Tes 1:6; 2:14; 2 Tes 3:7, 9; 1 Tim 4:12; Heb 6:12.

vida cristiana y, por lo menos como lo describen algunos protestantes, la santificación es, principalmente, una cuestión de nuestros propios esfuerzos de seguir el ejemplo de Cristo. Mientras es correcto y útil hacer una distinción entre justificación y santificación, hay dos posibles problemas que podrían resultar de esto.

Primero, se podría inconscientemente minimizar la centralidad de la obra del Espíritu Santo en la santificación. En el Nuevo Testamento, el hecho de hacernos santos está repetidamente vinculado a la acción del Espíritu Santo, de la misma manera que la entrega inicial de una persona a Cristo en fe está vinculada a la obra del Espíritu Santo. Por ejemplo, Pablo afirma que cuando somos guiados por el Espíritu Santo, damos muerte a los malos hábitos del cuerpo por medio del Espíritu (Ro 8:12-14), que cuando los cristianos hemos comenzado nuestras vidas cristianas con el Espíritu, también deberíamos continuarlas con el Espíritu (Gá 3:1-5), y así debemos "vivir por el Espíritu" (Gá 5:16). Es más, Pedro introduce una larga lista de características que los cristianos deben desarrollar (2 P 1:5-9), afirmando: "Su divino poder nos ha concedido todas las cosas que necesitamos para vivir como Dios manda" (2 P 1:3); este poder divino es el poder del Espíritu Santo. Claramente, la acción humana está involucrada en el proceso de ser más como Cristo, pero sería un gran error aseverar que los cristianos podríamos alcanzar nuestra santificación por medio de nuestros propios esfuerzos. En cambio, así como es el Espíritu Santo quien nos llevó a la fe en Cristo, también es el Espíritu Santo quien nos lleva a la santificación. Y así como la relación entre la acción del Espíritu Santo y la nuestra para llegar a la fe es misteriosa, así de misteriosa es también la relación entre la acción divina y la humana en la santificación. Pablo señala este misterio en Filipenses 2:12-13 cuando escribe: "Lleven a cabo su salvación con temor y temblor, pues Dios es quien produce en ustedes tanto el querer como el hacer para que se cumpla su buena voluntad".

Relativamente pocos protestantes caen en la trampa de pensar que la santificación es meramente esfuerzo nuestro, pero existe un segundo problema más sutil que podría resultar de nuestra distinción entre justificación y santificación. Podría causar que se omita o se le reste importancia a la conexión directa entre la santidad o justicia que un creyente adquiere por medio de la santificación y la persona de Cristo. Lastimosamente, este es un problema al cual los protestantes son mucho más propensos. Recuerde que la justificación es el resultado de la unión con Cristo. La razón por la cual Dios nos atribuye o acredita la justicia de Cristo es porque nos hemos unido a Cristo, quien es el justo.

Como estamos en él, su justicia es considerada nuestra justicia. Pero lo que es verdad para la justificación también lo es para la santificación. A medida que permanecemos en Cristo (recuerde el discurso de Jesús sobre "la vid y las ramas" en Juan 15), a medida que nuestra unión con Cristo se profundiza como resultado de nuestra constante adherencia a él, entonces nuestras vidas empiezan a reflejar su justicia cada vez más y más. Para ponerlo de otra manera, en Cristo somos justos (es decir, hemos sido justificados por la unión a Cristo), y en Cristo nos hacemos cada vez más quienes ya somos (es decir, al permanecer en Cristo, empezamos a reflejar cada vez más y más su carácter y, por ende, a ser más y más santificados). Así, ni la justicia de la justificación ni la justicia de la santificación son nuestras en el sentido de que podamos poseerlas por nuestra propia cuenta. En ambos casos, la justicia le pertenece a Cristo, el justo, y nosotros participamos en esa justicia cuando somos inicialmente unidos a él (justificación) y reflejamos y crecemos en esta justicia a medida que permanecemos en él. Todos los aspectos de la vida cristiana, de principio a fin, giran en torno a nuestra unión con el Hijo y nuestro reflejo de su relación con su Padre. De manera correspondiente, todos los aspectos de la vida cristiana involucran nuestra confianza en Cristo —confiamos en que compartirá con nosotros su justicia en santificación de la misma manera que confiamos en él inicialmente para compartir su justicia con nosotros en justificación. Es por esto que Pablo puede iniciar un debate sobre la vida cristiana en Colosenses 3 escribiendo:

> Ya que han resucitado con Cristo, busquen las cosas de arriba, donde está Cristo sentado a la derecha de Dios. Concentren su atención en las cosas de arriba, no en las de la tierra, pues ustedes han muerto y su vida está escondida con Cristo en Dios. Cuando Cristo, que es la vida de ustedes, se manifieste, entonces también ustedes serán manifestados con él en gloria. Por tanto, hagan morir todo lo que es propio de la naturaleza terrenal. (Col 3:1-5)

Note en este pasaje que hemos participado con Cristo en su muerte, y ahora nuestras vidas están íntimamente vinculadas a Cristo y Dios. Cristo es nuestra vida, y como es nuestra vida, debemos hacer morir la naturaleza terrenal.

Reconocer que tanto la justificación como la santificación están vinculadas a la justicia de Cristo era uno de los conocimientos fundamentales de la iglesia primitiva, aunque los Padres de la iglesia rara vez lo expresaban con las palabras que nosotros utilizamos. En cambio, hablaban de la salvación como *theōsis*, una palabra que enfatiza la participación del creyente en la vida de Dios. A los creyentes les es otorgada esta participación al inicio de su fe y crecen en ella por medio de lo que llamamos santificación. Por tanto, no se puede hablar de la justicia que viene de la santificación como propia más que lo que se pueda hablar de la justificación inicial como propia. En cambio, vivimos por nuestra unión a Cristo y crecemos en la vida cristiana al permanecer unidos a Cristo, cultivando nuestra relación con él por medio de la acción del Espíritu Santo. Por consiguiente, no podemos aceptar el crédito por nuestra santificación (aunque involucre nuestro esfuerzo) más que lo que podamos aceptar el crédito por nuestra justificación inicial. En el recuadro siguiente, Cirilo de Alejandría deja en claro que ninguna criatura posee santidad por cuenta propia, sino que todos tomamos prestada esa santidad de Cristo, quien es santo por naturaleza. De hecho, incluso la humanidad de Cristo (si se tomara en cuenta esa humanidad de manera aislada) no podría calificarse como santa por su propia naturaleza, sino que Dios el Hijo santificó su propia humanidad al asumirla a su persona. Si no se puede hablar ni siquiera de la humanidad de Cristo como santa por su propia cuenta, mucho menos podemos hablar de nosotros mismos como siendo santos por nuestra propia cuenta. Recibimos la santidad de Cristo cuando nos unimos a él.

Cirilo de Alejandría sobre la santidad de Cristo y los creyentes (ca. 425):

Pues vino a nosotros y se hizo hombre, no por él mismo, sino que preparó el camino, por medio de sí mismo y en sí mismo, para que la naturaleza humana escapara de la muerte y regresara a su incorruptibilidad original. [...] Y si fuera correcto decir que todas las criaturas racionales, y en general todo lo que ha sido llamado a existir y clasifica entre las cosas creadas, no gozan de la santidad como el fruto de su propia naturaleza, sino, en su caso, se prestan la gracia de Aquel quien es santo por naturaleza, ¿no sería el colmo de absurdo pensar que la carne no tenía necesidad de Dios, quien es capaz de santificar todas las cosas? Ya que la carne en sí no es santa, fue entonces santificada, incluso en el caso de Cristo —el Verbo que moraba allí santificando su propio templo por medio del Espíritu Santo y convirtiéndolo en un instrumento viviente de su propia naturaleza.

Com. Jn., libro 11, cap. 10 (Randell, 541-42, traducción ligeramente modificada)

Ya que tanto la santidad inicial (justificación) de los creyentes como nuestro crecimiento continuo y progresivo en santidad (santificación) son la santidad de Cristo, reconocemos que la santificación es completamente por participación en Cristo como lo es la justificación. Además, el lenguaje de la justicia no es la única manera de describir esta transformación. Como hemos visto, el Nuevo Testamento también utiliza un lenguaje profundamente personal para describir lo mismo: nos hemos convertido en hijos e hijas de Dios por medio de Cristo y el Espíritu Santo, y ahora debemos comportarnos como los hijos de Dios que somos. Por consiguiente, es importante hablar de la vida cristiana no solo como un crecimiento en santidad, sino también como cultivar y reflejar la participación en la relación Padre-Hijo que hemos recibido al inicio de la vida cristiana. Este es el ángulo de la vida cristiana que me gustaría explorar en las secciones subsecuentes de este capítulo.

CULTIVANDO LA RELACIÓN DIRECTA DE LOS CREYENTES CON LA TRINIDAD

En Juan 15, Jesús pide a sus discípulos mantenerse en él, así como las ramas se mantienen en la vid y producen fruto. Anteriormente en el Evangelio de Juan, Jesús nos ha dado algunas imágenes sorprendentes describiendo cómo los cristianos deben permanecer en él, imágenes que giran en torno a comer y beber. El día después de que Jesús alimentara a los cinco mil, cuando la muchedumbre clamaba a su alrededor esperando otro almuerzo gratuito, Jesús asevera dos veces que es el pan de la vida (Jn 6:35, 48), y luego dice:

> Ciertamente les aseguro —afirmó Jesús— que, si no comen la carne del Hijo del hombre ni beben su sangre, no tienen realmente vida. El que se alimenta de mi carne y bebe mi sangre tiene vida eterna, y yo lo resucitaré en el día final. Porque mi carne es verdadera comida y mi sangre es verdadera bebida. El que se alimenta de mi carne y bebe mi sangre permanece en mí y yo en él. Así como me envió el Padre viviente, y yo vivo por el Padre, también el que se alimenta de mí vivirá por mí. Este es el pan que bajó del cielo. Los antepasados de ustedes comieron maná y murieron, pero el que se alimenta de este pan vivirá para siempre. (Jn 6:53-58, traducción ligeramente modificada)

Hay tres cosas que merecen ser especialmente resaltadas en este notable pasaje. Primero, note que Jesús conecta el comer y beber a permanecer en él, así que debemos entender este pasaje en relación a su charla posterior sobre la vid y las ramas. Una de las formas en las que permanecemos en la vid/Cristo, una de las maneras que cultivamos nuestra relación directa con la Trinidad es, de alguna manera, comiendo y bebiendo el cuerpo y la sangre de Cristo. Y no es de sorprender que cuando Jesús vincula comer y beber a permanecer en él, también conecta la vida del creyente a la vida de la Trinidad. El Padre es "viviente", el Hijo vive "por el Padre" y el creyente vive por Cristo. De alguna manera, comer y beber están conectados a participar en la relación del Padre con el Hijo.

Segundo, note que comer y beber son metáforas de acción continua, no de una acción de una vez y por todas. Los cambios dramáticos que suceden en los individuos cuando empiezan a confiar en Cristo son representados por el bautismo y, como hemos visto, los autores del Nuevo Testamento hablan en tiempo pasado al hablar de esos cambios —hemos muerto con Cristo, hemos sido sepultados con él, hemos resucitado con él por medio del bautismo. Pero el lenguaje en este pasaje no es de una vez y por todas, sino de continuidad. Para poder mantener la vida, uno debe comer y beber regularmente y, de igual manera, para poder mantener la vida espiritual al permanecer en Cristo, uno debe comer y beber espiritualmente de manera regular. Una vez que uno ha sido hecho vivo por Cristo, esa persona debe comer y beber de Cristo constantemente para poder mantenerse vivo. Ser hecho vivo es empezar a participar en la relación Padre-Hijo, y una vez que uno ha empezado a hacerlo, se mantiene en esta relación comiendo y bebiendo de Cristo.

Tercero, note que Jesús utiliza dos palabras diferentes para comer en este pasaje: la palabra regular (*esthiō*) traducida como "comer" y otra palabra (*trōgō*) traducida como "alimentarse de".[88] En el griego, la segunda palabra normalmente se aplicaba al acto de comer de los animales y se consideraba muchas veces una palabra muy grosera para hablar sobre seres humanos. Pero en el griego posterior, esa palabra empezó a aplicarse más comúnmente a la alimentación de los humanos también, y los comentaristas modernos típicamente argumentan que el cambio de una palabra a la otra aquí no tiene significado. Sin embargo, también es posible que el uso aquí de una palabra tan grosera implica que Jesús está dejando en claro que está hablando del comer literal, no se está refiriendo a algo meramente simbólico. Si esto es

---

[88] La NVI no es consistente con la manera en la que traduce *trōgō* en este pasaje. En el texto anterior, he modificado la traducción simplemente interpretando *trōgō* como "alimentarse de" en los cuatro casos en los que ocurre en este pasaje.

correcto, entonces Jesús está diciendo que, para mantenernos espiritualmente vivos, de alguna manera debemos alimentarnos realmente de su cuerpo y sangre. Esta es la manera en la que la iglesia primitiva entendió este pasaje, y regresaré en un momento a la importancia de su interpretación. Mientras tanto, veamos otra imagen muy relacionada que Jesús utiliza en el siguiente capítulo del Evangelio de Juan.

Juan Crisóstomo sobre el Espíritu Santo como agua viva (ca. 395):

Lo llama "vida" lo que siempre obra; pues la gracia del Espíritu, al entrar en la mente y habiéndose establecido, brota más que cualquier fuente, sin fallar, sin quedar vacía, sin quedar inmóvil. Para representar, pues, de una vez su infalible suministro y operación ilimitada, lo llamó "una fuente" y "ríos", no un río, sino incontables; y en el caso anterior había representado su abundancia con la expresión "brotando".

Hom. Jn., 51, cap. 1 (*NPNF*[1], vol. 14, 184)

En el antiguo Israel, uno de los festivales más grandes del año era la Fiesta de Tabernáculos, el cual se celebraba en septiembre u octubre y consistía de una celebración por la cosecha reciente y una oración para que Dios enviara la lluvia necesaria para la producción de la temporada siguiente. Una de las ceremonias de esta fiesta consistía en que un sacerdote llevara agua de la Piscina de Siloé al altar que estaba afuera del templo, derramara el agua sobre el altar y pidiera por la lluvia. Un otoño, en medio de esa ceremonia, presuntamente con agua cayendo a su alrededor, Jesús se puso de pie y dijo: "¡Si alguno tiene sed, que venga a mí y beba! De aquel que cree en mí, como dice la Escritura, brotarán ríos de agua viva" (Jn 7:37-38). Juan explica las palabras de Jesús añadiendo: "Con esto se refería al Espíritu que habrían de recibir más tarde los que creyeran en él. Hasta ese momento el Espíritu no había sido dado, porque Jesús no había sido glorificado todavía" (Jn 7:39). En estas palabras, al igual que en Juan 6, vemos cómo Jesús pasa de un evento literal a uno espiritual. Allí, Jesús alimentó a los cinco mil y luego dirigió su atención del alimento literal al alimento espiritual que viene de él. Aquí, ante la presencia de una abundancia de agua y en el contexto de oración en petición de agua literal que sería necesaria para el crecimiento de la comida para sostener la vida, Jesús habla de sí mismo como la fuente de agua viva y del Espíritu Santo como el agua viva en sí. Asimismo, al igual que comer, la imagen de beber es, nuevamente, una metáfora para una acción continua. Beber es algo que debemos hacer repetidamente, regularmente, y Jesús dice que es él de quien debemos beber y que el Espíritu Santo nos trae agua viva cuando bebemos de Cristo.[89] Cuando los Padres de la iglesia comentaron sobre este pasaje, asemejaron correctamente el Espíritu Santo a un manantial insaciable que podría dar agua infinitamente sin secarse jamás. Como un ejemplo, ver el recuadro anterior de Juan Crisóstomo, el obispo de finales del cuarto siglo de Antioquía y luego Constantinopla, quien fue considerado como el más grande predicador de la era patrística.

Asimismo, la iglesia primitiva reconoció que solo si el Hijo y el Espíritu eran completamente Dios, iguales al Padre, podrían dar semejante abundancia de gracia. Ninguna simple criatura podría recibir gracia o agua viva de Dios y luego dársela a otros. Tal persona se secaría rápidamente, ya que la gracia/el agua no sería propia de esa persona, sino que sería prestada de otra. Solo quien es verdaderamente Dios (y, por ende, la fuente de agua viva) puede dar vida espiritual continuamente a quienes vienen a beber. En el siguiente recuadro de Atanasio, vea que lo que recibimos por medio de Cristo (y así también del Espíritu Santo) es la participación en Cristo mismo y la participación en su Padre. Dicha participación personal no puede ser recibida y luego dada a otro; solo la fuente, el emisor, puede dársela a otro.

Atanasio sobre Cristo como la fuente de vida (ca. 360):

Al participar en él [Cristo], participamos en el Padre; pues el Verbo es propio del Padre. Por ello, si él mismo desde la participación, y no del Padre su Deidad e Imagen principal, no deificaría, siendo él mismo deificado. Pues no es posible que él, quien solamente posee desde la participación, pueda impartir esa participación sobre otros, ya que lo que tiene no es de él, sino del Dador; y lo que ha recibido es apenas la gracia suficiente para él.

Sin., cap. 51 (*NPNF²*, tomo 4, 477)

---

[89] Compare la discusión de Jesús con la mujer en el pozo de Sicar (Jn 4:4-15). La mujer malinterpreta tanto a lo que se refiere Jesús (agua para la vida espiritual en lugar de agua para la vida literal) como la naturaleza continua de beber agua espiritual.

Vemos que en Juan 6 y Juan 7 Jesús une nuestra permanencia en él a las ideas de comer y beber. Es el único que puede realmente saciar nuestra sed/hambre, y la continuación en la vida cristiana implica el constante comer y beber de él por medio del Espíritu Santo. En 1989, escuché un asombroso mensaje del reconocido (en aquel entonces) orador de juventud cristiana Dave Busby,[90] un mensaje que se puede resumir en una sola oración: "Las personas llenas dan; las personas vacías quitan". La razón por la que muchas veces actuamos de manera manipuladora, la razón por la que usamos las relaciones familiares y laborales para nuestro propio beneficio en lugar de para el bien de los demás, es porque en lo más profundo de nuestras almas estamos vacíos, y tratamos de llenarnos con algo de lo demás. Solo cuando estamos llenos podemos ser desinteresados y aprovechar esas relaciones para el beneficio de los demás. Solo cuando estamos llenos pueden estas relaciones reflejar el amor entre Dios el Padre y Dios el Hijo. Asimismo, tratar de llenarse de otras personas vacías no funciona. La única manera en la que podemos llenarnos es de alguien que es una fuente inagotable de verdadero alimento, verdadera bebida y agua viva. Ese alguien es Cristo y solo Cristo, y por medio de su Espíritu nos permite comer y beber de él.

Pero, ¿qué implica comer y beber de Cristo? En resumen, comer y beber implican cultivar la relación directa de uno mismo con Cristo para llenarse de esa relación para que se pueda, a cambio, dar de manera desinteresada a los demás como un reflejo de esa relación. Cuando los evangélicos contemporáneos hablamos de esta relación directa, generalmente la hablamos en términos de aprender de él y comunicarnos con él. El primero de estos, argumentamos correctamente, sucede primordialmente al aprender de la Biblia, el libro que, cuando se toma como un libro entero, nos muestra todo lo que necesitamos para saber más sobre el carácter, las relaciones y los propósitos de Dios. Ya hemos visto la enseñanza de la Biblia lo suficientemente cerca como para que pueda darse cuenta de lo completamente indispensable que es para el comprender cristiano de cómo se supone que debe ser la vida. La Biblia es la comunicación de Dios con nosotros, y la atención regular y permanente a sus páginas es parte necesaria de llenarnos y mantenernos espiritualmente llenos. Los evangélicos acertadamente argumentan que la segunda parte de la relación directa que uno tiene

---

[90] Busby sufría de fibrosis quística, enfermedades del hígado y el corazón, así como también diabetes. Sin embargo, era probablemente el orador cristiano más dinámico que haya escuchado. Falleció en diciembre de 1997.

con Dios ocurre primordialmente por medio de la oración, la práctica de hablar con Dios e incluso escucharle, la práctica de estar en su presencia. "Estar en su presencia" es una expresión graciosa porque todos estamos siempre en la presencia de Dios, lo reconozcamos o no (ver el Salmo 139 para una declaración conmovedora sobre esta verdad). Pero la oración es la forma en la que nos recordamos a nosotros mismos que estamos ante la presencia de Dios, dirigiendo repetidas veces nuestra atención a él a lo largo de nuestro diario vivir, regocijándonos en su presencia entre nosotros y pidiéndole las cosas que necesitamos o queremos. Se han escrito muchos libros sobre estos dos aspectos centrales de la vida, y no tengo la intención de hablar aquí sobre el estudio bíblico y la oración. Basta con decir que estas dos actividades continuas son gran parte de cómo Dios quiere que las personas participen de manera directa en el compañerismo de las personas de la Trinidad. Por tanto, estas disciplinas proveen nuestra conexión directa a la fuente de agua viva, a Cristo y, a cambio, esta conexión produce las actitudes y acciones transformadas que caracterizan al vivir cristiano.

Sin embargo, por más centrales que sean la lectura de la Biblia y la oración para cultivar la relación que uno tiene con Cristo, ninguna de estas prácticas encaja en las imágenes que Jesús utiliza en Juan 6-7 tan bien como otra práctica cristiana común, la Cena del Señor o Eucaristía.

Cirilo de Alejandría sobre la relación entre la fe y la Eucaristía (ca. 425):

Cómo les daría su carne para comer, aún no se los dice, pues sabía que estaban en la oscuridad y nunca podrían llegar a entender lo indescriptible: pero qué gran bien resultará del comer que les muestra para su beneficio, quizás incitándolos hacia un anhelo de vivir en una mejor preparación para placeres inmarcesibles, pueda enseñarles fe. […] Por este motivo (supongo) el Señor con razón se abstuvo de decirles cómo les daría su carne y los llama al deber de creer antes de buscar. Pues a quienes habían creído desde el inicio les partió el pan y se los dio, diciendo: "Tomen, coman, este es mi cuerpo". De igual manera les pasó la copa a todos, diciendo: "Beban todos ustedes, pues esta es mi sangre del Nuevo Pacto, la cual está siendo derramada por muchos para la remisión de los pecados". ¿Ve usted cómo a quienes aún eran insensatos y habían abandonado la fe sin investigación no les explicó el modo del misterio, pero a quienes habían creído se lo declaró más claramente?

Com. Jn., libro 5, cap. 2 (Pusey, 417-18)

Jesús habla aquí de comer y beber, y mientras sí es cierto que la lectura de la Biblia, la oración y otras disciplinas cristianas son maneras de comer y beber de Cristo, el único rito de la iglesia que literalmente involucra comer y beber es la Cena del Señor. Asimismo, debemos recordar que, a diferencia de Mateo, Marcos y Lucas, Juan no registra la institución de la Cena del Señor, aunque nos da la descripción más extensa del tiempo que los discípulos compartieron con Jesús en el aposento alto. La razón por la cual Juan omite la institución de la Cena del Señor es, probablemente, porque expresa la enseñanza de la Cena del Señor registrando las palabras de Jesús en Juan 6, las cuales los evangelios sinópticos no contienen. La charla de Jesús sobre comer su cuerpo y beber su sangre puede funcionar dentro del Evangelio de Juan de la misma manera que la institución de la Cena del Señor funciona en los evangelios sinópticos. De hecho, muchos Padres de la iglesia entendieron Juan 6 como refiriéndose a la Eucaristía, y todos veían la Eucaristía como central en el proceso constante de permanecer en Cristo.

Cirilo de Alejandría ofrece la que es probablemente la mejor explicación de cómo la fe, la Eucaristía y el Espíritu Santo están relacionados en nuestra participación en la vida de la Trinidad. En el recuadro anterior, explica por qué Jesús no menciona la Eucaristía en Juan 6: aquellos que aún no creen, no pueden comprender los medios por los

---

Cirilo de Alejandría sobre la relación entre la Eucaristía y el Espíritu Santo (ca. 430):

¿De cuál comemos, la Deidad o la carne? [...] Pero comemos, no consumiendo la Deidad (lejos con la locura), sino la propia carne del Verbo que ha sido hecha para dar vida, pues ha sido hecha de quien vive "por el Padre". Y no decimos que el Verbo es vivificado por el Padre por una participación externa y adventicia, sino que sostenemos que él es vida por naturaleza, pues ha sido engendrado desde el Padre que es vida. [...] Y así como el cuerpo del Verbo mismo da vida, haciéndolo suyo propio por una unión verdadera pasando el entendimiento y lenguaje; así también nosotros, quienes participamos en su santa carne y sangre, somos vivificados en todos los aspectos y enteramente, el Verbo morando en nosotros divinamente por medio del Espíritu Santo, nuevamente de manera humana por medio de su santa carne y preciosa sangre.

Cont. Nes., libro 4, cap. 5 (Pusey, 145)

---

cuales deben comer su cuerpo y beber su sangre, así que habla aquí del beneficio que resulta de dicho comer (tener vida en el Padre y el Hijo); y solo después, cuando instituye la Cena del Señor, describe la Eucaristía como el medio real para esa vida continua. En el siguiente recuadro, Cirilo enfatiza que Cristo continúa viviendo en los creyentes de dos maneras. En términos de su divinidad, mora en nosotros por medio del Espíritu Santo, quien es también Dios y que vive en nosotros. Pero en cuanto a su cuerpo, él mora en nosotros a medida que continuamente comemos de su cuerpo y bebemos de su sangre por medio de la Eucaristía.

Si Cirilo y la iglesia primitiva están en lo correcto, entonces la participación repetida y permanente en la Cena del Señor es central para el crecimiento de la relación que uno tiene con la Trinidad, al igual que la devoción permanente a la Palabra de Dios, a la oración y al morar del Espíritu Santo es central. Puede que esto resulte sorprendente para muchos evangélicos, y podríamos estar tentados a rechazar dicho entendimiento argumentando que es demasiado sacramentalista. Sin embargo, vale la pena recalcar varios puntos aquí. Primero, aunque los reformadores rechazaban ciertos aspectos de la práctica eucarística que prevalecía a finales del medioevo católico romano, la mayoría de ellos no redujo su énfasis en la Cena del Señor. Pero probablemente sea correcto decir que, contrariamente a los reformadores, la mayoría de las tradiciones dentro del evangelicalismo contemporáneo le resta gran importancia a la Cena del Señor. Tomando como referencia el resumen de Pablo sobre la institución de la Cena del Señor, argumentamos que su propósito es "proclamar la muerte del Señor hasta que él venga" (ver 1 Cor 11:26), pero parecemos presuponer inconscientemente que es mejor proclamar la muerte de Cristo por medio de la predicación que por medio de la Eucaristía, porque en la mayoría de nuestras iglesias solemos celebrar la Cena del Señor relativamente poco. En contraste con nuestra falta de atención comparativa a la Cena, la iglesia primitiva hizo de la Eucaristía un aspecto central de la adoración y la celebraba regularmente (por lo menos una vez por semana, y en algunas iglesias varias veces por semana o incluso todos los días). Prestar atención a la actitud de la iglesia primitiva tal vez pueda llevarnos de regreso a la centralidad de la Cena del Señor en el cultivo de nuestra relación con la Trinidad.

Un segundo punto importante es que no se debe tomar el lenguaje de Cirilo (ni el de la iglesia primitiva en general) para apoyar una posición o la otra en lo que llamamos "la presencia de Cristo en la Cena del Señor". En los tiempos de la Reforma y posteriormente hubo un debate intenso acerca de qué tan literalmente se debería interpretar la presencia de Cristo. ¿Son el pan y el vino realmente el cuerpo y la sangre de Cristo? Si es así, ¿cómo y cuándo se convierte en ellos? Si no es así, ¿son símbolos de su cuerpo y sangre, o son de alguna manera más que símbolos, pero menos que literalmente su cuerpo y sangre? Por más importantes que sean estas preguntas, creo que la iglesia primitiva no nos ayuda a responderlas. Durante el periodo patrístico, el enfoque no estaba puesto en si Cristo estaba literalmente, realmente, figurativamente o simbólicamente presente en los elementos de la Cena del Señor. En cambio, el enfoque estaba sobre Cristo en sí. Así como la iglesia primitiva se sujetaba a las Escrituras sin articular la doctrina de las Escrituras, y así como los Padres dirigían su fe hacia Cristo sin explicar claramente lo que era y lo que no era fe, aquí también los Padres insistían en que la Eucaristía nos lleva a Cristo y nos permite alimentarnos de él sin ver la necesidad de definir con especificación alguna cómo puede ser eso posible. Y, nuevamente, creo que los Padres tienen mucho que enseñarnos sobre este punto. La palabra que los Padres griegos utilizaban para lo que llamamos "sacramentos" u "ordenanzas" era "misterios", y tal vez era por esta elección de palabras que no creían que fuera necesario o beneficioso explicar los misterios. En cambio, afirmaban que cuando participamos en la Cena del Señor, participamos en el cuerpo de Cristo, y así permanecemos en él y también en su Padre.

Vemos entonces que, además de las disciplinas espirituales que los evangélicos enfatizan (oración, estudio bíblico, posiblemente ayuno y otras), la iglesia primitiva veía la celebración regular de la Eucaristía como algo crucial en la continuidad del creyente en la vida cristiana. De hecho, decir que la Eucaristía es central es también implicar que la adoración comunal en general es central para cultivar la relación de las personas con el Padre y el Hijo. En la iglesia primitiva, copias de los libros de la Biblia eran escasamente disponibles para las personas —solo los cristianos más ricos habrían podido costear copias, y aun así era probable que solo tuvieran algunos de los libros de la Biblia. Para la gran mayoría de los cristianos, su contacto principal con la Palabra de Dios era por medio de la lectura y prédica de la Biblia en adoración pública. La oración también era tanto una actividad pública y comunal como una privada. Y la Eucaristía siempre era una actividad pública; nunca se realizaba de manera privada, aunque hoy en día a veces sí lo es.

Así que podemos ver que, en la mente de la iglesia primitiva, cultivar una relación directa con Cristo no era para nada una tarea individual. Involucraba a toda una comunidad de fe, así como también la devoción de cada individuo. En contraste, muchos (tal vez la mayoría) de los evangélicos de hoy ven el cultivo de su relación con Cristo como una tarea casi exclusivamente individual, algo que no está realmente relacionado con lo que sucede en la iglesia los domingos. Si la iglesia primitiva puede enseñarnos a hacer de la Eucaristía algo más central para comprender lo que significa ser cristiano, tal vez los Padres de la iglesia también puedan ayudarnos a reconocer que, en general, incluso el elemento más básico de ser cristiano —cultivar una relación con Dios— es tanto un proceso comunal como uno individual. La vida en la Trinidad es una vida en la iglesia e involucra la participación regular en la adoración y los misterios que Cristo le ha encargado a la iglesia.

REFLEJANDO LA RELACIÓN PADRE-HIJO EN UN MUNDO CAÍDO

Si la tarea aparentemente individual de cultivar nuestra comunión con la Trinidad es tanto una actividad comunal como una individual, entonces también debería ser claro que reflejar la relación Padre-Hijo es, necesariamente, una actividad comunal. Recuerde que, al inicio del sermón del aposento alto, Jesús enfatiza que el amor entre creyentes es la forma como las personas fuera de la iglesia sabrán que somos sus discípulos (ver Jn 13:35). Recuerde también que los seres humanos, como Dios los diseñó originalmente, tenían el propósito de reflejar la vida de la Trinidad a través de las relaciones entre ellos. Si aplicamos estas verdades a la situación actual de los creyentes, reconocemos que tanto entre cristianos como entre cristianos y no cristianos somos llamados a reflejar la relación Padre-Hijo. El amplio corpus de la enseñanza moral y ética del cristianismo (en el Antiguo Testamento, el Nuevo Testamento, sermones, libros, tratados) es, en esencia, un comentario sobre la verdad central de que la vida cristiana se trata de reflejar tanto el carácter de Dios como la relación que caracteriza a la Trinidad. Como mencioné al inicio de este capítulo, no es mi objetivo entrar en detalle sobre las diversas maneras en las cuales los cristianos hacen esto. En cambio, me gustaría enfocarme en dos maneras en las cuales los cristianos son llamados a reflejar la relación Padre-Hijo en el mundo caído y pecaminoso en el que vivimos. Estas dos maneras son por medio de nuestro propio sufrimiento y por medio de nuestro ministerio de servicio hacia quienes sufren, y la iglesia primitiva tiene mucho que enseñarnos sobre ambos temas.

El sufrimiento y la unión con Cristo. Una de las preguntas más frecuentes en nuestro mundo está relacionada con el sufrimiento. Muchas personas sufren como consecuencia de sus propias acciones, pero una cantidad alarmante de personas sufren más allá de sus propias acciones. Las enfermedades, los padecimientos, accidentes, desastres naturales y muchos otros eventos causan sufrimiento indeseado, inesperado y aparentemente inmerecido a las personas. Y, como todos saben, este sufrimiento cae tanto sobre los creyentes como los no creyentes. Básicamente, todo sufrimiento es el resultado de la Caída, ya que la Caída no solo afectó a Adán y Eva y a todas las personas que nacieron de ellos, sino incluso también al universo físico. En Génesis 3, Dios maldice el curso natural de la vida (la maternidad y trabajar la tierra), trayendo dolor y sufrimiento a aquellos procesos que habrían sido agradables y libres de dolor si no fuera por la Caída. Y en Romanos 8:22, Pablo declara que el mundo físico en sí gime como una mujer con dolores de parto. El sufrimiento —ya sea como resultado directo de nuestros propios pecados, de los pecados de otras personas o como un resultado indirecto de la Caída— está a nuestro alrededor, y este sufrimiento hace que el mundo caído en el cual los cristianos son llamados a reflejar la relación Padre-Hijo se destaque en contraste con el mundo como Dios originalmente quiso que fuera.

Los cristianos han escrito muchos libros y han predicado muchos sermones sobre el sufrimiento, y uno de los temas principales de esa proclamación cristiana ha sido que los cristianos no sufrirán la ira de Dios. Dios el Hijo, nuestro representante y sustituto, tomó sobre sí la ira de Dios dirigida hacia nosotros para desviarla lejos de nosotros. Así, Pablo puede confiadamente declarar: "Y ahora que hemos sido justificados por su sangre, ¡con cuánta más razón, por medio de él, seremos salvados del castigo de Dios!" (Ro 5:9). En otra parte afirma: "Dios no nos destinó a sufrir el castigo, sino a recibir la salvación por medio de nuestro Señor Jesucristo. Él murió por nosotros para que, en la vida o en la muerte, vivamos junto con él" (1 Tes 5:9-10). Los creyentes recibimos la disciplina de Dios para que podamos crecer en la fe,[91] pero no sufrimos ni sufriremos su ira.

Desafortunadamente, dentro de los círculos evangélicos, esta verdad bíblica ha sido muchas veces generalizada en la creencia errónea de que, como Cristo sufrió en lugar nuestro, los creyentes no deben

---

[91] La disciplina de Dios es un tema importante tanto en el Antiguo como en el Nuevo Testamento. Ver, por ejemplo, Deut 8:5; Sal 118:18; Prov 3:11-12; 13:18; 19:20; 1 Cor 11:32; Heb 12:6, 11; Ap 3:19.

sufrir para nada. Esta idea claramente no es bíblica, ya que las Escrituras presuponen que los cristianos sí sufrirán y se enfocan en la actitud con la cual debemos enfrentar el sufrimiento, no en cómo evitarlo. Hay dos pasajes que son particularmente pertinentes a este tema. Al principio de su carta, Santiago escribe: "Considérense muy dichosos cuando tengan que enfrentarse con diversas pruebas, pues ya saben que la prueba de su fe produce constancia. Y la constancia debe llevar a feliz término la obra, para que sean perfectos e íntegros, sin que les falte nada" (Stg 1:2-4). De igual manera, Pablo afirma que los cristianos nos regocijamos no solo en nuestra justificación, sino incluso en el sufrimiento: "Y no solo en esto, sino también en nuestros sufrimientos, porque sabemos que el sufrimiento produce perseverancia; la perseverancia, entereza de carácter; la entereza de carácter, esperanza. Y esta esperanza no nos defrauda, porque Dios ha derramado su amor en nuestro corazón por el Espíritu Santo que nos ha dado" (Ro 5:3-5). En ambos pasajes, la razón por la cual el sufrimiento puede ser una fuente de regocijo es porque Dios nos da perseverancia en la fe y maduración en nuestro carácter cristiano.

Para conectar esta discusión con la sección anterior, el sufrimiento es parte de cómo permanecemos en Cristo, y Pablo también une en otro pasaje nuestro sufrimiento de manera directa a nuestra unión con Cristo. En Romanos 8:17, justo después de afirmar que recibimos el Espíritu de filiación y somos así adoptados hacia la relación de Cristo con su Padre, Pablo escribe: "El Espíritu mismo le asegura a nuestro espíritu que somos hijos de Dios. Y, si somos hijos, somos herederos; herederos de Dios y coherederos con Cristo, pues, si ahora sufrimos con él, también tendremos parte con él en su gloria" (Ro 8:16-17). De igual manera, en Filipenses 3, Pablo escribe que todo aquello que para él era ganancia, ahora lo considera pérdida por causa de Cristo, para poder ser encontrado justo por medio de la fe. Luego de esta conmovedora afirmación, continúa: "Lo he perdido todo a fin de conocer a Cristo, experimentar el poder que se manifestó en su resurrección, participar en sus sufrimientos y llegar a ser semejante a él en su muerte. Así espero alcanzar la resurrección de entre los muertos" (Fil 3:10-11). En este y otros pasajes similares, Pablo conecta nuestra participación en la gloria de Cristo (la resurrección) con participar en sus sufrimientos.

Si consideramos esta idea en conexión con los temas principales de este libro, podemos reconocer que el sufrimiento es tanto una manera de profundizar en nuestra participación en la relación del Hijo con el Padre como de reflejar esa relación en un mundo quebrantado. El sufrimiento no era parte del plan original de Dios, pero desde el momento de la Caída, la entrada del Hijo a nuestro mundo quebrantado y su sufrimiento como resultado de nuestro pecado se hicieron necesarios. Dios el Hijo incluso sufrió las consecuencias de nuestro pecado en lugar de nosotros para poder llevarnos al compañerismo de la Trinidad. La acción de Dios en un mundo caído gira en torno al sufrimiento del Hijo por medio de la humanidad que asumió en la encarnación y, de igual manera, a nuestra tarea de ser cristianos en un mundo caído que involucra sufrimiento. Así como nuestra obediencia refleja la obediencia del Hijo al Padre, nuestro sufrimiento también refleja la llegada del Hijo a este mundo y su sufrimiento. Cuando sufrimos, tenemos el privilegio de reflejar no la manera en la que la relación Padre-Hijo se ha llevado a cabo durante la eternidad, sino la manera en la que esa relación se ha presentado en el escenario de nuestro mundo.

Es por esto que cuando Jesús le dice a Pedro que sufrirá una muerte de mártir, Juan agrega: "Esto dijo Jesús para dar a entender la clase de muerte con que Pedro glorificaría a Dios" (Jn 21:19). Es por esto que los discípulos, después de haber sido revocados por el Sanedrín por proclamar a Cristo, se regocijaron "por haber sido considerados dignos de sufrir afrentas por causa del Nombre" (Hech 5:41). Al igual que los discípulos originales, los Padres de la iglesia consideraban el sufrimiento como una medalla de honor, algo que los unía más íntimamente al Señor que había sufrido por ellos en su humanidad. El siguiente recuadro nos da una declaración famosa de Ignacio de Antioquía, el mártir de inicios del segundo siglo que escribió cartas a varias iglesias mientras era escoltado desde Antioquía hacia Roma para ser ejecutado

---

Ignacio de Antioquía sobre su sufrimiento venidero (ca. 107):

Permítanme ser un imitador del sufrimiento de mi Dios. Si alguien lo tiene dentro de sí, que entienda lo que anhelo y simpatice conmigo, sabiendo lo que me limita. El gobernador de esta época quiere tomarme preso y corromper mis intenciones piadosas. Por ende, ninguno de ustedes que están presentes debe ayudarle. En cambio, estén de mi lado, es decir, el de Dios. No hablen de Jesucristo mientras desean el mundo. […] No encuentro placer en alimento corrupto o en los placeres de esta vida. Quiero el pan de Dios, que es el cuerpo de Cristo quien es la semilla de David; y de bebida quiero su sangre, que es el amor incorruptible.

Car. Rom., párr. 6-7 (Holmes, 173-75)

por su fe. Note lo enfático que es en ser partícipe de los sufrimientos de Cristo y cómo ruega a otros cristianos que no traten de obtener un perdón imperial para él. Note también su deseo de imitar el sufrimiento de su Señor y su referencia a comer y beber el cuerpo y la sangre de Cristo en conexión a su muerte inminente. Para Ignacio, el sufrimiento es una manera de participar en Dios el Hijo.

Se podría argumentar que el entusiasmo con el cual la iglesia primitiva trataba el sufrimiento era inadecuado. Es también cierto que no todo sufrimiento cristiano es el resultado directo de la persecución de los no creyentes hacia los creyentes. Pero ya sea que nuestro sufrimiento venga como resultado directo de nuestra fe cristiana o porque sufrimos las consecuencias de las acciones de otras personas o por las consecuencias naturales de vivir en un mundo maldecido, todo sufrimiento puede ser motivo de gozo para los cristianos. El plan del Padre por medio del cual el Hijo nos llevaría hacia el compañerismo de la Trinidad involucraba el sufrimiento del Hijo por todas las consecuencias de vivir en un mundo caído. Cuando nos enfrentamos a algunas de esas consecuencias, Dios nos está dando el privilegio de participar en y reflejar la misión obediente del Hijo en nuestro mundo. Con esta perspectiva, podemos realmente gozarnos en nuestro sufrimiento.

Ministrar a quienes sufren. Como he enfatizado, mucho del sufrimiento humano es la consecuencia ya sea de las acciones de otras personas o del pecado en general. Una de las principales maneras en las que los cristianos somos llamados a reflejar la llegada del Hijo a nuestro mundo caído es por medio de la ministración a quienes sufren de gran manera en el mundo. Jesús demostraba compasión hacia los pobres, los rechazados por la sociedad, los enfermos y otros, y nos llama a hacer lo mismo. Probablemente las palabras más inolvidables de Jesús sobre este tema se encuentran en Mateo 25, la parábola de las ovejas y las cabras. Escuche nuevamente estas palabras familiares que vienen luego de que Jesús encomendara a las ovejas a su derecha:

> Y le contestarán los justos: "Señor, ¿cuándo te vimos hambriento y te alimentamos, o sediento y te dimos de beber? ¿Cuándo te vimos como forastero y te dimos alojamiento, o necesitado de ropa y te vestimos? ¿Cuándo te vimos enfermo o en la cárcel y te visitamos?". El Rey les responderá: "Les aseguro que todo lo que hicieron por uno de mis hermanos, aun por el más pequeño, lo hicieron por mí". (Mt 25:37-40)

Hay desacuerdo sobre si la frase "aun por el más pequeño de mis hermanos" hace referencia a todas las personas o a los creyentes, pero mi objetivo aquí no es ni abordar ese tema ni describir las muchas maneras en las que deberíamos servir y servimos a otros. En cambio, mi objetivo es dirigir nuestra atención al vínculo entre "el más pequeño" y Cristo. No debemos interpretar esta conexión como que implica que, en cierto sentido, los más pequeños son Cristo. Jesús no se está identificando con las personas en sí; está identificando una acción realizada para esas personas con una acción realizada directamente para él. ¿Por qué hace esta identificación? A la luz de los temas que hemos tomado en cuenta en este libro, se podría decir que nuestro servicio hacia los demás (ya sea a creyentes o a personas en general) es un reflejo del servicio de Cristo hacia el mundo y, por ende, un reflejo de la relación de Cristo con el Padre como se manifiesta en el mundo caído. Recuerde que Jesús empezó el sermón del aposento alto declarando que la manera en la que el mundo sabría que somos sus discípulos es por medio del amor que tenemos los unos por los otros (Jn 13:35) y que, a medida que avanzaba el sermón, Jesús unió ese amor directamente al amor eterno entre el Padre y él. Si este pasaje de Mateo 25 está hablando de servir a los creyentes, entonces está directamente unido a ese debate en el Evangelio de Juan. Somos llamados a reflejar el amor del Padre por el Hijo, y una de las maneras en las que hacemos esto es sirviendo a los más pequeños de los creyentes —los más necesitados, los que están más solos, los que sufren más en el mundo caído. Si este pasaje se refiere a todas las personas (no solo a los creyentes), entonces la idea principal sigue siendo la misma. Somos partícipes en y reflejamos el amor del Hijo hacia el mundo por la manera en la que servimos a las personas más necesitadas del mundo.

De este breve debate podemos ver que, para los cristianos, el sufrimiento representa un privilegio y una oportunidad. Nuestro sufrimiento fortalece el vínculo entre Cristo y nosotros, ya que nuestro sufrimiento refleja la voluntad de Cristo de entrar en este mundo y sufrir por él. Nuestro ministerio hacia otros que sufren refleja el ministerio de Cristo al mundo, ya que ese ministerio nace de su relación con el Padre. Permanecemos en y reflejamos la relación Padre-Hijo por medio de cómo respondemos al sufrimiento que caracteriza a este mundo caído.

ANTICIPANDO LA CULMINACIÓN DE LA HISTORIA

Si la vida humana fue originalmente diseñada para reflejar la relación eterna entre el Padre y el Hijo, y si la vida cristiana de hoy (especialmente el sufrimiento cristiano) refleja la manifestación de la relación

Padre-Hijo en el tiempo y en un mundo caído, entonces la vida cristiana es también llamada a anticipar la realidad futura cuando este mundo será transformado. El estudio de las últimas cosas (llamado "escatología", del griego *eschaton*, que significa "el final") es una de las partes más controversiales de la teología cristiana. No busco discutir ninguna de esas grandes controversias aquí, pero sí me gustaría dirigir nuestra atención a lo que no es controversial, sino que más bien está claro en las Escrituras. En el gran drama de la redención, todas las flechas apuntan hacia abajo, no hacia arriba. Para ponerlo de manera más sencilla, en ningún momento del panorama bíblico se trata la redención de nuestra elevación para alcanzar una mejor condición para nosotros mismos. En cambio, en todo momento, Dios viene hacia nosotros y, en todo momento, este mundo es el enfoque de la actividad llena de gracia de Dios. Dios creó este mundo inicialmente para la humanidad y les dio a los primeros humanos una participación en la comunión de la Trinidad en este mundo. Después de la Caída, Dios hizo la promesa de que en este mundo actuaría en pos de traernos redención. Esa acción redentora empezó cuando el Hijo vino personalmente a este mundo para vivir, morir y resucitar para darnos una participación en su propia relación con el Padre. Cuando el Hijo regresó al Padre, envió al Espíritu a este mundo para morar personalmente en los creyentes, uniéndonos así a la Trinidad. Hasta aquí, la flecha redentora ha apuntado hacia abajo, ya que Dios ha actuado en este mundo, y el Hijo y el Espíritu han venido personalmente a este mundo para unirnos a la Trinidad.

Las Escrituras también enseñan claramente que en el próximo gran evento redentor (que está pendiente), el Hijo vendrá una segunda vez a este mundo. De los veintisiete libros del Nuevo Testamento, veintitrés (todos excepto Gálatas, Filemón, 2 Juan y 3 Juan) mencionan explícitamente el regreso de Cristo. Vea en particular la declaración de Jesús de que regresará en gloria con sus santos ángeles durante su conversación sobre los costos del discipulado (Mt 16:27; Mc 8:38; Lc 9:26), su larga charla sobre su retorno durante el sermón en el monte de los Olivos a las afueras de Jerusalén tres días antes de su crucifixión (Mt 24; Mc 13; Lc 21) y su afirmación al alto sacerdote durante su juicio de que regresará (Mt 26:64; Mc 14:62).[92] Claramente la Biblia indica que Jesús el Mesías vendrá de nuevo a la tierra. Así como la flecha apuntó

---

[92] Ver también Hech 1:11; Col 3:4; 1 Tes 4:13-5:11; 2 Tes 1:5-2:12; Tit 2:13; Stg 5:8; 2 P 3:1-13; 1 Jn 3:2; Ap 1:7.

hacia abajo en la encarnación, apuntará hacia abajo de nuevo cuando el Hijo regrese a este mundo.

Finalmente, las Escrituras indican que al final de la historia, Dios el Padre traerá el lugar donde mora, el mismo cielo, a este mundo. Las palabras de cierre de la profecía de Isaías (65:17-66:24) indican esto y las últimas palabras de toda la Biblia (Ap 21-22) hacen eco de las palabras de Isaías. Justo después de que Juan tuviera la visión del juicio en Apocalipsis 20:11-15, escribe:

> Después vi un cielo nuevo y una tierra nueva, porque el primer cielo y la primera tierra habían dejado de existir, lo mismo que el mar. Vi además la ciudad santa, la nueva Jerusalén, que bajaba del cielo, procedente de Dios, preparada como una novia hermosamente vestida para su prometido. Oí una potente voz que provenía del trono y decía: "¡Aquí, entre los seres humanos, está la morada de Dios! Él acampará en medio de ellos, y ellos serán su pueblo; Dios mismo estará con ellos y será su Dios. Él les enjugará toda lágrima de los ojos. Ya no habrá muerte, ni llanto, ni lamento ni dolor, porque las primeras cosas han dejado de existir". El que estaba sentado en el trono dijo: "¡Yo hago nuevas todas las cosas!". Y añadió: "Escribe, porque estas palabras son verdaderas y dignas de confianza". También me dijo: "Ya todo está hecho. Yo soy el Alfa y la Omega, el Principio y el Fin. Al que tenga sed le daré a beber gratuitamente de la fuente del agua de la vida. El que salga vencedor heredará todo esto, y yo seré su Dios y él será mi hijo. (Ap 21:1-7)

Debemos notar que muchos de los temas que he considerado en este libro figuran de manera prominente en este pasaje. Cada creyente será hijo de Dios, y Dios estará con su pueblo para vivir entre ellos y ser su Dios. Nos dará el agua de vida gratuitamente y libre de costo. Además, vemos aquí una asombrosa aseveración de la novedad radical del cielo y la tierra —el antiguo orden pasará y todas las cosas habrán sido transformadas.

Pero lo más sorprendente de todo es el hecho de que Dios no nos llevará hacia él arriba en el cielo; traerá el cielo mismo aquí abajo a la tierra renovada para completar su obra redentora de morar entre nosotros. Primero el Padre envió al Hijo; luego el Padre y el Hijo enviaron al Espíritu. Luego Dios enviará nuevamente al Hijo. Y, finalmente, asombrosamente, el Padre vendrá, trayendo el cielo y a todas las huestes celestiales con él. Desde el principio hasta el fin, el mundo es el foco de la actividad de Dios, y Dios viene a cumplir su obra redentora entre nosotros. Por más impresionante que sea pensar que Dios elige darnos una participación en su propio compañerismo intratrinitario, es igual de impresionante reconocer que el acto final de Dios será cambiar de dirección para poder vivir con nosotros en el mundo que creó originalmente para nosotros, un mundo que recreará para nosotros al final de la historia.

Estas verdades son claras en las Escrituras y eran claras para la iglesia primitiva. De hecho, en el siguiente recuadro, Ireneo argumenta que no se puede asignar las bendiciones descritas en las Escrituras a un simple paraíso celestial; se debe comprenderlas como relacionadas a la tierra reconstruida, a este mundo. Sin embargo, se le da sorprendentemente poca importancia en la predicación evangélica contemporánea al hecho de que, en última instancia, la morada de los creyentes será este mundo. Tendemos a enfocarnos mucho en ser llevados hacia el cielo en lugar de que el cielo sea traído a nosotros. Y hay razones bíblicas por las que hacemos esto. Por ejemplo, en el sermón del aposento alto, que ha tenido un rol tan importante en este libro, Jesús dice que está yendo al Padre y preparará un lugar allí para los discípulos (Jn 14:1-3). En la parábola del hombre rico y Lázaro, Jesús implica que los creyentes difuntos viven fuera de este mundo (Lc 16:22). Jesús le

---

Ireneo sobre el habitar terrenal de los creyentes en la eternidad (ca. 180):

Pues así como es Dios quien resucita al hombre, así también el hombre realmente resucita de la muerte, y no de manera alegórica, como lo he demostrado reiteradas veces. Y así como resucita realmente, también será realmente disciplinado de antemano para la incorruptibilidad, y avanzará y prosperará en los tiempos del reino, para que pueda ser capaz de recibir la gloria del Padre. Luego, cuando todo sea hecho nuevo, realmente habitará en la ciudad de Dios. [...] Pues ni la sustancia ni la esencia de la creación es aniquilada (pues aquel que la estableció es fiel y verdadero), pero "la forma del mundo pasará"; es decir, aquellas cosas entre las cuales han ocurrido transgresiones, desde que el hombre ha envejecido con ellas. Y por ende esta manera [presente] ha sido formada temporalmente, Dios sabiendo de antemano todas las cosas. [...] Pero cuando esta forma [presente] [de las cosas] pase, y el hombre haya sido renovado y próspero en un estado incorruptible, de tal manera de impedir la posibilidad de envejecer, [entonces] habrá el nuevo cielo y la nueva tierra, en los cuales el hombre permanecerá [continuamente], siempre sosteniendo fresca conversación con Dios.

Cont. Her., libro 5, cap. 35, párr. 3; cap. 36, párr. 1 (*ANF*, tomo 1, 566-67)

promete al ladrón arrepentido en la cruz que estará con él en el paraíso (Lc 23:43). Pero, aunque es cierto que los creyentes que mueren
durante el tiempo actual irán al cielo (como un lugar diferente) para
estar con Dios, debemos reconocer que dicha condición será temporal,
no solo para nosotros sino incluso para Dios. Como Apocalipsis 21-22
nos muestra, este mundo es donde Dios y su pueblo vivirán juntos
al final.

Debemos reconocer dos grandes implicaciones de esta verdad en
la tarea de ser cristianos en el mundo actual. Primero, el cristianismo
no rechaza al mundo, sino que afirma al mundo. Las presentaciones
populares de la fe cristiana muchas veces dan la impresión de que el
mundo material es, en última instancia, temporal y poco importante,
que la vida en el mundo físico es simplemente un medio para una posterior existencia netamente espiritual y etérea en el cielo. Pero dichas
presentaciones no le hacen justicia a cómo termina la Biblia, y tampoco
le hacen justicia a la enseñanza cristiana sobre la bondad del mundo
creado, la realidad de la encarnación o la resurrección del cuerpo. Es
una seria distorsión de la fe cristiana reducirlo a castillos en el aire, tratar la vida del creyente como un vuelo de este mundo o negar que Dios
está obrando para transformar este mundo para prepararlo para el día
en el que traerá el cielo a la tierra para la eternidad.

La segunda implicación que estoy considerando aquí —cercanamente relacionada con la primera— es que, en el cristianismo, la vida
del creyente en este mundo tiene una continuidad directa con la vida
que viviremos eternamente. Algunas religiones llaman a sus seguidores a renunciar a x, y o z ahora para obtener x, y o z en otro mundo
posterior. Pero el cristianismo no es así. En cambio, cuando nuestra fe
nos llama a renunciar a x es porque y es mejor no solo en un mundo
futuro, sino también en este. La vida cristiana es la tarea de empezar a
vivir ahora de la manera en la que viviremos perfectamente después,
en los nuevos cielos y la nueva tierra que Dios traerá al final de la
historia. Uno de los movimientos de la iglesia primitiva que nos puede ayudar a aprender esta lección es, irónicamente, el monasticismo.
Los protestantes somos muchas veces críticos del monasticismo porque creemos que los monjes y las monjas estaban abandonando tanto
la iglesia como el mundo para poder apuntar hacia un mundo mejor
por su cuenta, sin mucha preocupación por las personas que estaban
dejando atrás. Y aunque es cierto que hubo un elemento de rechazo
del mundo en el monasticismo, creo que el monasticismo en su mejor
momento ha seguido un patrón diferente. En lugar de ser un grupo de
elitistas que buscaban llegar a Dios por su propia cuenta y a quienes

les preocupaba poco el resto de la humanidad, los monjes (o por lo menos algunos de los monjes) entendían sus vidas como un tipo de llamado particular —no la única manera de servir a Dios, sino una de las maneras importantes de hacerlo. Este llamado en particular era el de anticipar la comunión directa con Dios y con otros creyentes que todos los cristianos compartirían en la eternidad.

Una de las mejores ilustraciones de esto viene de Juan Casiano, un líder monástico del sur de Francia de principios del quinto siglo. En el siguiente recuadro, Casiano habla de cómo se puede profundizar más la unión con Dios que caracterizará a los tiempos venideros. Dice que el monje ya ha sido designado como un miembro de Cristo y que ya posee la promesa de unión que lo une al cuerpo de Cristo. El deseo de la perfección por parte del monje nace del hecho de que ya ha recibido este sello, y su objetivo es anticipar en el tiempo presente la forma de vida bendecida que los santos tendrán en el tiempo futuro. En ese

---

Juan Casiano sobre la vida presente y futura de los creyentes (ca. 425):

Nadie llegará a la totalidad de esta medida en el mundo venidero excepto la persona que ha reflexionado sobre él y ha sido iniciada en él en el presente y que lo ha saboreado mientras seguía viviendo en este mundo; quien, habiendo sido designado un tan precioso miembro en Cristo, posee en la carne la promesa de esa unión por medio de la cual es capaz de ser unido al cuerpo de Cristo; quien desea solo una cosa, tiene sed de una cosa, y siempre dirige no solo cada acción sino cada pensamiento hacia esa única cosa, para que pueda ya poseer en el presente lo que le ha sido prometido y lo que es dicho sobre la vida bendecida del santo en el futuro —es decir, que "Dios sea todo en todos" para él.

Confer., libro 7, cap. 6 (*ACW*, tomo 57, 253-54)

---

tiempo, todos los creyentes estarán completamente dedicados a contemplar a Dios y serán perfeccionados en su comunión con él. El rol especial del monje es dedicarse por completo en el presente a la tarea que pertenecerá a todos los cristianos en la eternidad y, de este modo, el monasterio sirve como un emblema de los tiempos venideros.

Aquello que es cierto para los monasterios es también cierto para todas las comunidades cristianas de distintas formas. Todos somos llamados a anticipar el tiempo venidero en el cual toda la iglesia se unirá para adorar a Dios y hacerse partícipe en el compañerismo de la Trinidad. Hay muchas maneras en las que hacemos esto en la actualidad, muchos llamados distintos, y no se debería pensar que un tipo de vida cristiana en particular es normativa para todos los cristianos. Vivir una vida de intensa concentración en las personas de la Trinidad, como la que siguió Casiano, es una manera de reflejar el tiempo venidero. Vivir una vida de dedicación activa a la justicia, a la transformación de sociedades de acuerdo a los principios cristianos, es otra manera ya que, al ser transformadas, las sociedades justas son también un reflejo de la vida de la Trinidad. Vivir una vida dedicada a las misiones y a la expansión de la iglesia es obviamente otra manera de anticipar el tiempo en el cual las personas de todas las naciones adorarán al verdadero Dios. De estas y de otras distintas maneras, los cristianos reflejan la vida de la Trinidad y anticipan la gran transformación de este mundo que Dios traerá al final de la historia.

CONCLUSIONES

Este capítulo se enfocó solo en algunos aspectos de la vida cristiana. Hemos visto que se puede comprender de manera fructífera la diferencia entre la justificación y la santificación dentro del contexto del entendimiento patrístico de la participación. La justicia que los creyentes adquieren por medio de la santificación no es más nuestra que la justicia que hemos recibido por medio de la justificación. En ambos casos, la justicia pertenece a Cristo y nosotros participamos en y reflejamos esa justicia cuando participamos en él y reflejamos su relación con su Padre. Además, hemos visto que la vida cristiana implica la cultivación directa de la relación de los creyentes con Cristo. La descripción principal de la Biblia sobre la cultivación de estas relaciones es aquella de comer y beber, y vimos que la iglesia primitiva hacía tanto énfasis en alimentarse de Cristo por medio de la Eucaristía como lo hacía en leer la Biblia y la oración. Adicionalmente, vimos que el reflejo de la relación intratrinitaria en este mundo caído involucra tanto el sufrimiento nuestro como aquel de Cristo, y que podemos regocijarnos en este sufrimiento debido a cómo profundiza nuestra unión con Cristo. Finalmente, vimos que participar en la vida de la Trinidad implica anticipar la transformación que Dios traerá al mundo al final de la historia, cuando el Padre venga a una tierra renovada para finalizar su obra.

Con este capítulo también cierro el libro como tal. Como dije en el Prefacio, no hice un intento por ser exhaustivo, y le pido nuevamente que recuerde que mi silencio en este libro sobre un determinado punto teológico no significa para nada que no sea importante. Pero bajo la tutela de los Padres de la iglesia, he buscado presentar el panorama general de la teología cristiana, el hilo conductor que une aquello que a veces parece ser un laberinto de ideas confusas. Los Padres expresaban este hilo conductor utilizando la palabra griega *theōsis*, una palabra que es tan fácil de malinterpretar que seguramente no deberíamos usarla hoy, pero no deja de ser una palabra que, cuando se la entiende correctamente, nos lleva hacia una verdad profunda —el hecho de que la vida humana está íntimamente conectada a la vida de Dios. Hemos visto que distintos teólogos patrísticos hicieron las conexiones entre la vida divina y la vida humana de distintas maneras, y he argumentado que la manera más fructífera y bíblica de unir ambas es entendiendo la vida divina primordialmente en términos de la relación eterna entre el Padre, el Hijo y el Espíritu. La línea de pensamiento que entendió la *theōsis* de esta manera fue representada por muchos Padres de la iglesia (creo que fue el consenso, por lo menos en el cuarto y quinto siglo); de entre ellos, Ireneo de Lyon, Atanasio de Alejandría, Agustín de Hipona y Cirilo de Alejandría me han influido en gran manera.

Con la ayuda de estos cuatro y también de otros Padres, he argumentado que podemos comprender y apreciar los diversos aspectos de las enseñanzas cristianas y la vida cristiana en conexión con la relación fundamental entre el Padre y el Hijo. Dios nos creó para ser partícipes en esta relación y nos dio una parte de la comunión de la Trinidad en la creación. Esto es lo más importante que perdimos en la Caída. La promesa de Dios después de la Caída, alrededor de la cual se podría organizar toda la historia y enseñanza del Antiguo Testamento, fue en el fondo una promesa de que el Hijo de Dios llevaría a los humanos de regreso a una participación en la comunión de la Trinidad. En cumplimiento de esta promesa, Dios el Hijo entró personalmente a la vida humana haciéndose hombre mientras seguía siendo Dios, y en su vida humana nos mostró tanto el amor de Dios como el amor humano perfecto. En su crucifixión, Dios el Hijo cargó sobre sí nuestra separación de Dios; como hombre fue aplastado por nuestro pecado, y como hombre fue abandonado (en nuestro reemplazo) por su propio Padre. Por medio de su resurrección y ascenso, fue restaurado como hombre en el compañerismo de la Trinidad que siempre había compartido como Dios, y en el proceso abrió un camino para que las personas que están unidas a él por la fe fueran también restauradas al compañerismo de la Trinidad. El Espíritu Santo, a quien el Padre y el Hijo enviaron a la tierra, mora en los creyentes, uniéndonos al Hijo y así otorgándonos la participación en la relación Padre-Hijo que se hizo posible por medio de la vida, muerte y resurrección de Cristo. Por medio del Espíritu, los cristianos somos llamados a vivir —tanto individualmente como a nivel iglesia— de tal manera que anticipemos el tiempo en el que Dios transformará todo el mundo creado y traerá su presencia aquí para estar con su pueblo eternamente.

Todo esto implica que, básicamente, nuestra tarea como cristianos no es apuntar hacia un mundo más alto o mejor, ya sea por medio de nuestros propios esfuerzos o con la ayuda de Dios. El esfuerzo que le dedicamos a la vida cristiana no es nuestro intento de lograr algo que no tengamos ya, pues Dios ya nos ha dado una participación en la relación del Hijo con el Padre. Ya somos hijas e hijos de Dios, y somos llamados a vivir como hijos e hijas reflejando la relación del verdadero Hijo con su Padre. Además, un mundo mejor no es más que este, pero será este mismo mundo una vez que Dios lo transforme al quitar los efectos del pecado, restaurándolo a su gloria prístina e incluso trayendo su propia presencia a él. Como resultado, aquí es donde la vida humana finalmente encuentra su significado. La forma en la que la vida fue diseñada está unida a cuatro grandes realidades: quién es Dios como una Trinidad de personas amorosas, cómo Dios creó el mundo y la humanidad en él, cómo Dios ha redimido a la humanidad caída y cómo Dios transformará al mundo y las vidas de sus hijos adoptivos en la eternidad. La vida cristiana admira la relación Padre-Hijo, en retrospectiva tanto a la creación como la redención, y hacia adelante hacia la culminación de la historia, y esta red de participación, reflexión y anticipación provee el contexto en el que comprendemos los detalles de la vida cristiana y reconocemos su significado. La vida como Dios siempre la ha tenido, y la vida como fue diseñada para las personas, se convertirá algún día en la vida como tal de los creyentes. Somos llamados a ser partícipes, a reflejar y anticipar esa vida.

Sugerencias para leer a cuatro Padres de la iglesia

Como mencioné en el Prefacio de este libro, mi pensamiento ha sido grandemente influenciado por cuatro pensadores patrísticos importantes: Ireneo, Atanasio, Agustín y Cirilo de Alejandría. En el texto preliminar, he listado las traducciones que cito en los recuadros, pero, en muchos casos, estas traducciones son inaccesibles, extremadamente costosas o difíciles de leer y, en algunos casos, no hay traducciones disponibles. Por consiguiente, me gustaría proporcionar en este apéndice algunas explicaciones de los escritos de estos cuatro Padres de la iglesia y algunas sugerencias para estudiantes que estén interesados en leerlos por su cuenta en inglés.[93] Los estudiantes que tengan la habilidad y el deseo de consultar estos escritos en griego o latín podrán encontrar información sobre los mejores textos disponibles en su idioma original de las obras en las introducciones de las traducciones que menciono a continuación.

IRENEO DE LYON

Hoy en día solamente poseemos dos obras de Ireneo, su gigantesca refutación del gnosticismo titulada "Contra las herejías" y su mucho más breve manual de instrucciones "Demostración de la predicación apostólica". "Contra las herejías" sobrevive completamente solo en una versión en latín (Ireneo escribía en griego), pero también hay una cantidad sustancial de fragmentos existentes de la obra en griego. La traducción del siglo diecinueve al inglés de la versión en latín encontrada en *ANF*, tomo 1, 315-567 sigue siendo la única traducción completa disponible, aunque el libro 1 de la obra está disponible en una traducción más reciente en *ACW*, tomo 55.[94] "Demostración de la predicación apostólica" existe solamente en un manuscrito armenio descubierto en 1904. Esta breve obra es un punto de entrada mucho más fácil al pensamiento de Ireneo que la más extensa "Contra las herejías". La traducción que cito en el libro es la más reciente y la mejor:

---

[93] NB: Después de las traducciones incluidas por Fairbairn al inglés, se han incluido traducciones al español si están disponibles.

[94] Ireneo de Lyon, *Contra las herejías 1*, preparado por J. J. Ayán, M. Aroztegi, P. de Navascués y A. Sáez (Editorial Ciudad Nueva, 2022).

Ireneo de Lyon. Sobre la predicación apostólica *(On the Apostolic Preaching)*. Trad. John Behr. *Popular Patristics Series.* Crestwood, N.Y.: *St. Vladimir´s Seminary Press,* 1997. [*Demostración de la predicación apostólica*, preparado por Eugenio Romero (Editorial Ciudad Nueva, 1992)]

ATANASIO DE ALEJANDRÍA

Muchas de las obras de Atanasio sobreviven, y el lugar más fácil para poder encontrar sus traducciones al inglés es *NPNF²*, tomo 4. Son traducciones del siglo diecinueve y difíciles de leer, pero en el caso de la mayoría de los escritos, no hay nada más reciente disponible. Los lectores interesados tal vez gusten leer sus cartas festivas y otros escritos personales, así como también sus tratados dogmáticos más extensos. De estos últimos, el más importante es el "Discursos contra los arrianos" (*NPNF²*, tomo 4, 306-431).[95] La obra más famosa de Atanasio (y el punto de entrada más fácil a su línea de pensamiento) es "Sobre la encarnación de la Palabra". La traducción que cito en el libro es la mejor, pero no es muy accesible económicamente. La siguiente es una traducción buena y de costo accesible:

Atanasio. Sobre la encarnación *(On the Incarnation). Popular Patristics Series.* Crestwood, N.Y.: *St. Vladimir´s Seminary Press,* 1993. [*La encarnación del Verbo*, preparado por Fernando Guerrero y José C. Fernández Sahelices (Editorial Ciudad Nueva, 1989)]

AGUSTÍN DE HIPONA

Poseemos más de la pluma de Agustín que de cualquier otro escritor patrístico, y también hay más traducciones recientes de Agustín que de cualquier otro teólogo de la iglesia primitiva. Todas las traducciones que cito en el libro son fácilmente asequibles y tienen costos razonables. Los estudiantes que están siendo introducidos a Agustín probablemente deban comenzar con "Confesiones" (un relato autobiográfico de la conversión de Agustín, con un gran nivel de reflexión sobre la vida cristiana, la psicología humana y el pensamiento del mundo de la época), "Enquiridión sobre la fe, la esperanza y el amor" (un breve manual sobre la teología cristiana) o "Sobre la doctrina cristiana" (una breve obra sobre la interpretación y predicación bíblica).

---

[95] Atanasio de Alejandría, *Discursos contra los arrianos*, preparado por Ignacio de Rivera Martín (Editorial Ciudad Nueva, 2010).

Los estudiantes que estén interesados tal vez deseen también consultar sus obras más extensas "Sobre la Trinidad" (que también tiene que ver con la mente humana como una imagen de la Trinidad) y "Ciudad de Dios" (un amplio vistazo a la historia humana como un conflicto entre dos ciudades, la ciudad del hombre y la Ciudad de Dios). Las siguientes se encuentran entre las muchas buenas traducciones de estas obras:

Agustín. Confesiones *(Confessions)*. Trad. R.S. Pine-Coffin. Londres: Penguin, 1961. [*Confesiones*, preparado por P. Tineo (Editorial Ciudad Nueva, 2003)]

Agustín. Enchiridion sobre la fe, la esperanza y el amor *(The Enchiridion on Faith, Hope and Love)*. Trad. J.F. Shaw. Ed. Henry Paolucci. Chicago: Gateway, 1996. [*El enquiridión*, compilado por Alfonso Ropero (Editorial Clie, 2017)]

Agustín. Sobre la doctrina cristiana *(On Christian Doctrine)*. Trad. D.W. Robertson Jr. *The Library of Liberal Arts*. Nueva York: Macmillan, 1958. [*De la doctrina cristiana* (Editorial Católica, 1957)]

Agustín. La Trinidad *(The Trinity)*. Trad. Edmund Hill. *The Works of Saint Agustine: A Translation for the Twenty-First Century*, tomo 5, Nueva York: *New City Press*, 1991. [*La Trinidad*, editado por Luis Arias (Biblioteca Autores Cristianos, 2006)]

Agustín. Sobre la Ciudad de Dios contra los paganos *(Concerning the City of God Against the Pagans)*. Trad. Henry Bettenson. Londres: Penguin, 1972. [*La ciudad de Dios*, editado por Alfonso Ropero (Editorial Clie, 2017)]

CIRILO DE ALEJANDRÍA

De los cuatro escritores patrísticos en los que más me baso en este libro, Cirilo de Alejandría es, por mucho, el menos accesible. Su exclusión de la serie estándar *NPNF* resultó en que fuera ignorado durante gran parte del siglo veinte. Pero, más recientemente, a medida que los académicos patrísticos han reconocido su importancia, más traducciones de sus obras se han hecho disponibles. Las siguientes obras son buenos lugares para empezar a leer a Cirilo, de las cuales todas incluyen introducciones extensas y de ayuda, al igual que traducciones de varios textos importantes:

McGuckin, John A. San Cirilo de Alejandría: La controversia cristológica *(St. Cyril of Alexandria: The Christological Controversy)*. Complementos a *Vigiliae Christianae* 23. Leiden: E.J. Brill, 1994.

Russell, Norman, ed. Cirilo de Alejandría. Los Padres de la iglesia (*The Early Church Fathers*). Londres: Routledge, 2000.

Wickham, Lionel R., ed. San Cirilo de Alejandría: Cartas seleccionadas (*St. Cyril of Alexandria: Selected Letters*). Oxford Early Christian Texts. Oxford: Oxford University Press, 1983.

Dos obras breves más de Cirilo de la época de la controversia cristológica están disponibles en versiones de tapa blanda:

Cirilo de Alejandría. Sobre la unidad de Cristo (*On the Unity of Christ*). Trad. John A. McGuckin. *Popular Patristics Series*. Crestwood, N.Y.: *St. Vladimir's Seminary Press*, 1995. [*¿Por qué Cristo es uno?*, preparado por L. Leone y S. García-Jalón (Editorial Ciudad Nueva, 1991)]

Cirilo de Alejandría. Contra quienes se niegan a confesar que la Santa Virgen es Thetokos (*Against Those Who Are Unwilling to Confess That the Holy Virgin is Theotokos*). Trad. George Dion Dragas. *Patristic and Ecclesiastical Texts and Translations*. Rollingsford, N.H.: *Orthodox Research Institute*, 2004.

La obra más importante de Cirilo, y ciertamente uno de los comentarios teológicos más importantes jamás escritos, es su gigantesco "Comentario sobre el evangelio de Juan". Sin embargo, está disponible en inglés solo en una traducción extremadamente arcaica del siglo diecinueve. Estudiar esta obra no es para los débiles, pero las recompensas son grandes. Hasta hace poco, la traducción no solo era difícil de leer, sino que era incluso más difícil de encontrar, pero ahora sido reimpresa (aunque, sin embargo, ¡no revisada!) como parte de la *Oriental Orthodox Library*.

Cirilo, Arzobispo de Alejandría. Comentario sobre el evangelio de Juan (*Commentary on the Gospel According to St. John*). Tomo 1: S. Juan 1-8. Trad. P.E. Pusey. *Library of the Fathers of the Holy Catholic Church*, tomo 43. Oxford: James Parker & Co., 1874.

Cirilo, Arzobispo de Alejandría. Comentario sobre el evangelio de Juan (*Commentary on the Gospel According to St. John*). Tomo 2: S. Juan 9-21. Trad. Thomas Randell. *Library of the Fathers of the Holy Catholic Church*, tomo 48. Londres: Walter Smith, 1885.

ÍNDICE DE NOMBRES Y TEMAS

Padres de la iglesia, 13-15, 19-20, 27-28, 31-35, 37-38, 40, 59, 62, 68, 73, 77n, 85, 106, 108-109, 114, 116m, 129-133, 135-136, 138-141, 148-150, 155, 159-161, 163, 170, 185-186, 191, 193-195, 199, 201, 204, 208n, 211, 223, 228, 231, 233-234, 237, 246, 248
Padres, los. *Ver* Padres de la iglesia
panteísmo, 61n
participación/participar, 13, 18, 34-38, 57-62, 86-87, 94, 105, 107, 111-112, 115-117, 127, 135, 155, 175, 182n, 199-200, 202, 206-209, 213-214, 217-219, 221, 223-225, 228, 230-232, 236-237, 245-247
patrístico/patrística, 9-10, 13-15, 27, 33, 36, 62, 75, 79, 83, 87, 131, 134-136, 147, 149-150, 176, 181-182, 194n, 201, 209, 228, 233, 245-246, 248-250
paz, 85, 88, 92-95, 100, 145, 147, 216, 220
pecado, 35, 60, 65, 71, 83, 107-112, 115-123, 125, 127-128, 144-146, 149-150, 158, 163, 168, 171-172, 175-185, 193-201, 205-206, 208-209, 215-218, 230, 235-238, 246-247. *Ver también* desobediencia; Caída, la
Pedro (el apóstol), 34, 166, 182n, 222, 237
persona
de Cristo. *Ver* Cristo, persona de
prometida en el Antiguo Testamento, 141-148. *Ver también* Mesías, promesa

predestinación/predestinar, 211-213, 221
predicación/predicar, 25, 136-139, 143, 170, 197, 202, 208, 211-212, 215n, 231, 233-234, 241, 248-249. *Ver también* proclamación
predicador, 29, 31, 98, 202, 228
presencia (de Dios), 42-44, 50-51, 53-55, 57-58, 77, 86-87, 92, 113, 117n, 121-122, 127, 153, 167-168, 179, 196-199, 210, 220-221, 227, 229-230, 233
primogénito. *Ver* Hijo, el primogénito
proclamación/proclamar, 94, 160, 168, 190-192, 196, 202, 213-214, 231, 235, 237. *Ver también* predicación
promesa, 34, 42, 93-94, 101, 129, 141-149, 168-169, 239, 243, 246
propiciación/propiciar, 176n, 178, 183
protestantismo/protestante, 14, 27, 35, 37, 163, 176, 203, 212, 214-217, 219-222, 243
ramas (de la vid), 49-51, 223, 225
rebelar/rebelde, 106, 112-114, 120, 124, 139, 186
reconciliación/reconciliar, 216-219
redención/redimir, 85, 88, 95, 136, 140, 150, 175-176, 189, 212, 214, 216-217, 239, 246
reflejo (de la Trinidad), reflejar, 40-46, 48, 83-88, 103, 131, 220, 234-239
regreso de Cristo. *Ver* Cristo, regreso de

sustancia (de Dios), 57, 60-62,
65, 67, 69, 71, 74, 77-79,
103, 163. *Ver también*
esencia, naturaleza
Teodoreto de Ciro, 191n
Teodoro de Mopsuestia, 112n,
156n, 161n, 191n
teología, 9, 13-19, 27-30, 36-38, 46,
66, 73-74, 106, 129, 136, 142,
217, 240, 246, 249
teólogo, 9, 13-18, 27, 30-34, 75, 105,
121, 129, 186, 188, 206, 246, 249
Tertuliano de Cartago, 26, 69, 188
theōsis, 17, 32-37, 59-60, 73, 79,
114, 135-136, 182n, 201,
224, 246
transgresión/transgredir, 111-112,
119-123, 143, 146n, 171-173,
180-183, 218, 242
Trinidad, 9-11, 17, 22-25, 33,
35-38, 55, 61-69, 72, 75-77,
79-81, 84, 86-88, 91, 99, 103-
106, 117n, 122, 137, 141, 143,
146, 148-151, 153-154, 157-
159, 164-167, 170, 172, 175-
177, 180-182, 185-187, 190,
193-196, 198-199, 202, 204,
206, 208-211, 220, 225-226,
230-234, 237-238, 240, 245-
247, 250
vida en, 36, 87, 104-105, 234.
Ver también vida, divina.
partícipes en, 13, 17, 33-38,
52-56, 58, 60-62, 72-85,
90-91, 95, 99-100, 109,
111, 113, 116, 121-123,
130-131, 136, 149, 151,
155-159, 161, 164-165,

167-174, 177, 180, 183-
184, 196, 198, 202,
207-211, 214, 217, 219,
222, 224-226, 230, 234,
239, 241, 243-247. *Ver
también* participación
unidad, 23, 56-57, 60-65,
77-79, 103, 211, 251. *Ver
también* unión
unigénito. *Ver* Hijo, unigénito
unión (con Dios/Cristo/el Hijo),
210, 217, 222-223, 235-236,
244-246
Verbo, el, 44, 65, 138, 150-157,
160-161, 163-164, 167, 172,
181-182, 185, 187-192, 218,
224, 228, 231, 249. *Ver también*
Cristo; Jesús; Hijo, el
víbora. *Ver* serpiente
vid, 49-51, 222, 225
vida cristiana. *Ver* vida, cristiana
vida
cristiana, 13, 15, 29-38, 50, 61,
73-74, 80, 201, 203, 214,
217, 219, 221-225, 228,
233-234, 239, 244-247, 250
divina/trinitaria, 32-33, 35-38,
58, 61, 79, 85, 105, 111,
135-136, 148, 158, 175-
177, 200-202, 221, 223,
230, 234, 245-247
humana, 32, 36-37, 58, 77, 83,
87, 105, 136, 150, 152, 158,
165-167, 170-172, 175,
194, 200, 207, 219-220,
239, 246-247
vino, 49-51, 222, 225
voluntad (de Dios), 212-214

Índice de citas bíblicas

2:14–17 *183*
2:15 *184*
2:17 *176, 178, 184*
3:7 *66*
4:13 *74*
6:12 *221*
6:13–20 *110*
9:5 *178*
9:12–15 *216*
9:14 *192*
9:22 *215*
10 *180*
10:4 *180*
10:15 *66*
10:18 *215*
12:5–8 *34*
12:6 *235*
12:11 *235*

Santiago
1:1 *53*
1:2–4 *236*
1:17 *194*
2:10–11 *110*
3:9 *91*

3:9–10 *101*
3:10 *102, 111*
4:17 *120*
5:8 *240*

1 Pedro
1:1 *211*
1:3 *197*
1:24 *152*
2:9 *211*
2:13–3:7 *104*
2:21 *176, 221*
2:24 *176*
3:18 *176*
3:21 *208*
5:1–7 *104*
5:13 *211*

2 Pedro
1:3 *222*
1:3–4 *33*
1:4 *182*
1:5–7 *34*
1:5–9 *222*
3:1–13 *240*

1 Juan
1:1–2 *153*
2:2 *176, 178*
3:2 *240*
3:8 *176*
4 *191*
4:7–12 *177*
4:8 *74, 75*
4:10 *176, 179, 184*
4:16 *74*
4:20 *48*

Apocalipsis
1:7 *240*
1:18 *197*
3:19 *235*
4:8 *74*
5:11–12 *84*
12:9 *113*
19-20 *95*
20:11–15 *54, 241*
21-22 *241, 243*
21:1–7 *241*
21:1–8 *54*